JN116404

学校組織で取り組む

「危機管理」

東山書房

はじめに

　近年、学校において事件・事故・災害等に見舞われ、規模の違いはあれ多くの被害を被っている現状が多々見られます。無作為による殺傷事件で複数の児童たちの生命が奪われた事件、無謀運転により集団登校中の児童たちが被害に遭った事故、大地震や津波により多くの尊い生命が奪われるなどの事例は枚挙にいとまがありません。

　これ以外においても、日々の教育活動における救急処置のあり方、体力や抵抗力の弱い子供たちが集団で教育活動を行う学校においての感染症等の問題、いじめや虐待など心に問題を抱えた子供たちへの対応など、さまざまな課題が指摘され対応策が検討されてきたところですが、十分とはいえない現状が見られます。

　そこで私たちは、学校における危機管理の重要性が叫ばれている現状を見据え、各学校においてどのような危機が発生しているか、具体的な事例をもとにその危機における学校の対応や養護教諭の対応のあり方を調査し、危機対応における問題点や課題、改善すべき点などを分析・検討を行いました。

　その結果をもとに、学校で発生した危機事例において、学校としてどのような取り組みが効果的であるかについて重点的に検討を重ねました。

　学校における危機管理を、危機発生を未然に防止する事前の危機管理（リスク・マネジメント）、発生時・事後の危機管理（クライシス・マネジメント）、自然災害における危機管理とし構成いたしました。とりわけ重要とされている事前の危機管理においては、校内救急体制や症例別の組織体制、計画に基づき予防的な対応、法的にも位置付けられた校内研修を中心に構成いたしました。

　さらに、発生時・事後の危機管理においては、危機には至っていないが学校で起こりやすい「ヒヤリ・ハット事例」と「重篤事例」に分けて掲載いたしました。「ヒヤリ・ハット事例」については、日常・学校行事・感染症・アレルギー・疾患・特殊の項目別に整理し、事例の概要、再発防止対策、危機管理アドバイス、Dr. からの医学的アドバイスなどの内容を見やすく掲載いたしました。学校保健・学校安全の領域にかかわらず、学校で想定できる危機について網羅されていると思われます。

　教職員全員が他校で発生した危機は、「自分が勤務する学校においても起こり得る危機である」という認識を持って危機予防・適切な対応が実践できるよう、学校全体で組織的に連携・協働のもとに取り組んでいただきたい。本文献がそのための一助となることを願っています。

監修　田嶋八千代

目　　次

はじめに　**3**

関係者一覧　**7**

第1章　学校における危機管理 ……………………………………………… **9**

① **学校における危機管理**　**10**

1 危機管理の意義と目的　**10**

2 学校における危機（事件・事故・災害等）の現状と課題　**10**

3 学校における事前の危機管理（リスク・マネジメント）　**12**

4 学校における発生時・事後の危機管理（クライシス・マネジメント）　**18**

5 危機管理における養護教諭の役割　**19**

第2章　事前の危機管理（リスク・マネジメント）………………… **21**

第1節　**組織体制**　**22**

① **校内救急体制**　**22**

1 危機発生時（生命にかかわるような）における対応の流れ　**22**

2 救急体制図（例）　**24**

3 救急車の要請　**25**

4 養護教諭不在時の体制　**27**

② **危機発生時における組織対応例**　**29**

1 熱中症　**30**

2 感染症　**33**

3 食中毒及び事故発生時　**36**

4 食物アレルギー　**38**

5 体育授業時の事故　**42**

6 報道機関への対応例　**44**

7 不審者侵入対応例　**45**

8 心のケア対応例　**46**

第2節　**計画に基づく予防的対応**　**47**

① **学校保健計画**　**47**

1 保健教育　**48**

2 保健管理　**48**

3 組織活動　**49**

❹　学校保健計画関連資料　54

② **学校安全計画**　70

❶　安全教育　71

❷　安全管理　76

❸　組織活動　76

❹　学校安全計画関連資料　77

第 **3** 節　**危機管理の校内研修**　89

①　**研修のねらい**　89

②　**実施までの流れ**　89

③　**研修の実際**　90

❶　卓上訓練　90

❷　シミュレーション演習　92

❸　外部人材活用演習　100

第 **3** 章　**発生時・事後の危機管理（クライシス・マネジメント）** … 103

第 **1** 節　**ヒヤリ・ハット事例**　104

❶　日常　105

❷　学校行事　120

❸　感染症　124

❹　アレルギー　126

❺　疾患　128

❻　特殊　131

第 **2** 節　**重篤事例**　135

❶　学校　136

❷　家庭　143

第 **4** 章　**自然災害における危機管理** ……………………………………… 149

第 **1** 節　**事前の取り組み事例**　150

①　**防災教育**　150

②　**避難訓練**　157

③　**備蓄・備品の整備**　159

❶　防災室の設置例　159

❷　災害備品一覧　160

❸　備品救急薬品（『養護教諭のための災害対策・支援ハンドブック』活用例）　160

❹　災害時保健室対応ファイル資料の整備　161

5 医療ニーズのある児童生徒等のための予備薬・器具　**162**

第2節　発生時・事後の対応事例　164

①　自然災害による障がい・死亡等の事例　164

②　自然災害対応例　166

1 高温注意報情報発表時の対応（例）　**166**

2 光化学オキシダント注意報発令時の対応（例）　**167**

3 竜巻注意情報発表時の対応（例）　**169**

4 雷注意報発表時や発生が予測されるときの対応（例）　**171**

5 南海トラフ地震臨時情報・南海トラフ地震関連解説情報発表時の対応（例）　**174**

6 学校で火災が起きたときの対応（例）　**176**

7 大津波警報・津波警報・津波注意報発表時の対応（例）　**179**

8 大雨、洪水、大雪、暴風警報等発表時の対応（例）　**182**

③　避難所としての学校の対応　184

1 事前計画　**184**

2 台風発生時の対応事例　**186**

第5章　関連資料 ……………………………………………………… 189

①　児童生徒等のからだの危機管理　190

②　虐待発見チェックリスト　193

③　けが発見時チェックリスト　194

④　B中学校　安心安全のための危機対応マニュアル　196

⑤　東海地震に備える浜松市医療救護訓練　197

⑥　災害医療について　199

参考文献一覧　**203**

本書付録のCD-ROMについて　**205**

関係者一覧

◆監修
田嶋八千代（元・岡山大学大学院教育学研究科教授）

◆編集委員
飯塚　麗子　池谷　知里　鈴木　真理　髙橋　浩美　中島　路子　中田佳奈江
名倉　宏美　野寄　友子　堀　　直美　増田　真澄　水野智香子　山田みどり

◆第3章　ヒヤリ・ハット事例の医学アドバイザー
吉野篤人（浜松医科大学医学部救急災害医学講座　教授）

◆資料提供者・協力者・団体一覧
吉村博（聖マリアンナ医科大学　小児科　特任教授）

青島　久恵	新井　真美	安藤　清子	一木　由美	石川　昌子	伊藤　寿子
稲葉　恭子	犬塚二三代	岩谷　智子	臼井千加子	内田　礼子	内田　智子
内堀裕基子	大薗　文香	太田　恵	大場　愛子	岡村めぐみ	小川　明美
奥山　千里	尾崎奈津美	小田由加里	恩田　恵子	加藤　早苗	加藤　信恵
加藤　弘依	加藤めぐみ	喜瀬川友子	久野　友子	窪野　訓子	樺松久見子
黒田　木実	小板橋詩子	齋藤美智子	篠　　惠子	柴田　恵利	清水佳代子
清水　美香	下里　幸子	下田　美穂	白橋ひろ子	白柳　真弓	神領まどか
杉山さゆり	杉山　千幸	杉山　奈穂	鈴木　恵美	鈴木　雅巳	鈴木美恵子
鈴木　佳美	鈴木　弓子	鎌倉　珠恵	髙木　志穂	瀧口　香苗	竹内　美保
竹下めぐみ	竹嶋　ゆか	武田　加奈	立川　紗帆	田邉　惠子	谷口　亜矢
塚本　典子	蔦浦わか代	土屋　智美	土屋　直子	角田　緑	出口　幸代
冨田みほ子	中澤　恵里	中村　萌	中山　久実	長坂美和子	長島　知子
永田知香子	仲野さおり	鍋田　照美	南原　幸美	西川　純代	西野　安代
貫井　葵	萩原　琴弥	濱田美恵子	濱野　磨理	針谷　真実	比奈地むつみ
福田　敬子	藤井千佳子	藤田美佐子	藤波美奈子	北條　志織	増田みちよ
松下真実子	松本美千代	三森　美喜	宮谷　恵理	宮川　仁美	宮城　友子
村松　緑	室岡　夕子	望月麻紀子	本杉　祐里	森島　智香	門名　孝江
八木　蕗子	八木　美絵	柳生美由紀	柳沢　由貴	矢作　升美	山崎貴実子
山﨑　幸子	山田　智子	渡邊　亜矢	渡邉しのぶ	渡邊　初美	渡邊　由佳

小山町養護教諭部　御殿場市養護教諭部　静岡市養護教諭部第1支部
静岡市養護教諭部第2支部　静岡市養護教諭部第10支部　藤枝市教育研究会学校保健部
小山町教育研究会　浜松市教育委員会健康安全課　三島市教育委員会学校教育課
袋井市教育委員会　浜松市健康福祉部健康医療課

第 **1** 章

学校における危機管理

① 学校における危機管理

① 学校における危機管理

1 危機管理の意義と目的

　教育の目標は、健康、安全で幸福な生活を営むために必要な習慣を養い、心身の調和的発達を図ることである。学校は、幼児、児童及び生徒の健やかな成長と自己実現を目ざして教育活動を行う場であり、その基盤として安心して学べる安全な環境が確保されなければならない。これらの目的を阻害する要因の一つに、さまざまな危機（事件・事故・災害等）があげられる。学校における危機管理は、頻発する学校での危機から児童生徒等及び教職員の生命、安全、健康を守るために重要な役割を担っている。

　危機及び危機管理の定義は多岐にわたっているが、危機（crisis）の語源はギリシャ語のクリシス（kurisis）で、重大な事態がよい方向へ向かうのか、逆に悪い方へ向かうのかの分かれ目となる重要な「分岐点」を意味するとされている。すなわち危機には経過の岐路、分かれ目といった意味が含まれており、すべてが悪い状態ではなくよい方向に向かう出発点にもなるということがこの語源から理解できる。

　危機理論の創始者ともいわれている米国の精神保健学者キャプラン（Caplan, G. 1961）は、「危機は、人が大切な人生の目標に向かうとき障害に直面したが、それが習慣的な問題解決の方法を用いても克服できないときに発生する。混乱の時期、つまり動転する時期が続いて起こる。その間はさまざまな解決をしようとする試みがなされるが失敗する。結果的にはある種の順応が成しとげられ、それはその人と彼の仲間にとって、もっともためになるかもしれないしそうでないかもしれない」と定義している。すなわち、危機は永続的ではなく一時的で、個人の通常の手段では解決ないし克服することが困難な事態で、個人の精神的混乱を引き起こす危険な状態としている。

　また、危機管理の定義として、文部科学省では、「人々の生命や心身等に危害をもたらす様々な危険が防止され、万が一、事件・事故が発生した場合には、被害を最小限にするために適切かつ迅速に対処すること」としている。危機管理を「事前の危機管理（リスク・マネジメント）」と「事後の危機管理（クライシス・マネジメント）」と捉えており、事前の危機管理（リスク・マネジメント）とは、事件・事故等の発生を未然に防止することを中心としている。つまり、早期に危険を発見し、確実に除去することに重点を置いた取り組みである。事後の危機管理（クライシス・マネジメント）とは、万が一事件・事故等が発生した場合に、適切かつ迅速に対処し、被害を最小限に抑え、再発防止と早期に通常の生活が再開できるような対策を講じることを中心としたものである。

2 学校における危機（事件・事故・災害等）の現状と課題

　平成23年3月11日に発生した東北地方太平洋沖地震、その後の巨大津波により広い地域で甚大な被害を受けた東日本大震災により、多くの尊い生命が奪われた。学校においても児童生徒

等や教職員の尊い生命が奪われ、学校における災害等の危機管理のあり方について検討が必要であると指摘され、さまざまな対策が報告されている。地震多発国である日本においては、今後、東海地震、南海地震や首都直下型地震等が懸念されていることから、各学校において早急に危機管理対策を講じることが望まれる。地震以外の災害として、火災、集中豪雨、落雷、突風、原子力災害、及び火山噴火等があげられるが、これらによる被害は甚大であり、多くの児童生徒等や教職員の生命を守る上からも、学校の地理的条件等を加味し災害の種類に応じた危機対応を講じることが喫緊の課題である。

　学校は多くの児童生徒等が集団で生活し教育活動を展開する場でもあるため、さまざまな事件・事故が起こる可能性がある。平成30年度の独立行政法人日本スポーツ振興センターにおける医療費給付件数は約99万件、障害見舞金403件、死亡見舞金74件である。前年度と比較すると、医療費給付件数は減少しているが、障害見舞金と死亡見舞金は増加している。学校管理下における事故としては、主に各教科の時間や休憩時間に発生しているが、校種によりその原因が異なることに配慮した対応が求められる。実際には保健室での対応のみで、医療費給付の対象とならなかったものがかなり多く発生しているため、負傷・疾病の発生件数は相当数に上ることが伺える。そのため、緊急連絡体制の整備や救急処置のあり方等の周知徹底が必要である。

　また、登下校時における児童生徒等の事件・事故として代表されるものに交通事故があげられる。無謀運転や未熟な運転による暴走によって、多くの尊い児童生徒等の生命が奪われたり重傷を負ったりする事故が後を絶たないという現状である。これ以外にも、不審者による連れ去り・誘拐事件、殺傷事件及び性犯罪等の事件が発生している。安全な通学路の設定と安全点検の実施、安全な登下校方策の策定・実施、地域や関係機関等と情報を共有し地域全体で児童生徒等を見守る体制の整備や児童生徒等への安全教育の推進が重要である。

　さらに、社会環境や生活環境の急激な変化が、児童生徒等の心身の健康に大きな影響を与えており、いじめ、不登校、自殺、児童虐待等の心の健康問題が顕在化している。平成30年度の文部科学省の調査によると、いじめの認知件数は543,933件、小・中学校の不登校児童生徒数は164,528人、高等学校の不登校生徒数は52,723人、自殺の児童生徒数（学校から報告のあったもの）は332人、児童虐待相談対応件数は159,850件である。前年度と比較して、いずれも増加している。

　とりわけ、児童虐待相談対応件数は過去最多の件数であり、児童虐待により死亡した件数は高い水準で推移していることに留意し、対応に向けての取り組みが必要である。教職員は児童生徒等の生命・身体を安全に守ることが責務であり、メンタルヘルスについての正しい理解のもと早期発見に向けて学校全体で取り組み、児童生徒等への速やかな危機介入や早期対応ができるような体制の整備が必要である。

　身体の健康問題では、教育活動や集団生活を行う場としての学校においては、第一に感染症や食中毒への危機管理が重要である。感染性胃腸炎の一種であるノロウイルス感染症は平成18年に大流行し、平成19年には麻しんが大流行している。これ以外にも風しん、腸管出血性大腸

菌感染症、新型インフルエンザ等の感染症が流行し、多数の児童生徒等や教職員が罹患し、また対応に追われ、教育活動の中止を余儀なくされた学校が多数見られたことが報告されている。また、令和2年には新興感染症である新型コロナウイルス感染症によるパンデミックが発生した。感染の拡大防止のため、長期にわたる休校措置がとられるなど、未曾有の状況となった。学校における教育活動を円滑に進めるための危機管理では、感染の拡大防止や予防対策として、全教職員による感染症の理解、感染症の種類に応じた保健教育の実施、発生時の学校における対応のあり方の周知徹底に向けての取り組みが重要である。

　学校における食中毒の発生件数は、平成30年21件となっており、学校給食等を介したものがほとんどであることから、給食従事者の保健管理、調理室の安全管理、食品の安全管理の徹底が重要である。感染症と同様、食中毒発生に伴う児童生徒等の健康に与える影響は大であるため、発生件数の如何にかかわらず対策の検討が必要である。

　次に、児童生徒等を取り巻く生活環境の変化や疾病構造の変化等に伴い、近年、児童生徒等のアレルギー疾患の増加が指摘されている。食物アレルギーのある児童がアレルギーの原因食品を食べたことにより、給食後、体調を崩し死亡するという事故が発生した。アナフィラキシーショック症状の疑いが強いとされる事故である。学校給食においては、アレルギー原因物質を除いた特別食等で対応しているが、教職員間における情報の共有や個別の保健管理のあり方に問題が見られるため、対応のあり方の見直しを問われた事例である。

　また、さまざまなアレルギー疾患に伴う事故等が多数発生していることから、『学校のアレルギー疾患に対する取り組みガイドライン』や「学校生活管理指導表（アレルギー疾患用）」が作成された。アレルギー疾患に関する教職員の危機意識の低さも指摘されており、医師の指示に基づき「学校生活管理指導表（アレルギー疾患用）」を『学校のアレルギー疾患に対する取り組みガイドライン』に沿って有効活用するように、教職員への周知が必要である。

　学校における危機として、他に暴力行為、薬物乱用、性に関する問題、個人情報の取り扱い等があげられるが、何時、どこで、どのような危機が発生しても対応できる体制の整備が求められている。

3　学校における事前の危機管理（リスク・マネジメント）

（1）危機に応じた組織体制の構築

　学校においては、前述したようなさまざまな危機が起きることが想定できる。これらの危機が発生した場合、迅速かつ適切に対応し、被害を最小限に抑えるためには、さまざまな対応が必要となる。危機とは「個人の通常の手段では解決ないし克服がきわめて困難な事態」で、「個人の精神的混乱を引き起こす危険な状態」であるというキャプランの定義からも理解できるように、個人が混乱状態で対応した場合、学校中が大混乱となることが予想され、児童生徒等や教職員の生命・安全・健康を守ることは不可能である。

　そのため、学校においては、危機対応に向けて組織体制の整備・充実が大切である。危機管

理は、事前の危機管理、事後の危機管理（危機発生時の対応、事後の対応）で構成されており、学校規模、地理的条件、地域の実情、危機の種類等を加味した上で、危機を未然に防止する組織体制、危機発生時の緊急体制、事後の組織体制の構築が望まれる。組織体制を構築するに当たり、校務分掌との関連を考慮し、全教職員の役割分担を明確にした組織化を図ることが大切である。とりわけ危機発生時の緊急体制においては、混乱状態で迅速・的確な判断や対応が困難な状況が予想されるため、具体的に「全体の統制と指揮」「事故・事件の要因への対応」「児童生徒等の避難・誘導」「救護」「渉外」等の係を決め、全教職員の協力体制のもとで緊急対応ができるような組織化が必要である。

　しかし、危機対応組織が構築されただけでは危機対応が十分とはいえず、組織が機能するためには次の点が重要である。

---

① 　情報は本部（職員室等）に集中するとともに、教職員に共有されている。

② 　教職員の危機管理意識が高い。

③ 　教職員は危機対応に関する知識理解があり、高い実践的な技能をもち、危機に冷静に対応できる。

④ 　全体指揮者（校長）を中心に命令系統が一元化され統率がとれている。

⑤ 　各係の不足が補い合える係間の協力関係ができている。

⑥ 　教職員が負傷・出張等で係につけない場合は、臨機応変に担当を変更することができる。

　これらのことを踏まえ、危機発生に向けて組織をうまく機能させるために、危機の種類に応じた訓練や演習等を繰り返し実践することが求められている。危機は学校内だけで対応できる場合もあるが、重大な危機が発生した場合は、保護者はもちろんであるが、教育委員会と地域の関係機関・団体等（警察、消防、医療機関、近隣の学校、関係団体、地域住民等）との連携が不可欠である。危機発生時における連携をうまく機能させるためには、地域にどのような関係機関や団体があるのか情報収集を行い、それらの関係機関や団体と危機管理を行う上で必要な情報交換を行うとともに、日頃からの人間関係づくりを忘れてはならない。

（2）年間計画に基づいた危機管理

　平成20年1月17日の中央教育審議会答申「子どもの心身の健康を守り、安全・安心を確保するために学校全体としての取組を進めるための方策について」の、「2．学校保健に関する学校内の体制の充実」において、学校保健活動は学校保健計画のもと、すべての教職員による学校保健の推進の必要性があると指摘された。

　また、学校安全活動についても、「2．学校安全に関する学校内の体制の充実」において、「①子どもの身の回りの事件・事故や自然災害はあらゆる場面において発生しうることから、学校事務職員、学校現業職員を含むすべての教職員が学校安全の重要性を認識し、様々な取組を総合的に進めることが求められている。そのため、学校安全に関して総合的な計画（学校安全計画）を作成し、教職員の共通認識の下で計画に基づく取組を進めていくことが重要であ

る。」と示され、学校安全計画の位置づけや学校安全活動の重要性が指摘された。これらを受け、平成21年4月1日に学校保健安全法が施行され、学校保健活動・学校安全活動は年間計画を策定し、年間計画に基づいた活動の実施が次のように規定されている。

【学校保健安全法】

（学校保健計画の策定等）

第五条　学校においては、児童生徒等及び職員の心身の健康の保持増進を図るため、児童生徒等及び職員の健康診断、環境衛生検査、児童生徒等に対する指導その他保健に関する事項について計画を策定し、これを実施しなければならない。

（学校安全計画の策定等）

第二十七条　学校においては、児童生徒等の安全の確保を図るため、当該学校の施設及び設備の安全点検、児童生徒等に対する通学を含めた学校生活その他の日常生活における安全に関する指導、職員の研修その他学校における安全に関する事項について計画を策定し、これを実施しなければならない。

　これらの年間計画についての文部科学省の通知（平成20年7月9日）では、学校において必要とされる学校保健・学校安全に関する具体的な実施計画であり、毎年度、学校の状況や前年度の取組状況等を踏まえ作成されるべきであるとしている。さらに、取組を進めるに当たり、保護者・関係機関・関係団体等と連携協力を図ることが重要であることから、原則として保護者等の関係者への周知が明記されていることに留意すべきである。年間計画策定者の中心である保健主事・養護教諭は、学校教育目標の具現化に向けて、学校における情報収集と作成方針を決定し、児童生徒等や学校の実態から課題分析を行い、目標や活動方針・活動内容を決定する。その上で各組織との連絡・調整を行い、法的根拠のもとで年間計画を策定する。

　年間計画を策定するに当たり、自校や全国の学校で発生した危機事例から、危機の原因や経過を分析・検討し対応策を検討する。また、学校の地理的条件、施設・設備の整備状況、校種や学校規模等を考慮した上で学校において起こりうる危機を想定し、環境整備を含めた対応のあり方を検討する。学校だけではなく、地域社会における発生状況や地理的条件等の情報収集も重要である。学校保健計画における危機管理に関する事項は、リスク・マネジメントの観点から、保健管理として健康観察・保健調査、健康相談、健康診断、環境衛生検査等があげられる。保健教育では、教科（体育・保健体育）、関連教科、道徳、総合的な学習の時間、特別活動や個別指導等があげられる。組織活動では、学校保健領域における危機発生の未然防止・緊急対応・事後措置等についての校内研修や、家庭・地域社会と連携を図る上からも学校保健委員会の開催を忘れてはならない。

　学校安全計画における危機管理に関する事項は、安全管理として安全点検、安全課題に対応した安全に関する意識や実態調査、事故・事件の発生状況や原因・関連要因等に関する調査があげられる。安全教育では、交通安全・生活安全・防災安全に関する領域を踏まえ、教科（体

育・保健体育）、関連教科、道徳、総合的な学習の時間、特別活動、日常の学校生活での指導や個別指導等があげられる。組織活動については、学校安全領域における危機発生の未然防止・緊急対応・事後措置等について、法律に規定された校内研修の位置づけを忘れてはならない。

　危機管理は、児童生徒等や教職員の生命・健康・安全にかかわるため、最優先事項として年間計画に位置づけ実施することが重要である。年間計画を作成し、計画を実施するための組織化を図り、活動を実施する。実施後は、設定された目標がどの程度達成されたか、計画や組織活動の妥当性等を検討・評価し改善を行い、次年度に引き継いでいくマネジメントサイクルを活用した取り組みが必要である。

（3）危機管理の校内研修

　想定できないさまざまな危機が学校内外で発生し、多数の尊い生命が奪われるという事件・事故・災害が後を絶たない現状である。それらの原因の一つとして、教職員の危機管理意識の低さが何度となく指摘され、危機に対して適切な対応ができないことがあげられている。これらの状況を踏まえ、学校における危機管理に関する調査を実施し、教職員の危機管理意識と実態調査を分析したところ、①危機管理意識のうち危機管理システム構築の重要性は98.5%と高く認識していたが、行動レベルにつながる危機管理意識は83.6%と低かった、②管理職の危機管理意識は高かったが、学校事務職員の危機管理意識は他の教職員に比べて低かった、③全体計画や組織体制づくりにかかわるもの及び日常的にできる対策は83.8%の学校で実践されていたが、重大な事件・事故を想定した対策については41.5%しか実践されていなかった、④危機管理研修を重要なものと認識している教職員は99.9%と非常に多いが、それが役に立つと考えている教職員は91.6%と減少し、研修の時間が確保されている学校の割合は63.9%とさらに低下した、という結果であった。

　以上のことから、今後、効果的な研修や訓練を教職員に実施し、教職員の危機管理意識を高め、学校危機管理力の向上を図ることが必要であることが示された。

　学校保健安全法において、学校安全計画の策定等で職員の研修が規定されたことからも、教職員を対象とした危機管理意識や学校危機管理力の向上に向けた校内研修の重要性を認識し実施する必要がある。

　危機管理意識の向上に向けた研修を実施するに当たり、研修を行う意義としては、

---

①　教職員の危機管理意識を向上・維持させる。
②　危機管理マニュアルを実効性のあるものにする。
③　いち早く危険を発見し、危機発生を未然に防ぐ。
④　危機発生時に適切かつ迅速に意思決定し、実行に移すための能力を高める。
⑤　教職員間の意思の疎通を図る。

等があげられる。校内研修を企画するに当たり、自校の状況を把握し、対応のあり方を考え、教職員が危機管理意識をもつことの重要性の理解が必要である。その上で、教職員が危機に関

する知識・理解や技能を修得できるような研修内容を検討することが効果的である。

研修の方法や種類として、講義・講演、グループ演習、卓上訓練、シミュレーション演習や外部人材活用演習等があげられる。具体的な研修方法の例は、次に示す通りである。詳細については資料をご参照いただきたい。

【リスクの洗い出しと対応】

学校における危機にはどのようなものがあるか洗い出し、課題を明らかにし、対策について検討する。

1　教職員を4～6人のグループに分ける。
2　進行役は「自校における危機にはどんなものがあるか考えてみよう」と提示する。
3　ブレインストーミングの手法で、自校における危機を付箋紙に書き出す。
4　内容の似た危機のグループ化を行い、グループに題をつける。
5　グループごとに発表し、出された内容について情報の共有化・協議を行う。
6　危機の発生頻度や被害の重要度から自校の課題を整理する。
7　自校で起こりうる可能性の高い危機を共通理解し、対応について協議する。

【卓上訓練】

卓上訓練とは、危機的状況を普段どおりにストレスのない状況下で模擬訓練することである。参加者は危機管理計画に基づいて問題を調べ、それを解決するように議論を導く。

1　教職員を4～6人のグループに分ける。
2　進行役は議題（危機状況）を提示する。
3　各グループは、提示された議題について話し合い、対応策を考える。
4　話し合いの後、グループの考えを模造紙に書き込む。
5　グループごとに模造紙を黒板等に貼り、代表者が課題とその対応について説明する。
6　不明点について質疑を行い、よりよい意思決定が他にあるかどうかを話し合う。
7　まとめを行う。

【シミュレーション演習】

実際に危機が発生したと想定し、危機発生時における組織的な対応のあり方や、教職員として的確に対応するためにはどうすればよいかを理解する。

　　○危機管理マニュアルを活用しての演習

　　1　自校で起こりそうな事例を設定する。
　　2　グループで誰がどう動くかの役割分担を考える。
　　3　事故発生の連絡を受けたところから開始する。
　　4　その場にいた教職員で、必要な役割・対応の決定・本部の設置、対応記録、養護

教諭への連絡、担任への連絡、事故現場での対応、救急車の要請、保護者への連絡等の演習を行う（開始5分程度で終了）。

5　観察グループは、対応のよい点や課題となる点の観察メモをとり、協議の参考とする。

6　協議を行い、協議で出された改善点をもとにもう一度演習を行う。

【外部人材活用演習】

専門的知識・技能をもった外部の人材（例：日本赤十字社、消防署、スクールガードリーダー等）を活用することで、救急処置や心肺蘇生法、不審者対応等について理解し、技能を身に付けることができる。

○講義・実演→指導→技能向上演習→実践的演習

資料を参照し、各研修のねらいや長所を理解した上で、学校の実情に応じた校内研修を実施し危機の未然防止に取り組むことが効果的である。

（4）効果的な安全教育、安全管理

学校における安全教育の目標は、日常生活全般における安全確保のために必要な事項を実践的に理解し、自他の生命尊重を基盤として、生涯を通じて安全な生活を送る基礎を培うとともに、進んで安全で安心な社会づくりに参加し貢献できるような資質や能力を養うこととされている。具体的には、次の三つの目標があげられる。

①　日常生活における事件・事故・災害や犯罪被害等の現状、原因及び防止方法について理解を深め、現在及び将来に直面する安全の課題に対して、的確な思考・判断に基づく適切な意思決定や行動選択ができるようにする。

②　日常生活の中に潜むさまざまな危険を予測し、自他の安全に配慮して安全な行動をとるとともに、自ら危険な環境を改善できるようにする。

③　自他の生命を尊重し、安全で安心な社会づくりの重要性を認識して、学校、家庭及び地域社会の安全活動に進んで参加・協力し、貢献できるようにする。

各発達段階に応じた効果的な安全教育を実施するためには、学校教育活動全体を通じた計画的な指導が必要である。各学校で基本方針を明らかにし、「教科（体育・保健体育）、関連教科、道徳、総合的な学習の時間における指導」と「特別活動、日常の学校生活での指導や個別指導」を関連づけながら指導計画を立て、意図的、計画的に推進する必要がある。安全教育の効果を高めるために、危険予測の演習、視聴覚教材や資料の活用、地域や校内の安全マップづくり、学外の専門家による指導、避難訓練や応急手当のような実習、誘拐や傷害等の犯罪から身を守るためのロールプレイングの導入等が考えられる。

学校における安全管理は、学校保健安全法において「…児童生徒等の安全の確保を図るため、当該学校の施設及び設備の安全点検、…（中略）…について計画を策定し、これを実施しなけ

ればならない。」（第27条）とされている。学校保健安全法施行規則にも示されているが、定期・臨時・日常の安全点検は計画的に、確実にかつ効果的に実施されなければならない。これは主に学校環境衛生の安全に関する条文であるが、学校の安全管理は対人管理と対物管理とで構成されている。対人管理については、事故等の原因となる背景として、個々の児童生徒等の心身状態の影響が少なからず見られる。児童生徒等の生活習慣の乱れや心身の状態を日々観察・把握し、必要に応じた適切な措置が求められる。

（5）学校の状況に応じた危険等発生時対処要領の作成

　学校保健安全法の制定に伴い、新たに第29条において「学校においては、児童生徒等の安全の確保を図るため、当該学校の実情に応じて、危険等発生時において当該学校の職員がとるべき措置の具体的内容及び手順を定めた対処要領を作成するものとする。」と規定された。危機は何時発生するか予測が困難な状況が見られることから、常日頃から児童生徒等や教職員の生命・健康・安全を守り、安全な環境で教育活動が行えるような危機管理体制の確立が求められている。そのためには、教職員の危機管理意識の向上とともに、危機発生に向けて想定しうる限りの予防措置・対応措置の準備が必要である。

　危機への対応はその種類に応じて異なるが、特別活動・日常の学校生活での指導や個別指導、健康診断、施設設備の安全点検等の予防措置や、危機発生時・事後措置についての対応手順を種類ごとにマニュアル化した危険等発生時対処要領（以下、危機管理マニュアルとする）の作成が必要である。作成する際の留意点は、学校の地理的条件、学校種、学校規模、児童生徒等の実態、地域の実情等を踏まえた上で、児童生徒等の教育活動を行うあらゆる時間帯や場所を想定することである。

　とりわけ、災害発生時の対応では、教職員の役割分担を明確にした学校防災体制を確立し、家庭や地域、関係機関にも周知を行い、災害に必要な備品の整備や備蓄、学校が避難所となった場合の運営等、地域全体で災害に対応できる体制整備を構築しなければならない。特に、自然災害における対応としては、事前には保護者への緊急連絡網の整備、災害に応じた避難訓練の徹底、及び校舎内外・施設設備の安全点検、発生時は安全確保、状況把握、誘導避難、保護者への引き渡し、帰宅困難な児童生徒等の保護等、事後の対応として安全指導のあり方、心のケア等があげられる。これらを網羅した危機管理マニュアルをもとに訓練等を実施し、その結果からの課題をもとに改善を図り、学校の実態に即した実践的な内容になるような見直しや検証が必要である。

4　学校における発生時・事後の危機管理（クライシス・マネジメント）

　学校においては、危機が発生したと同時に児童生徒等の安全確保に向けての初期対応を図ることが必要である。教職員の冷静な判断のもとで的確な指示を出し、児童生徒等の生命を守るとともに、教職員自らの安全の確保も重要な対応であることを忘れてはならない。危機発生時は、児童生徒等が恐怖心で動けなくなったりパニックを起こしたりすることも考えられるため、

落ち着いて冷静に行動できるよう、日頃から指導や訓練等により児童生徒等自身の判断力や行動力を養っておくことが安全確保につながる。

　次に二次対応として、危機に関する情報収集・分析、適切な避難誘導、児童生徒等の安否確認、傷病者の確認、救命活動、救急処置、必要に応じて医療機関送致・救急車要請等を行い、児童生徒等の被害を最小限に抑えるための対応を行う。大規模な災害発生時には通信手段が利用できない場合が考えられるため、電話以外の通信手段・情報発信手段や保護者引き渡しのルールについて事前に学校において検討し、緊急時の対応について保護者に周知を図っておくことが重要である。状況に応じて保護者への連絡・引き渡しが必要な場合には、児童生徒等の安全を最優先に考えた上で、危機に関する情報提供や傷病の状況等について事実のみを簡潔に連絡する。

　同時に危機対策本部を設置し、情報をもとにその後の対応や対策について、危機管理マニュアルに則り具体的な方針や教職員の役割分担等の活動内容を決定する。活動内容としては、安否確認・避難誘導、施設設備の安全点検、救護、保護者連絡、渉外等が考えられる。

　また、危機に遭遇し「家族や友人を失う」等の喪失体験や、「事件・事故を目撃する」「犯罪に巻き込まれる」等の恐怖体験をした場合、不安や不眠等のストレス症状が現れることがある。これらの症状はその後の成長や発達に大きな影響を及ぼすことがあるため、健康観察を徹底し、情報の共有を図る等して早期発見に努め、適切な対応や支援等の心のケアが大切である。児童生徒等の状況に応じて保護者や専門家等と連携を図り、養護教諭を中心として学級担任をはじめとした、組織的な支援が大切であり、いつでも適切な対応ができるように心のケアの体制づくりが必要である。

5　危機管理における養護教諭の役割

　養護教諭は日常の職務等において、その特質から、危機に接する機会が最も多い教職員である。そのため、養護教諭の職務と危機とのかかわりを明確にした上で、学校における危機管理についての意義、学校における危機にはどのようなものがあり、その危機を構成する要素や危機の程度に応じた救急処置等の対応のあり方等の理解を深めることが重要である。

　危機管理における養護教諭の役割として、最初にリスク・マネジメントの視点から危機を予測し、事前の予防対策として、①児童生徒等の心身の健康状態を的確に把握し、適切な管理及び指導を行う、②危機管理マニュアル作成に参画するとともに、危機対応の校内体制の整備を行う、③教職員の危機管理意識の向上に向けての研修・訓練・シミュレーション等の実施に向けて働きかけを行う、④危機を予測した効果的な安全点検の実施、施設設備の整備を行う、⑤家庭や地域社会との連携やネットワークの構築を図る、等があげられる。

　次に、危機発生時の的確な判断と緊急対応として、①児童生徒等の生命・健康・安全確保を最優先とした救急処置を行う、②児童生徒等の傷病に応じて医療機関送致・救急車要請の判断を行うとともに、保護者への緊急連絡の手配を行う、③児童生徒等の被災・被害状況の情報収

集を行い、的確に把握し、正確な記録としてまとめ、報告する、④外部（教育委員会、専門家・危機対応チーム等）の情報や資源を活用する。

　事後の対応では、教育活動再開に向けて①施設設備の安全確認や教職員の状況確認を行う、②児童生徒等の心身の健康状態について情報収集・分析を行う、③心身の健康問題が生じた児童生徒等に対して、学校・保護者・関係機関等と連携を図り支援体制を組む、④心のケアを必要とする児童生徒等への継続的な支援を行う、⑤養護教諭の専門性を生かした管理・指導を行う、⑥危機の再発予防に向けての対策を推進する。

　養護教諭の日々の職務における、さまざまなヒヤリ・ハット体験が報告されている。これらの事例等から、養護教諭として自らの実践を振り返り、救急処置等の対応のあり方、緊急連絡体制、管理・指導のあり方等を評価し、改善方法を検討していくことが必要である。学校の危機管理における養護教諭の役割を認識し、専門職としてよりよい対応ができるような取り組みの推進が求められている。

●引用・参考文献

・上地安昭『学校の研修ガイドブック No. 6「学校の危機管理」研修』教育開発研究所　p.10　2005
・岡山県総合教育センター『危機管理意識を高める研修を実施するために　「いざ」というとき、あなたは』2010
・学校安全対策研究会『子どもの安全と危機管理』第一法規　p.255　2008
・厚生労働省　4．食中毒統計資料
　https://www.mhlw.go.jp/stf/seisakunitsuite/bunya/kenkou_iryou/shokuhin/syokuchu/04.html
・厚生労働省　平成30年度児童相談所での児童虐待相談対応件数
　http://www.mhlw.go.jp/file/06-Seisakujouhou-11900000-Koyoukintoujidoukateikyoku/0000108127.pdf
・独立行政法人日本スポーツ振興センター『学校の管理下の災害〔令和元年版〕』2019
・文部科学省『学校安全資料「生きる力」をはぐくむ学校での安全教育』p.31　2010
・文部科学省『学校の安全管理に関する取組事例集　学校への不審者侵入時の危機管理を中心に』2003
・文部科学省『学校防災マニュアル（地震・津波災害）作成の手引き』2012
・文部科学省『平成30年度児童生徒の問題行動・不登校等生徒指導上の諸問題に関する調査結果について』2019
・文部科学省スポーツ・青少年局長「学校保健法等の一部を改正する法律の公布について（通知）」2008
・文部科学省　中央教育審議会答申『子どもの心身の健康を守り、安全・安心を確保するために学校全体としての取組を進めるための方策について（答申）』2008
・山本俊美・田嶋八千代「学校における危機管理に関する調査―教職員の危機管理意識と実態調査の分析から」安全教育学研究　第10巻第1号　p.31-45　日本安全教育学会　2010
・渡邉正樹『学校安全と危機管理』大修館書店　p.175-176　2006
・GERALD CAPLAN An Approach to Community Mental Health, Tavistock Publications, Ltd., London, 1961 and Grune & Stratton, Inc., New York, 1961
　加藤正明監修・山本和郎訳『地域精神衛生の理論と実際』p.23　医学書院　1968

第 **2** 章

事前の危機管理

（リスク・マネジメント）

第 1 節　組織体制

　① 校内救急体制

　② 危機発生時における組織対応例

第 2 節　計画に基づく予防的対応

　① 学校保健計画

　② 学校安全計画

第 3 節　危機管理の校内研修

　① 研修のねらい

　② 実施までの流れ

　③ 研修の実際

第 1 節　組織体制

① 校内救急体制

1 危機発生時（生命にかかわるような）における対応の流れ

　学校においては、事件・事故が発生した際に被害を最小限に抑えるために、日頃から組織体制を整備・充実させておくことが大切である。とりわけ、生命にかかわるような事故や大きな災害が起きた場合には、各個人の精神的混乱から学校中が大混乱となり、児童生徒等や教職員の生命・安全・健康を守ることが難しくなることが予想される。

　そのため、学校規模、地理的条件、地域性等を加味した上で、全体の統制と指揮、状況把握、救急処置、児童生徒等の避難誘導、渉外、記録、事後処理等の係を決め、全教職員の協力体制のもとで緊急対応ができるように校内の組織化を進めていくことが必要である。

　また、危機対応組織を構築するだけでなく、教職員の危機管理意識を高めたり、危機対応に関する知識、理解、技能を高める研修の設定、臨機応変に対応したり各係の不足分を補い合ったりできる協力関係づくり、マニュアルや掲示物の充実等、混乱時にも冷静に対応できるように機能させていくことが重要である。

　さらに、危機発生時に養護教諭の専門性を生かし、迅速・的確な判断・対応ができるように一連の流れや養護教諭がすべきことを習得しておきたい。

　　　　　　　　　　　　　　　　　　　　　　　　※太字は養護教諭が対応すべきこと 2-1-1

状況の把握	**現場に速やかに足を運び、発見者・目撃者より事実を確認する。**

　・できる限り二人以上で危機発生現場に駆けつける。
　・**発見者・目撃者からの情報収集を行う。**
　　〈いつ〉〈どこで〉〈誰が〉〈どのように〉〈なぜ〉
　・**発生状況を冷静に判断し、傷病者の症状の確認をする（確実に記録をとる）。**
　・**教職員や児童生徒等に協力要請や応援要請を指示する。**
　・児童生徒等の安全を確保し、落ち着かせ心のケアを行う（二次被害防止）。

救急処置	**専門性を駆使したアセスメントから的確な判断・処置を行う。**

　・ＡＥＤ・担架等の手配をする。
　・生命維持を最優先し、救命処置を行う。
　　〈心肺蘇生法〉〈ＡＥＤ〉
　・**被害者が複数の場合は、優先順位の判断をし、教職員に協力を要請する。**

・**救急車要請・医療機関搬送の判断を行い、手配の指示をする。**

【救急車要請】　・救急車の手配・同乗者の確認

　　　　　　　　・救急車誘導担当の確認

　　　　　　　　・緊急連絡カード等の持参

　　　　　　　　・救急隊員へ記録をもとに状況・経過の説明

【医療機関搬送】・医療機関の選択・決定

　　　　　　　　・緊急連絡カード等の持参

　　　　　　　　・医療機関へ記録をもとに状況・経過の説明

・保護者には、学級担任・学年教職員から事実のみを簡潔に伝える。

・保護者へ状況・処置の説明をする。

報告・連絡

危機発生の状況や経過を、時系列に沿って詳しく記録しておく。

・対策本部等を設置し対応する。

〈保護者への対応〉〈教職員への対応〉〈児童生徒等への指導〉〈学校医等への連絡〉

〈教育委員会への連絡〉〈関係機関への連絡・対応〉〈報道機関への対応〉

・教育委員会への初期連絡として第一報を入れる（医療機関待機の場合は、児童生徒等の容態の変化に伴い、随時学校に連絡を入れる）。

・第二報、第三報は詳細がわかり次第、連絡を入れる。

〈必要に応じて〉〈危機の対応経過〉〈医療機関での状況〉〈今後の対応について協議〉

・外部との対応の窓口は一つにしぼる（児童生徒等・保護者・マスコミ等）。

・保護者への連絡は、電話だけでなく家庭訪問等で詳しく説明する（程度・問題に応じて）。

・保護者には誠意ある対応をする。

処　　理

・児童生徒等の心身の健康状態を把握する。

〈健康問題を有する児童生徒等の支援体制確立〉

〈心のケアを必要とする児童生徒等への対応〉

・該当児童生徒等・一般児童生徒等への指導を行う。

・二次被害防止体制を確立する。

〈方法・対策・分担〉

・保護者への対応が長期にわたる場合、常時連絡をとる。

・関係機関（警察・消防・家庭裁判所・児童相談所・医療機関）との連携を図る。

・教育委員会への事故報告書を作成する（**資料等の協力**）。

・**独立行政法人日本スポーツ振興センターへの報告書を作成する。**

事　　後

・危機の再発防止対策を検討する。

〈施設設備の安全点検・改善・職員研修・指導・訓練等〉

・危機発生以後の対応記録を整理する。

・危機の概要をまとめ、救急処置の記録を確認して次に生かす。

❷ 救急体制図（例） CD 2-1-2

大事故発生！
現場で協力を求め、
傷病者から離れない

→ 記録係：学級担任

冷静な判断・的確な処置
①発生状況の把握・情報収集
②傷病者の症状の確認
③ＡＥＤ・担架の手配
④生命維持を最優先した救急処置
⑤協力要請・応援要請

現場へ急行・救急処置
〈教頭・養護教諭・学級担任〉
※養護教諭不在時はその場に
居合わせた教職員が対応

児童生徒等への対応
〈学級担任・生徒指導主任・他〉
・教室に入れ、落ち着かせる
・大きい事故の場合は、教職員二人以
上で事情を聴取する

判断・指示
〈校長・教頭〉

こんなときには　救急車を！
1　意識なし
2　呼吸停止
3　心肺停止
4　大出血
5　けいれんの持続
6　大やけど
7　骨の変形
8　その他緊急を要するもの
誤飲等で手当がわからないときは
つくば中毒110番へ
TEL.029-852-9999

※携帯からも
119でOK！

保護者へ連絡
〈学級担任・学年教職員・他〉
・事故の状況説明
・児童生徒等の様子
・搬送先の確認
・保険証用意の依頼
・所要時間の確認

119番通報〈教頭・教務主任〉
①「救急車をお願いします」
②「○○小学校です」
③住所「○○市○○番地です」
④電話番号（TEL.○○－○○○○）
⑤通報者氏名
⑥いつ
⑦どこで
⑧誰が
⑨何をしていて
⑩どこをどうした
⑪「救急車は○○に着けてください」
⑫「学校の手前でサイレンを止めてください」

緊急連絡先　確認方法
①緊急連絡名簿（保健室）
②家庭環境調査票（職員室）

必要に応じ警察に　110番通報
〈校長・教頭〉
・交通事故、不審者、傷害事件等

救急車誘導
〈教務主任〉

☆事故発生から、時系列
に沿って詳しく記録を
する。
☆誰もが動ける体制を‼

教育委員会報告〈校長・教頭〉
・事故の一報
・こころの緊急支援チーム要請依頼
・事故報告書の作成

救急車同乗
〈状況説明ができる人・養護教諭〉
・緊急連絡カード
（家庭環境調査票）
・保健調査票
・電話代　　　〉持参する
・タクシー券
・携帯電話

〈教職員（学級担任等）〉
・病院へかけつける

こんなときには　静岡ＣＲＴを！
（静岡県こころの緊急支援チーム）
TEL.090-5107-1724
〈校長または教育委員会が要
請〉
1　校内での死亡事故
2　交通事故など複数の死亡
事故
3　学校全体の危機・衝撃等

医療機関到着〈同行教職員〉
・保護者へ説明　　・学校へ報告・連絡

状況報告
〈校長・教頭・教務・学級担任・学年主任・担当・
事故発見者・保健主事・養護教諭〉
・状況を整理し、今後の対応決定

外部への対応〈教頭〉
・児童生徒等、保護者
・教育委員会
・関係機関　・報道機関

教職員招集〈校長〉
・事故の原因、対応、経過、現在の状況について確認
・今後の対応について
　心のケア、二次被害防止対策、再発防止対策等

家庭への対応
〈学級担任・担当・他〉
・病院見舞い
・家庭訪問、家庭連絡

③ 救急車の要請 💿 2-1-3

傷病者発見 ➡ 救急車の要請が必要と判断

保護者への連絡
・事故状況の説明
・搬送先の医療機関を相談
　（落ち合う場所の確認）
・保険証、医療費用意のお願い

確　認

- ☐ 校長または教頭へ報告しましたか？
　　その際、救急車要請の指示を受けましたか？
- ☐ 家庭に連絡しましたか？（していますか？）
- ☐ 傷病者を一人にしていませんか？
- ☐ 手元に緊急連絡カードと保健調査票は用意してありますか？
- ☐ 経過の記録はしていますか？
- ☐ 学校医への連絡はしましたか？
- ☐ 受け入れ先の病院に連絡しましたか？

医療機関への連絡
・受診可否の確認
・事故状況の説明
・児童生徒氏名、生年月日
・既往歴
　　　　　　　　　　　等

救急車要　請

①119番に通報する。
②「救急車をお願いします」
③「○○小学校　○○市○○番地です」
　　校内の場所を聞かれたら、具体的に答える（「運動場」「家庭科室」等）
　「電話番号は○○－○○○○です」
　「電話をかけているのは○○です」
④事故の状況を説明する。
　「いつ、どこで、誰が（何人が）、何をしていて、どこをどうした」
⑤救急車を着ける場所を説明する（学校の手前でサイレンを止めることも依頼する）。

※必要があれば、救急車到着までの処置方法を確認する。
　既往症や特別に配慮する点があれば、伝えておく。

救急車到着時

- ☐ 救急車の誘導のため、教職員が待機していますか？
- ☐ 同乗者は決めてありますか？（同乗者は状況説明ができる教職員1名）
- ☐ 同乗者は緊急時医療機関受診セットを持ちましたか？

　　・緊急連絡カード…職員室の後ろの戸棚
　　・保健調査票…保健室の書類戸棚
　　・携帯電話
　　・メモ帳、筆記用具
　　・お金
　　・タクシー券…保健室の電話の横の引き出しの中

事　後

- ☐ 校長または教頭へ報告しましたか？
- ☐ 学校医へ報告しましたか？
- ☐ 加害者がいる場合は、そちらの家庭にも連絡しましたか？
- ☐ 全教職員で状況の整理・確認をして、今後の対応を共通理解しましたか？
- ☐ 傷病者及びその家族に対して誠実な対応をしましたか？

記録用紙（例） 2-1-4
（表面）

緊急事故記録 学校

事故者氏名		年　　組	
住　所		保護者氏名	
		TEL.　（　　　）	

★事故発生時の状況　　　傷病名

発 生 日 時	令和　　年　　月　　日　　曜日（午前・午後）　　時　　分
発生時の活動	
発 生 場 所	
概要及び原因	

★状況の観察

救 急 車 要 請	時　　　分　要請者氏名（　　　　　　　　　）

□意識…（ 鮮明 ・ 混濁 ・ 半昏睡 ・ 昏睡 ）

□呼吸困難…（ あり ・ なし ）

□瞳孔（黒目の様子）…（ 正常 ・ 散大 ・ 縮小 ・ 不動 ）
□脈拍…（　　　）回／分
□嘔吐…（ あり ・ なし ・ 吐き気のみ ）
□出血…（ あり ・ なし ）
　　　（出血部位：　　　　　　　　　　　　）

□けいれん…（ あり ・ なし ）
□顔色…（ 正常 ・ 蒼白 ・ チアノーゼ ・ 赤みをおびている ）

□体温…（　　　　　）℃

中意識消失
　時　　分～
　時　　分

☆正常値 70～80回／分前後
★要注意 50回／分以下
　　　　 120分／分以上

保健調査票より
1　既往症 （ なし ・ あり …疾患名等　　　　　　　）
2　アレルギー疾患 （ あり ・ なし ）
　薬アレルギー （　　　　　　　　　　　　）
　食物アレルギー （　　　　　　　　　　　　）
　その他のアレルギー （　　　　　　　　　　　　）

★保護者への連絡

保護者連絡時刻	時　　　分　保護者の続柄（ 父 ・ 母 ・ その他　　　　）
連 絡 者	
保護者連絡状況	□連絡が取れた → □学校に来校　□病院で落ち合う　その他 □ □連絡が取れない
受診希望病院	

（裏面）

★経過記録

/	時　　分	
/	時　　分	
/	時　　分	
/	時　　分	
/	時　　分	
/	時　　分	
/	時　　分	
/	時　　分	
/	時　　分	
/	時　　分	
/	時　　分	
/	時　　分	
/	時　　分	
/	時　　分	
/	時　　分	
/	時　　分	
/	時　　分	
/	時　　分	
/	時　　分	
/	時　　分	
/	時　　分	
/	時　　分	
/	時　　分	
/	時　　分	
/	時　　分	
/	時　　分	
/	時　　分	
/	時　　分	
/	時　　分	

配慮を要する児童生徒の個別カード（例） 2-1-5
（表面）

緊急時対応カード

学校
住所
TEL.

（よみがな）

年　組
生年月日　平成　　年　　月　　日
連絡先 TEL.

1. 傷病名
　主治医

2. 症状

3. 服薬中の薬

4. 注意事項

（裏面）

〈こんなときは、救急車を要請してください〉
（医師からの指示事項や保護者の要望等から記載）
例）・けいれんが10分以上続くときは、直ちに救急車を要請してください。

〈救急隊の人に、次のことを伝えてください〉
例）小学1年生のとき（令和　　年）に発症。以来、　　　　　の薬を1日2回朝、夕食
　　後に服用中。
　発作時の搬送先病院は、　　　　　　　　　TEL.

〈保護者に連絡してください〉
連絡先　誰に（　　　　　　　　　　　）どこへ（　　　　　　　　　）
　　　　TEL.（　　　　　　　）

連絡内容
①　　　さんの症状（上記内容）から、救急車を要請しました。
②保護者の方は、　　　　　　　（搬送先）へ来てください。
③詳しい状況は後ほどお話しします。

4　養護教諭不在時の体制

　学校において、出張等による「養護教諭不在」の場合、養護教諭が思う以上に児童生徒等や教職員に大きな不安感を抱かせている。そのため、「養護教諭不在をできるだけ避けたい」という声が数多く聞かれる。

　ここまで不安を抱く理由として、第一に傷病の重症度の判断や、適切な応急処置ができるか自信がないことがあげられる。事故現場では、迅速かつ的確な判断や対応が求められる。もし判断を誤れば、児童生徒等の命を危険にさらすことになる。第二に、全ての教職員が全ての児童生徒等の持病や既往歴等を把握しきれているわけではないことがあげられる。アレルギーや心臓疾患、てんかん等、配慮を要する児童生徒等について周知徹底していても、ひとたび事故が発生し、混乱した中で、児童生徒等の背景も含めた対応は困難であることが予想される。

　そのため、誰でも対応ができる体制を常日頃から整えておかなければならない。傷病者に対応する者を明確にし、迷いなく対応できるように救急体制、配慮を要する児童生徒等の個票や救急処置物品の保管場所等を整え、内容を全教職員に周知徹底しておく必要がある。

養護教諭不在時の体制（例） 2-1-6

基本的体制	（1）原則として授業中は教科担任、部活中は顧問、またその場に居合わせた教職員が救急処置、医療機関受診の判断をする。 （2）保健室は、原則として施錠する。職員室の救急箱を使用し処置をする。内服薬は一切与えない。 （3）医療を必要とする場合 　①　原則として頭や目等、頸部から上のけがは受診する。 　②　保護者に受診をお願いできるときは来校を待ち医療機関へ。または保護者と連絡の上、希望する医療機関へ連れて行き医療機関で保護者と合流する。 　③　保護者と連絡が取れない場合は、保健調査票、緊急連絡カードをもとに学校で判断し医療機関へ連れて行く。 ※救急処置をした際は、必ず記録をとっておく（発生時刻、場所、事故発生状況、学校側のとった措置等）。 ※医療機関に受診する場合は、校長、教頭に連絡しその後の報告をする。
緊急時連絡体制	＊養護教諭は、不在であることを明確にしておく。 **＊他の教職員と連絡を取り、協力を求め、一人で処理しない。** 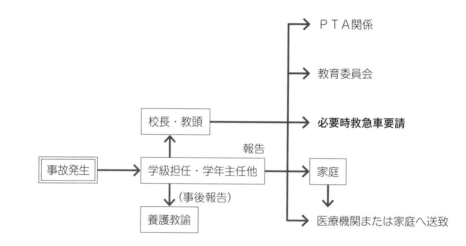 ・急病・事故が発生した場合には、直ちに救急処置を行い、管理職に報告する。 ・医療を受ける場合は、必ず保護者に連絡する。その際、必要以上に不安を与えないように留意する。 ・事故発生時は正確な状況把握や処置をするためにも、関係者は動揺しないように心がける。

	用具・書類名	保管場所
救急処置用品の確認	担架…緊急時にすぐに取り出せるよう、前に物を置かない！	
	ＡＥＤ	
	熱中症応急処置グッズ	
	嘔吐処理応急処置グッズ	
	救急処置グッズ	
	医療機関受診セット（タクシー券・テレホンカード・記録用紙等）	
	保健調査票	
	緊急連絡カード	
	「アレルギー個別取組プラン」	

② 危機発生時における組織対応例

　集団発生の恐れがある「熱中症」「感染症」、学校給食に関連する「異物混入・食中毒」「食物アレルギー」、重篤になりやすい「体育授業時の事故」等は、児童生徒等の生命にかかわる場合もあることから、組織的な対応・取り組みが必要である。また、大きな事件や事故が発生した場合の「報道機関への対応」及び「心のケア」についても忘れてはならない。

　熱中症の発生件数は近年増加傾向にあり、学校管理下ではここ数年で年間約4000〜5000件報告されている（独立行政法人日本スポーツ振興センター：平成24年度〜26年度）。このような状況から、教職員全員が熱中症を正しく理解し予防対策を講じるとともに、熱中症が発生した場合は重症度を的確に判断して、迅速にかつ組織的に動ける体制づくりが急務である。

　感染症については近年、麻しんやノロウイルス等が問題となっている。学校給食における食中毒の発生件数は年間2件（文部科学省：令和元年）であるが、国立感染症研究所のデータによると、ノロウイルスは秋から冬にかけて多く発生しており、1か月で100件以上の集団感染が報告された月もある。

　学校における感染症の対応では、欠席状況の把握や健康観察により集団発生の可能性を早めに察知し、的確に情報収集を行い新たな感染者の発生を最小限に抑えることがカギとなる。なお、学校給食における食中毒等については、各都道府県及び市町村の教育委員会より示された通知・対応手順等をもとに対応することが基本である。

　食物アレルギーは死亡事故につながる恐れがあるため、迅速な判断と対応が必要である。学校給食の誤食による死亡事故等を教訓に、エピペン® 接種の意識が高まるとともに、誤食を防ぐためにトレイや食器の色を変える等の対策を講じている学校が増えてきているようであるが、まだ十分とはいえない。このような現状を踏まえ、学校においては、エピペン® を接種することを想定したマニュアルの整備が不可欠である。

　また、平成30年度の学校管理下における死亡事故は74件（独立行政法人日本スポーツ振興センターの死亡見舞金給付対象事例）で、そのうち体育授業時の事故は5件である。障がいの発生件数を見ると、403件中60件が体育授業時に発生している。体育授業時の事故で重篤になりやすいのは頭頸部外傷であるため、医療機関への搬送時は特別な配慮が必要である。

　さらに、大きな事件・事故が発生した場合は、事前に「報道機関への対応」や「心のケア」について組織を整備し、役割分担の明確化を図る必要がある。特に報道機関への対応においては、初動対応の不手際がさらに大きな危機を招く可能性があるので、情報の混乱を避けるために組織としての窓口を一本化し、関係者のプライバシーにも十分配慮しながら、可能な範囲で誠意をもって対応することが大切である。

　なお、危機の種類に応じて、学校からはこころの緊急支援チーム（ＣＲＴ）等の派遣要請が考えられる。その場合、養護教諭は専門機関や専門家等と連携協力して、二次被害防止や心の応急処置に努めなくてはならない。したがって、養護教諭は日頃から心のケアへの重要性を認

識し、突発的な対応に備えた取り組みを積み重ねておきたい。

1 熱中症

熱中症発生時の対応マニュアル 🆑 2-1-7

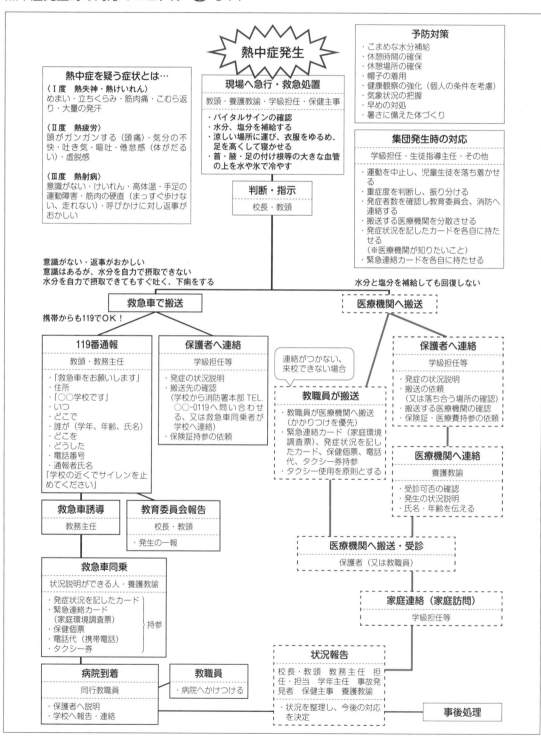

熱中症発生時の救急処置マニュアル 2-1-8

熱中症発生

```
涼しい場所に運び、衣服を緩めて寝かせる。
バイタルサインを確認し、症状を見極める。
```

○大量の発汗 ○めまい・立ちくらみ ○数秒の失神 ○足・腕・腹筋の筋肉の痛みやけいれん	○頭がガンガンする ○吐き気がする・吐く ○全身倦怠感・脱力感 ○過呼吸 ○頻脈 ○顔面蒼白 　（体温上昇は顕著ではない）	○意識がない・もうろう ○呼びかけに対して返事が不自然 ○ふらつく・転倒する ○突然座り込む・立ち上がれない ○体が熱い ○肌が乾燥している
Ⅰ度　熱失神 　　　熱けいれん	Ⅱ度　熱疲労	Ⅲ度　熱射病

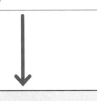

●水分補給
　0.9%食塩水（生理食塩水）

回復した　　　回復しない

●運動中止
●保護者へ経緯を説明
●できるだけ、医療機関受診を勧める

●水分補給
　0.2%食塩水（スポーツドリンク）
●冷却
　首・腋・足の付け根等の大きな血管の上を氷や濡れタオルで冷やす
●足を高くして寝かせる
●手足を末梢から中心に向けてマッサージする

回復しない

●直ちに救急車要請

●冷却
　可能なら、ホースを使って水道水を大量にかける
　ホースで水道水をかけるのが難しい場合は、扇風機＋クーラーの設定温度を一番低くする＋動脈冷却＋体表水冷却を試みる
　救急隊に引き継ぐまで冷やし続ける
●吐き気がある場合や自力で補給できない場合は、水分を与えない

医療機関へ
意識がはっきりしていて、自力での水分摂取が可能な場合は救急車搬送でなくてもよい

〈救急車要請時に伝えること〉

（熱中症の疑いのとき）
・年齢・身長・体重
・活動場所・活動時間・活動内容
・運動歴（慣れているか等）
・気温・湿度

熱中症の疑いがある児童生徒について医療機関が知りたいこと **CD** 2-1-9

熱中症の疑いがある児童生徒について医療機関が知りたいこと

氏名 _____ 　　　年　　　組　　男・女

　　　　　　　　　　　　　　　　　　　生年月日　平成　　　年　　　月　　　日生

〈1〉様子がおかしくなるまでの状況
　・食事や飲水の摂取（十分な水分と塩分補給があったか）　　　無　　有
　・活動場所　　屋内・屋外　　　　　日陰・日向
　　　　　　　　気温（　　　）℃　　湿度（　　　）%　　熱中症指数（　　　）℃
　・その環境に何時間いたか　　　　　　　　（　　　）時間
　・活動内容（　　　　　　　　　　　　　　　　　　　　　　　　　　　　　　　　　）
　・どんな服装をしていたか（熱がこもりやすいか）
　　（　　　　　　　　　　　　　　　　　　　　　　　　　　　　　　　　　　　　　）
　　　帽子　　　無　　有
　・一緒に活動していて、通常と異なる点として何か気づいたことはあるか
　　（　　　　　　　　　　　　　　　　　　　　　　　　　　　　　　　　　　　　　）
〈2〉不具合になったときの状況
　・失神・立ちくらみ　　　　　　　　　無　　有
　・頭痛　　　　　　　　　　　　　　　無　　有
　・めまい（目がまわる）　　　　　　　無　　有
　・のどの渇き（口渇感）　　　　　　　無　　有
　・吐き気・嘔吐　　　　　　　　　　　無　　有
　・倦怠感　　　　　　　　　　　　　　無　　有
　・四肢や腹筋のこむら返り（痛み）　　無　　有
　・体温　　　　　　　　　　　（　　　）℃ ［腋下温・その他（　　　　）］
　・脈の数　　　　　　　不規則　　速い　　遅い　　（　　　）回／分
　・呼吸の数　　　　　　不規則　　速い　　遅い　　（　　　）回／分
　・血圧　　　　　　　　　　　　／　　　　mmHg
　・意識の状態　　　　　目を開けている　　ウトウトしがち　　刺激で開眼　　開眼しない
　・発汗の程度　　　　　極めて多い（だらだら）　多い　　少ない　　ない
　・行動の異常（訳のわからない発語など）　無　　有
　・現場での救急処置の有無と方法　　　　無　　有
　　方法（　　　　　　　　　　　　　　　　　　　　　　　　　　　　　　　　　　）
〈3〉最近の状況
　・今シーズンはいつから活動を始めたか　　（　　）日前　（　　）週間前　（　　）ヶ月前
　・体調（コンディション・疲労）　　　　良好　　平常　　不良
　・睡眠が足りているか　　　　　　　　十分　　不足
　・かぜをひいていたか　　　　　　　　無　　有
〈4〉その他
　・身長・体重　　　（　　　　　　　　cm　　　　　　　kg）
　・今までに熱中症になったことがあるか　　無　　有
　・今までに病気をしたことがあるか【特に糖尿病、高血圧、心臓疾患など】
　　（　　　　　　　　　　　　　　　　　　　　　　　　　　　　　　　　　　　　　）
　・現在服用中の薬はあるか　　　　　　　　無　　有（　　　　　　　　　　　　　　）
　・酒やタバコの習慣はあるか　　無　　有
　　量（　　　　　　　　　　　　　　　　　　　　　　　　　　　　　　　　　　　　）

❷　感染症

（1）感染症発生時の対応例 2-1-10

校内で感染症患者が集団発生！
☆保護者より連絡を受けた者は、必ずメモをとる

校内での情報収集・基本対応
・児童の健康観察（学級担任）
・体調不良者は、保健室へ。症状のある児童は早退
・早退者の保護者連絡（学級担任）
→情報のとりまとめは養護教諭

校長・教頭へ報告
（連絡を受けた者）

学校医に報告・相談（養護教諭）
○○○病院　TEL.○○○－○○○○

教育委員会・保健所への連絡
・学級閉鎖
・学年閉鎖
・休校（学校閉鎖）
　が行われたとき
☆教育委員会への電話連絡（校長）
☆教育委員会・保健所への書面連絡（教頭・養護教諭）
→状況・対応を説明

教職員招集・判断、指示（校長）
・保護者への連絡について（教頭）
・日課変更（主幹教諭）
・保健指導、消毒薬等の準備（養護教諭）
・臨時保健だよりの発行（養護教諭）
・保健室への入室制限（学級担任・養護教諭）

〈連絡先〉
・教育委員会　　○○－○○○○
・○○○保健所　○○－○○○○

学級（学年）閉鎖時の保護者への連絡
☆お便り作成、メール送信（教頭）
☆欠席者等への電話連絡（担任）
☆健康観察カードの作成（養護教諭）
〈連絡内容〉
・集団発生の状況
・児童の下校時刻
・自宅待機の期間
・自宅待機中の過ごし方
・症状が出た場合は病院へ行くこと

学級閉鎖について（医師会より）
（学校医、保健所と相談の上、最終判断は学校長が行う）
・学級人数のおおむね20％以上の欠席者
・期間は最長7日間

（2）麻しん（はしか）への対応例 2-1-11

麻しん（はしか）発生時の対応について（小学校例）

★別紙資料1～6を活用し、麻しん拡大防止と情報収集に努める　『学校における麻しん対策ガイドライン』参照

1名の麻しん患者（又は疑いの者）の発生

患者への確認事項：学年、組、氏名、受診医療機関、症状、診断日、他の所属などへの連絡依頼

関係者・関係機関への連絡

学校教育課
TEL. ○○○-○○○-○○○○
＊診断した病院の確認
＊居住地
＊感染経路
＊きょうだい関係学校

保健所　保健予防課
TEL. ○○○-○○○-○○○○
＊保健所からの指示
＊近隣地域の発症状況を確認

学校医
TEL. ○○○-○○○-○○○○
＊集団活動実施などについて
学校薬剤師
TEL. ○○○-○○○-○○○○

感染拡大防止策の策定・決定・実施　　教職員招集・指示

情報の収集（以下の資料を配付し状況調査を行う）

資料1　麻しん（はしか）の感染防止について…麻しん対策について、教職員の共通理解を図る

資料2　麻しん（はしか）児童生徒健康観察カード…児童生徒等の欠席状況、健康状態を把握する（クラスごと）

資料3　本人の行動調査と接触者調査…該当児童生徒等・教職員などの閉鎖空間共有及び接触者行動状況調査を行う

資料4－1　学校別麻しん予防接種状況調査…児童生徒等の免疫状態を把握する
資料4－2　教職員の麻しん対策フローチャート…教職員の免疫状態を把握する

情報提供

資料5　保護者通知文…患者発生の連絡と情報提供を行う

資料6　健康チェックカード：保護者に依頼…児童生徒等の健康状態を把握する

出席停止及び学校閉鎖の決定

＊学校長：罹患者及び疑いの者への出席停止措置
＊学校の設置者・学校長・学校医・保健所で協議
　・収集した情報に基づき学校の閉鎖を決定
　・収集した情報を参考に、発生した患者の他に発症する可能性のある者を把握し、終息するまでの間の学校運営について対策を立てる

終息宣言

最後の麻しん患者と児童生徒及び教職員との最終接触日から4週間、新たな麻しん患者の発生が見られないこと

（3）ノロウイルスへの対応例　CD 2-1-12

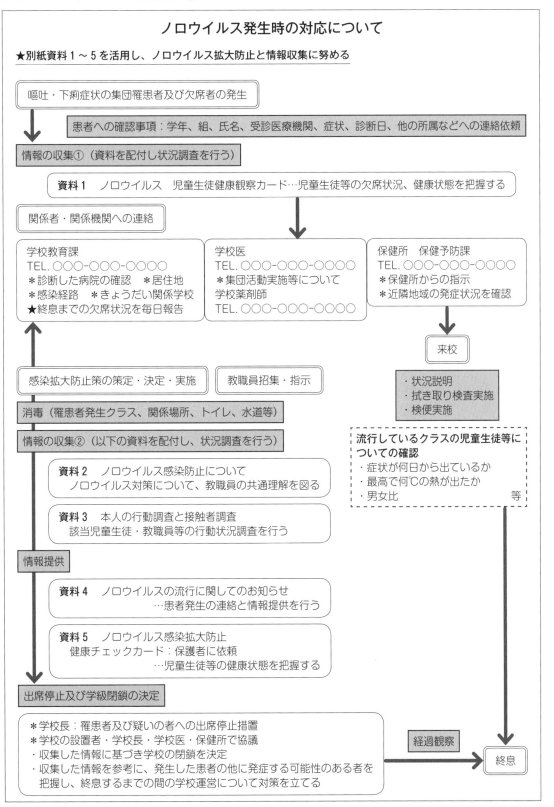

ノロウイルス発生時の対応について

★別紙資料1～5を活用し、ノロウイルス拡大防止と情報収集に努める

嘔吐・下痢症状の集団罹患者及び欠席者の発生

患者への確認事項：学年、組、氏名、受診医療機関、症状、診断日、他の所属などへの連絡依頼

情報の収集①（資料を配付し状況調査を行う）

資料1　ノロウイルス　児童生徒健康観察カード…児童生徒等の欠席状況、健康状態を把握する

関係者・関係機関への連絡

学校教育課
TEL. ○○○-○○○-○○○○
＊診断した病院の確認　＊居住地
＊感染経路　＊きょうだい関係学校
★終息までの欠席状況を毎日報告

学校医
TEL. ○○○-○○○-○○○○
＊集団活動実施等について
学校薬剤師
TEL. ○○○-○○○-○○○○

保健所　保健予防課
TEL. ○○○-○○○-○○○○
＊保健所からの指示
＊近隣地域の発症状況を確認

来校

・状況説明
・拭き取り検査実施
・検便実施

感染拡大防止策の策定・決定・実施

教職員招集・指示

消毒（罹患者発生クラス、関係場所、トイレ、水道等）

情報の収集②（以下の資料を配付し、状況調査を行う）

資料2　ノロウイルス感染防止について
　　　　ノロウイルス対策について、教職員の共通理解を図る

資料3　本人の行動調査と接触者調査
　　　　該当児童生徒・教職員等の行動状況調査を行う

**流行しているクラスの児童生徒等に
ついての確認**
・症状が何日から出ているか
・最高で何℃の熱が出たか
・男女比　　　　　　　　　　等

情報提供

資料4　ノロウイルスの流行に関してのお知らせ
　　　　　　　　…患者発生の連絡と情報提供を行う

資料5　ノロウイルス感染拡大防止
　　　　健康チェックカード：保護者に依頼
　　　　　　　　…児童生徒等の健康状態を把握する

出席停止及び学級閉鎖の決定

＊学校長：罹患者及び疑いの者への出席停止措置
＊学校の設置者・学校長・学校医・保健所で協議
・収集した情報に基づき学校の閉鎖を決定
・収集した情報を参考に、発生した患者の他に発症する可能性のある者を
　把握し、終息するまでの間の学校運営について対策を立てる

経過観察

終息

❸　食中毒及び事故発生時　CD 2-1-13

　食中毒及び事故発生時には、静岡県教育委員会健康体育課「学校給食における食中毒及び事故発生時の対応について」をもとに、迅速に対応する。ここでは静岡県の例を紹介したが、各都道府県の通知にしたがう。

別紙1　「学校給食における食中毒及び事故等発生時の対応について」

静岡県教育委員会健康体育課

1　食中毒及び事故等発生時の対応について

　学校給食における食中毒（疑いを含む）、異物混入、食物アレルギーに関する事故及び重大なヒヤリハット等（以下、「食中毒及び事故等」という。）の発生時には、速やかに連絡体制を整備するとともに、衛生部局と連携を密にして、次の措置をとる（「学校給食における食中毒及び事故等発生時の緊急連絡体制図」参照）。

(1) 学校の対応

ア　学年別・学級別の異常者数、主な症状、欠席者数等を把握する。

イ　直ちに学校医、学校薬剤師及び保健所に連絡し指示を受ける。共同調理場の受配校の場合は、共同調理場へも連絡する。

ウ　速やかに、市町立学校においては市町教育委員会へ、県立学校においては県教育委員会へ連絡し指示を受ける。連絡は、電話並びにFAX又はメールによる。

エ　学校医、学校薬剤師、保健所及び教育委員会の指導により、健康診断・出席停止・臨時休業・学校給食の中止・消毒・その他適切な措置をとる。

オ　保護者への説明を適切に行うとともに、詳細な調査のために必要な書類を準備する（別紙3）。

(2) 共同調理場の対応

ア　学校給食従事者の健康状態を把握する。

イ　速やかに市町教育委員会へ連絡し指示を受ける。

ウ　保健所及び教育委員会の指導により、学校給食の中止・調理場の消毒・その他適切な措置をとる。

エ　詳細な調査のために必要な書類を準備する（別紙3）。

(3) 市町教育委員会の対応

ア　報告受理内容について、必要に応じて職員を現地に派遣するなどして詳細を確認する。

イ　当該教育事務所地域支援課（政令市においては県教育委員会）、保健所、市町保健担当部局へ連絡し指示を受ける。連絡は、電話並びにFAX又はメールによる。

ウ　学校又は共同調理場に対し、当面の措置について必要な指導を行う。

エ　保健所等の立ち入り検査が行われる際には、必要に応じて学校・調理場に専門職員を派遣するなどして的確な情報の把握、確認を行う。

オ　学校に対し、食中毒の再発や二次感染等の防止について、また保護者への説明方法について等、必要な指導を行う。

(4) 県教育委員会の対応

ア　必要に応じて市町教育委員会や学校に対し指導・助言を行う。

イ　必要に応じて文部科学省へ電話連絡するとともに、FAX又はメールにより報告する。

CD 2-1-14

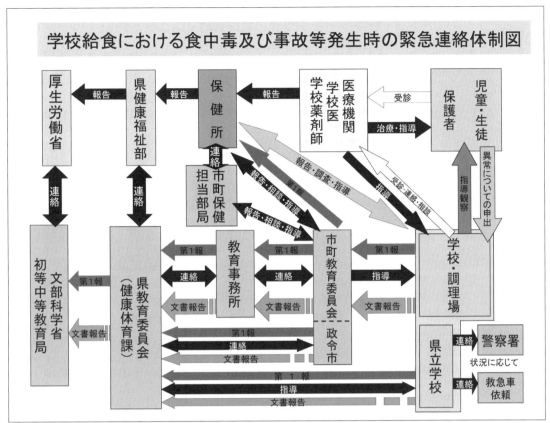

※その他の資料は CD-ROM に収録。

4 食物アレルギー CD 2-1-15

〈アナフィラキシーショック　危機管理マニュアル例〉

初期

誤食 → □吐かせる。□から出させる。□をゆすぐ。□皮膚を洗い流す。□洗眼。

応援態勢の確保

発見者（教職員）	応援教職員
□他の教職員へ応援要請 □周囲の安全確認 □応急処置 　①意識、呼吸、心拍数を確認する。 　②足を高くして寝かせる。 　③おう吐に備え、顔を横向きにする。 　④意識がなければ、気道を確保する。	□「学校生活管理指導表」を確認する。 □保護者に連絡、呼び出しをする。 □必要に応じて119番する。 □ＡＥＤ、「エピペン®」を用意する。 □必要に応じて担架を用意する。 □周囲の園児、児童生徒等に指導を 　行う。

症状のグレードによる対応

グレード1
□皮膚…部分的じんましん、赤み
□粘膜…唇やまぶたの軽い腫れ
□呼吸器…鼻水、鼻閉、単発の咳、
　　　　　□内の違和感
□消化器…軽い腹痛、単発のおう吐
□全身…何となく元気がない

グレード1　対応
□安静にさせ、厳重に経過観察・
　記録を行う。
□**救急車を要請する。**
□緊急時の薬が処方されていたら
　内服させる。
□必要に応じて主治医、学校医に
　連絡する。

グレード2
□皮膚…広範囲のじんましん、赤み、
　　　　強いかゆみ、血管性浮腫
□粘膜…唇やまぶた、顔面の明らか
　　　　な腫れ
□呼吸器…ときどき繰り返す咳
□消化器…明らかな腹痛、複数回の
　　　　　おう吐や下痢
□全身…明らかに元気がない、横に
　　　　なりたがる

発症から10数分でグレード3に達する場合もあります。
「エピペン®」の接種や、救急車の要請で迷っている時間はありません。

グレード2　対応
□「エピペン®」を接種する。
□**救急車を要請する。**
□主治医、学校医に連絡し指示を
　受ける。
□ＡＥＤを準備する。

グレード3
□粘膜…飲み込みづらさ
□※呼吸器…せき込み、声がれ、ゼ
　　　　　イゼイと息苦しい、呼
　　　　　吸困難、チアノーゼ
□消化器…強い腹痛、繰り返すおう
　　　　　吐や下痢
□全身…意識消失、ぐったり、失禁
**一刻の猶予も許されない、きわめて
危険な状態**

※**呼吸困難はアナフィラキシーのな
　かで最も危険な症状のひとつです。**

グレード3　対応
□「エピペン®」を接種する。
□**救急車を要請する。**
□必要に応じてＡＥＤを使ったり、
　心配蘇生を行ったりする。

「エピペン®」の接種、救急車の要請のタイミング

	グレード 1	グレード 2	グレード 3
「エピペン®」の接種		接種する	接種する
救急車の要請	要請する	要請する	要請する

「エピペン®」の接種や、救急車の要請で迷っている時間はありません。

発症から10数分でグレード 3 に達する場合もあります。

☆救急車が到着し、病院に搬送されるまで30分近くかかることも考えられます。

☆グレード 1 の段階で救急車を要請します。

☆グレード 2 だと判断される場合、消防署はドクターヘリの出動も考えに入れて電話
　対応します。救急車要請の際、簡潔に、詳しい状況を正確に伝えます。

救急車要請のポイント

① 「救急車をお願いします」
　「食物アレルギーのアナフィラキシーの患者の搬送依頼です」
② いつ…食事開始後、○分経過後発症
　　どこで…○○幼稚園（学校）にて
　　だれが…○歳児　もしくは　○年生
　　どのような状態か　症状を詳しく（記録票の活用）
　　既往症等　「エピペン®」を持参している場合は接種の有無
③ 連絡した者の氏名、学校の連絡先、校内への進入路等を伝える。
④ 救急車到着までの応急手当の方法を聞く。

救急車要請後の動き

□保護者への連絡確認　　　　　　□主治医、学校医への連絡も確認
□救急隊員からの連絡に対応
□「学校生活管理指導表」があればコピーを用意
□本経過記録票、健康調査カード、給食献立表のコピーを用意
□救急車の誘導
□救急隊員へ状態等の説明
□他の園児、児童生徒等の指導
□事情がよくわかっている教職員が救急車に同乗
□市町村の関係各課へ連絡

アナフィラキシーを引き起こすきっかけには、食物の他に、ハチ毒、薬物、天然ゴム等もあり
ます。対応は、同じです。

園児、児童生徒等に「エピペン®」が処方された場合

（1）園・学校へ「エピペン®」を持ち込むことを保護者が希望するかを確認する。
（2）保護者が希望した場合　　学校が管理するか、本人が管理するかを確認する。
　　　①管理、保管の方法を保護者と話し合う。
　　　　保管場所の例　　職員室、保健室、校長室、本人のカバンの中
　　　　　※緊急時に誰もが迅速に取り出せる場所であること
　　　　管理の例　本人が登校後、担任に直接渡す。
　　　　　　　　　帰るときも担任から本人へ直接渡す。
　　　　　※他の子どもが誤用しないような対策をとること
　　　②全教職員が、使い方と保管場所、緊急時の対処方法を研修する。

> 「エピペン®」は、アナフィラキシーの症状を緩和する補助治療剤で、院外でアナフィラキシーの症状改善効果が期待できる薬剤は、唯一「エピペン®」だけといわれています。
> 「エピペン®」は優れた注射剤ですが、基本的には強い薬で厳しい管理がされています。
> 　・「エピペン®」は医師が患者本人に処方するものです。
> 　　→学校や教育委員会が購入・常備することはできません。
> 　・練習用トレーナーがあります。

エピペン® 練習用トレーナーの無償貸与について
参照　http://www.epipen.jp/download/trainer-taiyo.pdf

貸与には、1）実施される講習会が下記貸与基準を満たしていること、2）下記貸与条件すべてに同意することが条件となっている。

1．貸与基準
① 講習会の申込者は、アナフィラキシー、食物アレルギー等に関する講習会の主催者もしくは事務局の担当者であること。
② 講習会の対象者は、医療関係者、エピペン® を処方された患者とその家族、教職員や学生、保育士、かつ、その目的がエピペン® に関する実習や教育訓練であること。
③ 講習会にて指導する講師は、正しいエピペン® 使用法に精通し、かつ下記のいずれかに該当すること。
　ⅰ）医師
　ⅱ）歯科医師
　ⅲ）看護師（准看護師を含む）、薬剤師、管理栄養士、救命救急士、歯科衛生士
　ⅳ）保育園・幼稚園・小中学校などの教職員関係者
　ⅴ）官公省庁の職員関係者
　ⅵ）アレルギー関連の患者会関係者

2．貸与条件と規定
① 到着希望日の1週間前までに、エピペン® サイトより申し込む。
　なお、受付完了の連絡はないので、エピペン® サイトより申込内容送信後、送信完了画面・受付番号を控える。申込確認のためのセンターへの問い合わせは不可。
② 申込み内容に全ての必要事項が入力されていることを確認の後、練習用トレーナーが送付される。
　（ア）貸出時の送料はマイラン EPD 合同会社が負担する。
　（イ）貸与本数の上限は50本。数に限りがあるため、貸出希望本数に添えない場合や、申し込み内容に不備のある場合には連絡がある。
　　　※講習会開催日が3月・4月にあたる場合、貸与本数の上限は20本となる。
③ 講習会の実施前に、エピペン® の正しい使用法を理解している講師であることを必ず確認する。
　（エピペン® サイト https://www.epipen.jp/howto-epipen/use.html に使い方動画等が掲載されている）
④ マイラン EPD 合同会社では、講習会中のいかなる事故等に関しても一切の責任は負わない。
⑤ 講習会終了後1週間以内に、必ず、貸与されたトレーナーを下記の返送先に返送する。
　返送時は、必ず宅配便を利用し、伝票番号を控える。返却時の送料は申込者負担となる。
返送先：マイラン EPD 合同会社　エピペンカスタマーサポートセンター
　　　　〒400－0811　山梨県甲府市川田町アリア101
　　　　フリーダイヤル　0120-303-347

2-1-16

アナフィラキシー緊急時対応経過記録票

児童生徒氏名＿＿＿＿＿＿＿＿＿＿＿＿＿ ＿＿年＿＿組 男・女 生年月日 平成 年 月 日（ ）歳

1．誤食時間	令和　　年　　月　　日　　時　　分
2．食べた物	
3．食べた量	

4．処置	【処　　置】 ・口の中のものを取り除く　・うがいをする　・手を洗う　・触れた部分を洗い流す
	【内服など】薬の使用（内容　　　　　　　　　　　　　　　）　　　　　　時　　分
	【注　　射】「エピペン®」の使用　あり　なし　　　　　　　　　　　　時　　分

5．症状						
	臓器	グレード		臓器	グレード	
	【皮膚】	1	①部分的なじんましん、赤み、かゆみ			
		2	②広範囲のじんましん、赤み、強いかゆみ			
	【粘膜】	1	③軽い唇や瞼（まぶた）の腫れ	【全身】	1	⑩普段よりやや元気がない
		2	④明らかな唇や瞼（まぶた）、顔面全体の腫れ		2	⑪明らかに元気がない、立っていられない
		3	⑤飲み込みづらさ		3	⑫横になりたがる、ぐったり
		4	⑥声がれ、声が出ない、のどが締め付けられる		4	⑬血圧低下、意識レベル低下～消失、失禁
	【呼吸器】	1	⑦鼻汁、鼻閉、単発の咳	【消化器】	1	⑭軽い腹痛、単発の嘔吐
		2	⑧ときどき繰り返す咳		2	⑮明らかな腹痛、複数回の嘔吐・下痢
		3	⑨強いせき込み、声がれ、ぜん鳴（ゼーゼー、ヒューヒュー）、呼吸困難		3	⑯強い腹痛、繰り返す嘔吐や下痢

	時間	症状	血圧(mmHg)	脈拍(回/分)	呼吸数(回/分)	体温(℃)	備考欄
6．症状経過	：						
	：						
	：						
	：						
	：						
	：						
	：						
	：						
	：						
	：						

7．救急車要請時刻	時　　分	8．記録者名	

9．医療機関	医療機関名	主治医	電話番号	備考欄（ID番号など）

救急隊に渡すもの（コピー）…①本記録票　②保健調査票　③給食献立表　④学校生活管理指導表

5 体育授業時の事故 🆑 2-1-17

〈体育授業時における災害発生時の具体的な対応例〉

> 「動かさない」「助けを呼ぶ」「意識の確認をする」「毛布等で保温する」

【頭部・頸部のけが】

◆意識障害がある場合・麻痺が疑われる場合・頭痛や吐き気が続く場合

　〇救急車の要請　〇応急手当　〇保護者へ連絡　〇周辺生徒の指導　〇管理職へ報告

◆意識障害がない場合・麻痺がない場合

　〇保健室へ搬送（担架）　〇応急手当　〇安静と経過観察（１時間を限度とする）

　〇病院受診・授業復帰の判断　〇保護者へ連絡　〇管理職へ報告

> ・経過観察とした場合、授業担当者は養護教諭と連絡を取り合い、異変がないか確認する。
> ・経過観察中、迷うことがあれば専門医へ連絡し指示を仰ぐ。
> ・経過観察後、異変がなく授業へ復帰しても、保護者へ連絡する
> 　（帰宅後、症状がひどくなった場合、状態がよくならない場合は受診するように伝える）。

【体幹・手足などのけが】

ア　受傷部位と受傷原因を確認

イ　歩行が難しい場合は、担架などで保健室へ搬送

ウ　経過観察、病院受診などの判断

エ　保護者へ連絡、管理職へ報告

> 大出血・開放性骨折・大腿骨骨折などの場合
> 〇救急車要請　〇助けを呼ぶ　〇応急手当

─〈全身の観察ポイント〉─

〇意識の確認、健忘、記憶消失

〇けいれんの有無、瞳孔の確認

〇呼吸、脈拍、四肢の動きの確認

〇受傷部位の観察

　・痛み、腫れ、出血の有無

〇随伴症状の確認

─〈ショック症状の観察ポイント〉─

〇顔面蒼白　〇冷や汗

〇体温低下　〇体の震え

〇速くて弱い脈

〇血圧低下　〇呼吸の乱れ

〈意識障害の程度と見方〉
(Japan Coma Scale・ＪＣＳ)

意識障害程度	スケール	症状
Ⅰ．覚醒している（１桁の点数で表現）	0	意識清明
	1	見当識は保たれているが意識清明ではない
	2	見当識障害がある
	3	自分の名前・生年月日が言えない
Ⅱ．刺激に応じて一次的に覚醒する（２桁の点数で表現）	10	普通の呼びかけで容易に開眼する
	20	大声で呼びかけたり、強く体を揺するなどで開眼する
	30	痛み刺激を加えつつ、呼びかけを続けると辛うじて開眼する
Ⅲ．刺激しても覚醒しない（３桁の点数で表現）	100	痛み刺激に対し、払いのけるなどの動作をする
	200	痛み刺激で手足を動かしたり、顔をしかめたりする
	300	痛み刺激に対して全く反応しない

柔道中の頭部外傷時対応マニュアル 2-1-18

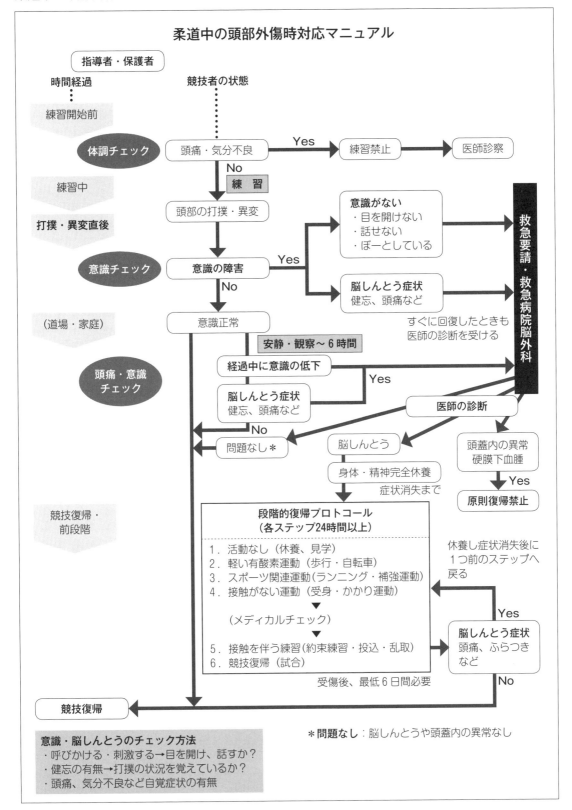

6 報道機関への対応例 2-1-19

危機発生

| 本部（校長室） | ・教育委員会への報告、指示事項確認 |
| 本部長（校長）
副本部長（教頭） | ・保護者への対応
・マスコミ、来校者等への対応
・教職員の勤務態勢への指示 |

対策委員会

生徒指導主任
・事実状況の把握と報告
・対応の指示・関係諸機関への指示
・警察・他校・関係機関への報告

該当学年主任 ＋学級担任
・事実状況の把握と報告
・児童についての調査
・家庭への連絡

主幹・教務主任
・対応状況の把握、日程調整

他の学年主任
・情報収集
・地域家庭への対応策の立案

特活主任
・他の児童への指揮（噂の防止）
・登下校指導（必要に応じて）

養護教諭
・救急処置
・医療機関との連携

対応の流れ

◆**事実の確認と情報収集**
（児童の特定・行動の様子など）

◆**本部打ち合わせ**
（対応手順の確認・対策委員会の設置）

◆**緊急対策会議**
（事実の伝達・役割分担・スケジュール調整）

◆**緊急職員会議**
（事件概要の説明・対応方法の説明）

◆**教育委員会・警察への連絡**
（警察からは主に情報収集を行い、教育委員会には正確な事実を報告）

◆**児童、保護者への対応**
（全校集会・学活・登下校指導・模倣の防止）
（保護者への文書伝達・臨時ＰＴＡ総会）

マスコミ取材
第1段階…事故発生直後、報道などにより事件が公になり、学校に取材が殺到する。
第2段階…事件のほとぼりが冷めた頃、ワイドショーや週刊誌的なものが取材に来る。

マスコミ対策の基本

・全ての窓口を一本にし、学校としての見解を統一する。
・児童の人権に配慮し、守秘義務を守る。
・記者会見は、教育委員会を窓口とし、学校単独で行わない。
・電話取材に際しては、相手の身分を明確にすること。また、対応は必ず複数で行い、ボイスレコーダー等で記録をとる。
・児童の登下校の抜き打ち取材に注意する。
・学校周辺での児童の取材については発見次第断る。

7 不審者侵入対応例 CD 2-1-20

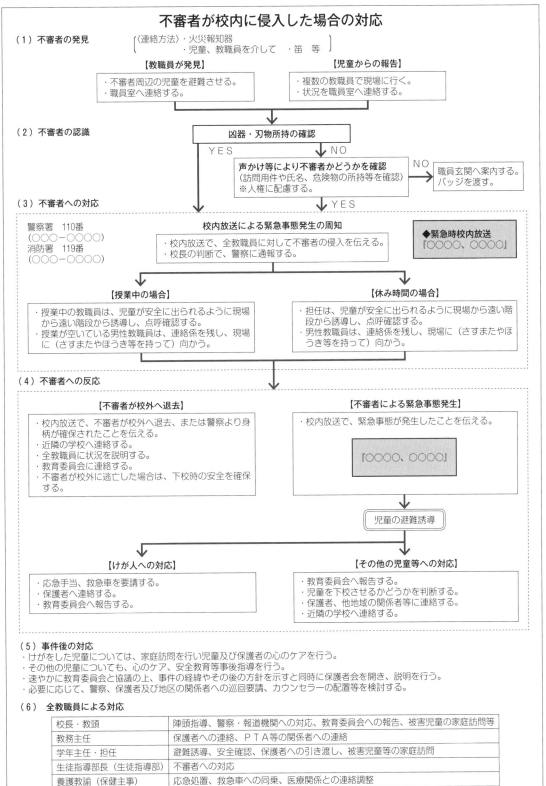

不審者が校内に侵入した場合の対応

（1）不審者の発見　〈連絡方法〉・火災報知器
　　　　　　　　　　　　・児童、教職員を介して　・笛　等

【教職員が発見】	【児童からの報告】
・不審者周辺の児童を避難させる。 ・職員室へ連絡する。	・複数の教職員で現場に行く。 ・状況を職員室へ連絡する。

（2）不審者の認識

凶器・刃物所持の確認

YES　　　　　　　NO

声かけ等により不審者かどうかを確認
（訪問用件や氏名、危険物の所持等を確認）
※人権に配慮する。

NO → 職員玄関へ案内する。バッジを渡す。

YES

（3）不審者への対応

警察署　110番
（○○○−○○○○）
消防署　119番
（○○○−○○○○）

校内放送による緊急事態発生の周知

・校内放送で、全教職員に対して不審者の侵入を伝える。
・校長の判断で、警察に通報する。

◆緊急時校内放送
『○○○○、○○○○』

【授業中の場合】	【休み時間の場合】
・授業中の教職員は、児童が安全に出られるように現場から遠い階段から誘導し、点呼確認する。 ・授業が空いている男性教職員は、連絡係を残し、現場に（さすまたやほうき等を持って）向かう。	・担任は、児童が安全に出られるように現場から遠い階段から誘導し、点呼確認する。 ・男性教職員は、連絡係を残し、現場に（さすまたやほうき等を持って）向かう。

（4）不審者への反応

【不審者が校外へ退去】	【不審者による緊急事態発生】
・校内放送で、不審者が校外へ退去、または警察より身柄が確保されたことを伝える。 ・近隣の学校へ連絡する。 ・全教職員に状況を説明する。 ・教育委員会に連絡する。 ・不審者が校外に逃亡した場合は、下校時の安全を確保する。	・校内放送で、緊急事態が発生したことを伝える。 『○○○○、○○○○』

児童の避難誘導

【けが人への対応】	【その他の児童等への対応】
・応急手当、救急車を要請する。 ・保護者へ連絡する。 ・教育委員会へ報告する。	・教育委員会へ報告する。 ・児童を下校させるかどうかを判断する。 ・保護者、他地域の関係者等に連絡する。 ・近隣の学校へ連絡する。

（5）事件後の対応
・けがをした児童については、家庭訪問を行い児童及び保護者の心のケアを行う。
・その他の児童についても、心のケア、安全教育等事後指導を行う。
・速やかに教育委員会と協議の上、事件の経緯やその後の方針を示すと同時に保護者会を開き、説明を行う。
・必要に応じて、警察、保護者及び地区の関係者への巡回要請、カウンセラーの配置等を検討する。

（6）全教職員による対応

校長・教頭	陣頭指導、警察・報道機関への対応、教育委員会への報告、被害児童の家庭訪問等
教務主任	保護者への連絡、ＰＴＡ等の関係者への連絡
学年主任・担任	避難誘導、安全確認、保護者への引き渡し、被害児童等の家庭訪問
生徒指導部長（生徒指導部）	不審者への対応
養護教諭（保健主事）	応急処置、救急車への同乗、医療関係との連絡調整

8 心のケア対応例 🔊 2-1-21

```
┌──────────────┐
│   事故発生    │          ┌ ‑ ‑ ‑ ‑ ‑ ‑ ‑ ‑ ‑ ‑ ‑ ‑ ‑ ‑ ‑ ‑ ‑ ‑ ‑ ‑ ‑ ‑
└──────────────┘          ┆ ・事件発生後：携帯メールなどで噂が広がる。
        │                  ┆ ・関係生徒から聞き取り調査を行う。
    ・臨時全校集会          ┆ ・全校集会で、事実の概要を学校長より生徒に伝える。
    ・臨時保護者会          ┆ ・登下校、休み時間、授業中の見守り態勢を強化する。
        ↓                  ┆ ・衝撃を受けた後で現れやすい心身の不調とその対応を確
 新聞・テレビによる報道     ┆   認する。
        │                  ┆ ・家庭における生徒の心のケアの協力依頼をする。
        ↓                  └ ‑ ‑ ‑ ‑ ‑ ‑ ‑ ‑ ‑ ‑ ‑ ‑ ‑ ‑ ‑ ‑ ‑ ‑ ‑ ‑ ‑ ‑
```

┌──┐
│ 「緊急サポートチーム」の派遣（○○○**教育委員会**） │
└──┘

緊急サポートチームの指導を受けて対応を図る（4日間、校長室に詰める）。
学校関係者を加えて「緊急サポートチーム会議」を開く。
　　　＊緊急サポートチームは、チームリーダー（教育委員会指導主事、臨床心理士）と
　　　　学校関係者（校長、教頭、教務、生徒指導担当、教育相談担当、養護教諭等）で
　　　　編成し、さまざまな問題に対する対応について協議、決定を行う。

┌────────────────────────┐
│ Ⅰ　心のケア会議の実施 │
└────────────────────────┘

心のケア会議の協議決定内容に従い、健康観察カードやカウンセリングの準備をする。
　　　＊緊急サポートチームのチームリーダーと養護教諭、教育相談担当とで編成する。
ア　生徒の状況把握のための健康観察カードの活用
イ　今後の支援計画づくり
　　・配慮が必要な生徒をリストアップする。
　　・反応が出ている生徒へ対応する。
　　・気になる生徒へ対応する。
ウ　カウンセリング
エ　カウンセリング終了後の心のケア会議
オ　生徒の心のケアについて協議し、協議内容を校長に伝達

┌──────────────────────────────┐
│ Ⅱ　教職員への心理教育の実施 │
└──────────────────────────────┘

　・急性ストレス反応とその対応についての理解を深める。
　・健康観察カードを実施して、個々の生徒の状況を細かく確認した上で個別支援を開始
　　する。
　・リラクゼーションの方法（リラックス法や呼吸法など）を学び、健康観察カードの記
　　入の前や学活の中で行う。

┌──┐
│ Ⅲ　カウンセラーによるカウンセリングの実施 │
└──┘

　・支援カウンセラー（3～4人）が毎日、学校に配置される。
　・リストにあがった生徒のカウンセリング計画を作成する。
　・カウンセリング会場のセッティングをする。

┌ ‑ ┐
┆ 共通理解を図る上で、日常的に管理職に報告、連絡、相談を行っていくことが大切である。┆
┆ 特に緊急時においては、管理職とのかかわり、信頼関係がその後の2次的危機の発生を左右 ┆
┆ する。   ┆
└ ‑ ┘

第 2 節　計画に基づく予防的対応

① 学校保健計画

　学校保健計画の策定については、学校保健安全法に規定されている。策定するに当たり、自校や全国の学校で発生した危機事例を分析・検討したり、学校の地理的条件や施設等の整備状況、学校規模等を考慮したりした上で学校において起こりうる危機を想定し、環境整備を含めた対応の検討をすることにより、予防的対応を計画的に実施することができる。

　学校保健計画における危機管理に関する事項は、保健管理、保健教育、組織活動に分けられる。保健管理として健康観察・保健調査・健康相談・健康診断・環境衛生検査等があげられ、保健教育では、教科（体育・保健体育）、関連教科、道徳、総合的な学習の時間、特別活動や個別指導等があげられる。組織活動では、危機発生の未然防止・緊急対応・事後措置等についての校内研修や学校保健委員会の開催も重要である。

1 保健教育

　保健教育は、教科（体育・保健体育）、家庭科や理科等の関連教科、道徳、総合的な学習の時間、特別活動や個別指導などさまざまな機会に、学級担任、保健体育又は保健担当教員が行うものや、学級における特別活動や教育活動全体の中であらゆる機会や場所において、必要なときに行われるものがある。養護教諭が行う指導は、教育活動全体の中で行うことが多く、全校集会や発育測定時等、直接集団を対象に行う指導、啓発活動として保健だよりや掲示物等を通して間接的に行う指導、個別に行う指導がある。

●実践例
　・校舎内の過ごし方：「危険を感じとろう」【資料A】
　　　　　　　　　　　「校内の安全な行動について考えよう」【資料B】
　・けがの防止と手当：「自分で守ろう健康と安全」【資料C】
　・感染症の予防：「ノロウイルスのひみつ」【資料D】
●ミニ指導の実践例【資料E】
　・児童用保健だより：「目のけがをしたら…」「チャレンジ大会に向けて」
　　　　　　　　　　　「やけどをしたとき」「すりきず・きりきずの手当て」

2 保健管理

　保健管理には、児童生徒等及び教職員本人に向かって直接なされる「対人管理」と、間接的に児童生徒等及び教職員の健康を守る「対物管理」がある。「対人管理」は、健康診断、学校行事（水泳、持久走、林間学校、修学旅行）の事前健康調査、感染症予防、保健調査票から既往症の把握と救急体制の確認等の保健活動である。「対物管理」は、教室や校具、運動場やプール等の衛生管理や安全点検、保健室における医薬品・救急用品の管理等健康を守る活動である。

●保健管理の実践例
〈対人管理〉
　・林間学校：「事前健康調査票」「健康管理について」【資料F】
　・水泳時の安全：「事前保健調査票及び参加承諾書」「健康観察カード」「水泳時の健康管理
　　　　　　　　について（保護者向け）」「水泳時の健康・安全管理について（教職員向
　　　　　　　　け）」【資料G】
　・修学旅行：「事前保健調査」「健康チェック」「修学旅行に向けて」【資料H】
　・持久走大会：「事前健康調査」「承諾書」「健康チェック表」「健康観察・応急処置」
　　　　　　　　【資料I】

〈対物管理〉
・医薬品・救急用品の管理：保健室の救急対応セット【資料J】
・プールの衛生管理：「管理実施計画」「日誌」【資料K】

❸　組織活動

　組織活動には、学校や家庭・地域、学校医等が集まって、児童生徒等の健康問題に対し健康づくりを推進する「学校保健委員会」と、児童生徒等で構成され学校内の保健活動を自主的に実施・推進する「児童生徒保健委員会」がある。これらの活動では、健康問題の発見や分析、問題の解決に至るまでに、多くの人々の協力を得ながら展開される教育活動である。

●組織活動の実践例
・児童保健委員会：「校内安全マップを作ろう」【資料L】
・学校保健委員会：「私たちの命・体・こころを守ろう」【資料M】

学校保健計画（小学校例）

学校保健目標「自分の体や健康に関心をもち、健全な生活ができる子」

ステージ		「かかわり」ステージ			「チャレンジ」ステージ		
月		4月	5月	6月	7月	8月	9月
実践目標		・自分の体を知って、健康のめあてを立てよう ・歯を大切にしよう			・夏を健康に過ごそう ・規則正しい生活をしよう		
保健行事		・身体測定　・内科検診　・歯科検診 ・視力検査　・聴力検査　・眼科検診 ・尿検査　　・心電図検査 ・生活習慣病予防検診　・色覚検査		・耳鼻科検診 ・歯みがき教室 ・自然教室 ・プール開き	・学校保険委員会 ・校内研修 「心肺蘇生法」	・校内研修 「エピペン®の使い方」	・身体測定
保健管理	対人管理	・保健調査 ・健康診断の実施 ・生活習慣病予防検診 ・日本スポーツ振興センター加入	・健康診断の事後措置 ・疾病異常者の治療の勧め ・要管理者の把握 ・水泳禁止者の把握 ・林間学校事前健康調査票と健康管理【資料F】	・健康診断の事後措置 ・水泳時の健康管理 ・自然教室前調査と健康調査 ・水泳事前保健調査と水泳禁止者の把握【資料G】	・未治療者の把握 ・再度治療の勧め ・夏休みの健康管理 ・健康診断諸帳簿の整理	・備品点検	・夏休みの生活反省 ・治療カードの回収 ・医療券使用状況把握
	対物管理	・保健室整備 ・医薬品・救急用品の管理【資料J】 ・医薬品の点検 ・トイレの清潔 ・机、いすの調節	・教室の環境整備 ・飲料水の検査	・梅雨期の校内点検 ・プールの衛生管理【資料K】 ・水質検査	・プールの衛生管理 ・水質検査 ・大掃除	・プールの衛生管理 ・水質検査 ・備品点検	・水道水の点検 ・机、いすの調節 ・カーテン取り付け ・医薬品の点検
保健教育	体育	3年「けんこうな生活」 4年「育ちゆく体とわたし」					
	関連教科	家庭5年「家の仕事に挑戦しよう」 理科6年「体の発育・発達」			理科4年「わたしたちの体と運動」 理科5年「メダカのたんじょう」「人のたんじょう」 理科6年「生物と環境（人と動物の食べ物）」		
	特別の教科道徳	・道徳―A主として自分自身に関すること（節度・節制） 　1・2年「健康や安全に気を付け、物や金銭を大切にし、身の回りを整え、わがままをしないで、規則正しい生活をすること」 　3・4年「自分でできることは自分でやり、安全に気を付け、よく考えて行動し、節度ある生活をすること」 　5・6年「望ましい生活習慣を身に付け、心身の健康増進を図り、節度を守り節制に心掛け、安全で調和のある生活をすること」			・道徳―B　主として人との関わりに関すること（親切・思いやり） 　1・2年「身近にいる人に温かい心で接し、親切にすること」 　3・4年「誰に対しても思いやりの心をもち、相手の立場に立って親切にすること」		
	学級活動	1年「さそいにのらない」「正しい歯みがき」 　　　「体をきれいに」 2年「男の子・女の子」 5年「家族の一員として」「歯肉炎の予防」			1年「よい姿勢」「目のはたらき」 2年「目のはたらき」 3年「男女なかよく」 4年「目の健康」		
	ミニ指導【資料E】	健康目標の設定	心の健康	歯の健康	夏の健康		おやつ
	身体測定	「せいけつな体」について					「けが」について
	啓発活動	健康のめあて 健康診断	成長のようす 連休の過ごし方 ・校舎内の過ごし方【資料A・B】	歯の健康 熱中症予防	夏の健康 夏休みの過ごし方		生活リズム 睡眠 ・けがの防止と手当【資料C】
健康相談		児童理解研修会	学校生活不適応児への健康相談 就学指導委員会	校医による健康相談 心の保健便り	担任・養護教諭による健康相談	就学指導委員会 事例研修会	学校生活不適応児への健康相談 心の保健便り
組織活動	児童保健委員会	・歯みがき隊の活動 ・歯の名前をおぼえよう集会			・せいけつ検査のまとめ ・校内安全マップを作ろう【資料L】		
	教職員	・学校保健委員会　〈第1回〉7月○○日　「歯を大切に」〜大切だね、プラークコントロール〜 　　　　　　　　　　〈第2回〉10月○○日　「私たちの命・体・こころを守ろう」【資料M】 　　　　　　　　　　〈第3回〉3月○○日　「来年度の健康目標について」					

2-2-1

令和○○年度○○○立○○○小学校

「ひろがり」ステージ			「はばたき」ステージ		
10月	11月	12月	1月	2月	3月
・目を大切にしよう　・寒さに負けない体をつくろう ・みんな仲良くすごそう			・かぜやインフルエンザを予防しよう ・健康な心ですごそう　・1年間の成長を知ろう		
・修学旅行 ・学校保健委員会	・就学時健康診断	・マラソン大会	・身体測定		・学校保健委員会
・**修学旅行事前保健調査と健康管理【資料H】** ・学校保健委員会	・就学時健康診断の計画と実施	・マラソン大会前の健康管理 ・冬休みの健康管理 ・**持久走大会事前健康調査と健康管理【資料I】**	・冬休みの生活反省 ・かぜひき調査	・かぜひき調査	・学年末統計処理 ・保健活動反省 ・次年度の学校保健目標の設定、年間計画 ・学校保健委員会
・照度検査 ・黒板検査 ・保健室用具の手入れ	・保健室の暖房器具用意 ・教室の保温と換気	・大掃除	・教室の空気検査 ・加湿器の利用 ・机、いすの調節	・諸帳簿整理 ・加湿器の利用	・健康カード等の整理 ・カーテン取り外し ・保健室用具の点検 ・保健室の整理 ・大掃除
5年「けがの防止」 6年「病気の予防」			5・6年「心の健康」		
家庭5年「快適な生活を送ろう」			家庭6年「環境を考えた生活を送ろう」		
5・6年「思いやりの心をもって接するとともに、家族などの支えや多くの人々の善意により日々の生活や現在の自分があることに感謝し、進んでそれに応え、人間愛の精神を深めること」			・道徳―D　主として生命や自然、崇高なものとの関わりに関すること（生命の尊さ） 　1・2年「生きることのすばらしさを知り、生命を大切にすること」 　3・4年「生命の尊さを知り、生命あるものを大切にすること」 　5・6年「生命の多くの生命のつながりの中にあるかけがえのないものであることを理解し、生命を尊重すること」		
3年「命のはじまり」 4年「家族とわたし」 5年「異性の友だち」 6年「薬物乱用防止教育」			2年「かぜの予防」 6年「性情報と私たち」		
テレビゲーム、目のけがをしたら…	心の健康	生活リズム、チャレンジ大会に向けて	花粉症、やけどをしたとき	心の健康チェック、すりきず・きりきずの手当て	健康生活の反省
			「下着」について		
目の健康	インフルエンザの予防	冬休みの過ごし方 寒さに負けない体	インフルエンザ 教室の換気	心の健康 身体の成長 ・**感染症の予防【資料D】**	耳の健康 1年間の振り返り
担任・養護教諭による健康相談	就学指導委員会 （就学時の健康診断を踏まえて）	担任・養護教諭による健康相談 心の保健便り	学校生活不適応児への健康相談	就学指導委員会 心の保健便り	配慮を要する児童に関する引き継ぎ
・学校保健委員会で「テレビゲームに注意」について発表 ・学校保健委員会の報告を放送（昼）			・窓開けの放送（1時間目終了時） ・かぜ予防○×クイズ集会		
・校務分掌・委員会　就学指導委員会　　生徒指導委員会　　特別支援教育校内委員会　　いじめ防止対策委員会 　　　　　　　　　不登校対策委員会　等					

学校保健計画（中学校例）

学校保健目標「正しい健康観をもち、自ら健康的な生活ができる」

ステージ		「出発」ステージ			「団結」ステージ		
月		4月	5月	6月	7月	8月	9月
実践目標		・自分の体を知り、健康目標を立てる。			・自分の健康習慣を見直し、生活リズムを正す。		
保健行事		・身体測定・内科検診・歯科検診 ・視力検査・聴力検査・眼科検診 ・尿検査・心電図検査・耳鼻科検診 ・生活習慣病予防検診・色覚検査 ・修学旅行 （希望者）		・薬学講座 ・宿泊訓練 ・プール指導 ・歯科保健指導	・学校保健委員会 ・校内研修 「心肺蘇生法」	・校内研修 「エピペン®の使い方」	・身体測定
保健管理	対人管理	・保健調査 ・健康診断の実施 ・生活習慣病予防検診 ・日本スポーツ振興センター加入 ・修学旅行事前健康調査	・健康診断の事後措置 ・疾病異常者の治療の勧め ・要管理者の把握 ・水泳禁止者の把握	・健康診断の事後措置 ・水泳時の健康管理	・未治療者の把握 ・再度治療勧め ・夏休みの健康管理 ・健康診断諸帳簿の整理	・備品点検	・夏休みの生活反省 ・治療カードの回収 ・医療券使用状況把握
	対物管理	・保健室整備 ・医薬品の点検 ・トイレの清潔 ・机、いすの調節	・教室の環境整備 ・飲料水の検査	・梅雨期の校内点検 ・プールの衛生管理、水質検査	・プールの衛生管理、水質検査 ・大掃除	・プールの衛生管理、水質検査 ・備品点検	・水道水の点検 ・机、いすの調節 ・カーテン取り付け ・医薬品の点検
保健教育	保健体育	1年「健康生活と疾病予防」「基本的生活習慣」「心身の機能の発達と心の健康（ストレス対処、思春期における生殖機能の変化）」					
	関連教科	・技術・家庭→B「衣食住の生活」（2）中学生に必要な栄養を満たす食事 ・理科【第2分野】→（3）生物の体のつくりと働き（5）生命の連続性					
	特別の教科道徳	・道徳ーA　主として自分自身に関すること（節度・節制） 　「望ましい生活習慣を身に付け、心身の健康増進を図り、節度を守り節制に心掛け、安全で調和のある生活をすること」 ・道徳ーB　主として人との関わりに関すること（思いやり・感謝） 　「思いやりの心をもって人と接するとともに、家族などの支えや多くの人々の善意により日々の生活や現在の自分があることに感謝し、進んでそれに応え、人間愛の精神を深めること」					
	学級活動	2（1）学級や学校における生活上の諸問題の解決 　（2）日常の生活や学習への適応と自己の成長及び健康安全					
	啓発活動	健康づくり目標設定 健康診断	成長のようす 連休の過ごし方	歯の健康 熱中症予防	夏の健康 夏休みの過ごし方		生活リズム 睡眠
健康相談		生徒理解研修会	学校生活不適応児への健康相談 就学支援委員会	校医による健康相談 心の保健便り	担任・養護教諭による健康相談	就学支援委員会 事例研修会	学校生活不適応児への健康相談 心の保健便り
組織活動	委員会生徒保健	・薬の正しい使い方 ・効果的なブラッシング			・清潔検査のまとめ		
	教職員	・学校保健委員会　→　〈第1回〉7月○○日　「みがき残し0をめざそう」 　　　　　　　　　　　〈第2回〉10月○○日　「情報機器の睡眠に与える影響ついて考える」 　　　　　　　　　　　〈第3回〉3月○○日　「来年度の健康目標について」					

2-2-2

令和○○年度○○○立○○○中学校

「表現」ステージ			「感謝」ステージ		
10月	11月	12月	1月	2月	3月
・積極的な健康づくりに励む。			・健康目標の反省と次年度の健康目標を立てる。		
・秋の歯科検診	・思春期講座	・学校保健委員会	・身体測定		・学校保健委員会
・学校保健委員会	・野外活動前調査と健康管理	・治療状況把握 ・冬休みの健康管理 ・**持久走大会事前健康調査と健康管理【資料I】**	・冬休み生活 ・かぜ流行調査	・かぜ流行調査 ・次年度の学校保健目標の設定、年間計画	・学年末統計処理 ・保健活動反省 ・学校保健委員会
・黒板検査 ・保健室用具の手入れ ・まぶしさ検査	・保健室の暖房器具用意 ・教室の保温と換気 ・照度検査	・大掃除	・教室の空気検査 ・加湿器の利用 ・机、いすの調節 ・冬季空気検査	・諸帳簿整理 ・加湿器の利用	・健康カード等の整理 ・カーテン取り外し ・保健器具の点検 ・保健室の整理 ・大掃除

2年「生活習慣病について（がんも含む）」「喫煙飲酒薬物乱用の防止」
3年「感染症（エイズ、性感染症も含む）について」「健康の保持増進（医薬品の扱い方を含む）」

・道徳ーD　主として生命や自然、崇高なものとの関わりに関すること（生命の尊さ）
　「生命の尊さについて、その連続性や有限性なども含めて理解し、かけがえのない生命を尊重すること」

（3）一人一人のキャリア形成と自己実現

目の健康	インフルエンザの予防	冬休みの過ごし方 寒さに負けない体	インフルエンザ 教室の換気	心の健康 身体の成長 情報機器の使用方法	耳の健康 1年間の振り返り
担任・養護教諭による健康相談	就学支援委員会（特別支援学級生徒の進路関係）	担任・養護教諭による健康相談 心の保健便り	学校生活不適応児への健康相談	就学支援委員会 心の保健便り	配慮を要する生徒に関する引き継ぎ
・学校保健委員会で発表 ・学校保健委員会の報告を放送（昼）			・窓開けの放送（1時間目終了時） ・インフルエンザの予防に関する新聞発行		

・校務分掌・委員会　→　就学支援委員会　　生徒指導委員会　　特別支援教育校内委員会　　いじめ防止対策委員会　　不登校対策委員会　　等

④ 学校保健計画関連資料

【資料A】校舎内の過ごし方　体重測定時の保健指導（A小学校）🄯 2-2-3
「危険を感じとろう」
　危険な行動の絵を見せて、安全な行動について考えさせる。

（1）危ない行動をしている絵を提示し、どのようなことが起こりうるのか考えさせる。

| 低・中学年向け | 高学年向け |

（6枚の絵を用意し、1枚ずつ提示する）

養護教諭：「いろいろなけががあるけれど、自分が気をつければ防げるけがもあります。絵を見て、考えてみましょう」

廊下を走っていたら→人や物にぶつかる

ろうかを走っていて…

周りをよく確認せず、物を振り回していたら
　　　　　→人に当たる。物が飛んでしまう

まわりをよく確認しないで…

カッターの使用中にふざけていたら
　　　　　→自分や人を切ってしまう

カッターの使用中
にふざけていて…

（1枚の絵を提示する）

養護教諭：「学校にはいろいろな危険が潜んでいます。絵を見て、どこが危険でどういうことが起きてしまいそうか、予想してみましょう」

・後ろを向いて廊下を走っている人と窓のところにいる人がぶつかりそう。
・廊下が濡れていて、滑って転びそう。
・窓の近くでふざけている人が窓から落ちそう。
・黒板の近くにいる人がよそ見をしていて、教室に入ろうとしている人とぶつかりそう。　等

（2）子どもたちの発言をもとに、起こる可能性のあるけがについて確認する。

（3）絵から予想された危険な事柄について、どうしたらよいか考えさせる。

（4）危険を予想することにより、防げるけががあることを知らせ、危険な行動をしないよう指導する。

●引用・参考文献
・「心とからだの健康」編集部『すぐに使える「保健だより」素材』健学社　2005
・高石昌弘他『新版　中学校保健体育』大日本図書　2009

【資料B】校舎内の過ごし方　（B小学校）
「校内の安全な行動について考えよう」
　危険箇所のスライド写真を見せながら、危険な行動とはどんな行動なのかを話し合い、けがの事例をあげ、回避方法を話し合う。

○校舎内で危険と思われる場所や行動の写真を見せる。

これは、下校中に階段を下りているときの写真です。この写真を見て、どんな行動が危険につながると思いますか？　また、安全に階段を上り下りするためには、どんなことに気をつけますか？

階段

危険行動：突き飛ばし、高いところから飛び降り、階段抜かし
回避行動：一段ずつ降りる、慌てない

○同じように**写真を見せ、危険行動や回避行動について話し合う。**

　大きなけがが起きた場所については、原因やけがの症状を説明し、どんなところが問題だったのかを考える。

雨の日の外廊下

トイレ

水道

危険行動：水があるところは滑って危険。また、人が集まるところはぶつかりやすい。
回避行動：濡れているところは拭く。走らない。周りの人に注意しながら行動する。

廊下

出入り口

教室の地窓

危険行動：段差や廊下に置いてあるものにつまずく。地窓の出入りが危険。
回避行動：しっかり前を見て歩く。出入り口では順番に出入りする。

校舎内にはいくつもの危険がありますが、自分で危険を回避できるものも多くあります。慌てず、落ち着いて行動をしましょう。

【資料C】けがの防止と手当（C小学校）
「自分で守ろう健康と安全」
　「健康週間」を設け、からだのしくみや応急処置を学ぶ機会とした。

> テ ー マ 　「自分で守ろう健康と安全」
>
> 実施期間 　○月○日 ( ) ～○月○日 ( )
>
> 実施内容 　○保健委員会による劇：「けがをなおして、元気に遊ぼう!!」
> 　　　　　　○自分のからだを知ろう：呼吸数、脈拍、血圧、体温測定を実施
> 　　　　　　○家庭の救急箱をチェックしよう
> 　　　　　　○究極の選択ゲーム：4～6年生
> 　　　　　　○けがのクイズに挑戦：1～3年生
>
> ### 実施計画
>
> | | 日 | 内　容 | 資　料 | 備　考 |
> |---|---|---|---|---|
> | 事前 | 月 | ・ワークシート作成
・劇の準備 | | |
> | 実施方法 | ／ | 発育測定時に説明 | ワークシート配布 | |
> | | ／ | 朝活動の時間：劇 | | 場所： |
> | | ／
～
／ | ・呼吸
・脈拍　測定…期間中に実施
・血圧
・体温　　　　　　（全学年）
・けがのクイズに挑戦…1～3年生 | ワークシート

ワークシート | ○日～○日
低学年実施
○日～○日
高学年実施 |
> | | ／
／ | ・家庭の救急箱をチェックしよう
　　　　　　　　　　（全学年） | ワークシート | |
> | | ／ | ・究極の選択ゲーム…4～6年生
・振り返り（帰りの会） | ワークシート
ワークシート | ロング昼休み |
> | 事後 | | ・健康週間実施報告 | ほけんだより | |
>
> ### ●引用・参考文献
>
> ・飯尾愛子『わくわく保健委員会2』ぱすてる書房　2000
> ・上條晴夫編著『ゲームで保健の授業！』東山書房　2003

【資料C】けがの防止と手当（C小学校）
　ワークシート（低学年）：両面印刷後、半分に折り、健康週間が終わったら提出する。

---

⑤けがのクイズ

Q1. つきゆびをしたとき、どうすればいいの？
①ゆびをひっぱる
②ゆびをあたためる
③ゆびをひやし、うごかさないようにする
こたえ…（　）

Q2. やけどをしたとき、どうすればいいの？
①すぐひやす
②すぐあたためる
③すぐくすりをぬる
こたえ…（　）

Q3. はなぢがでたとき、どうすればいいの？
①はなをつまむ
②はなをかむ
③はなをあたためる
こたえ…（　）
あっ！はなぢが出た!!

Q4. すりきず・きりきずをしたとき、どうすればいいの？
①すぐにばんそうこうをはる
②そのままにしておく
③きずぐちをあらいながし、しょうどくをする
こたえ…（　）

Q5. つめがはがれたとき、どうすればいいの？
①つめをむりにはがす
②もとにあったところにもどし、こていする
③そのままにしておく
こたえ…（　）

こたえはけんこうしゅうかんのさいごの日に発表します。
ぜんもんせいかいのひとはいるかな？

⑥けんこうしゅうかんをやってみて

1. けがをしたとき、じぶんでできることをかんがえて、じっさいにやってみることが、

　①できる　　②むりそう

2. これから、あんぜんなせいかつについて

　①まいにち、こころがけていこうとおもう　　②とくになんともおもわない

3. けんこうしゅうかんで、わかったことやかんじたことをかいてください。

じぶんでまもろう　けんこうとあんぜん
～からだのしくみとおうきゅうしょち～

健康週間：　　月　　日（　）～　　月　　日（　）

小学校　　　年　　　組　　　番

な　ま　え

---

① 『けがをなおして、元気に遊ぼう‼』をみて、おもったこと、かんじたことをかこう。

②じぶんの「バイタルサイン」をしろう！
　（12日～14日：20分休みと昼休みに、ほけんしつでやっています）
＊バイタルサイン：にんげんがいきているというしるし＊

○こきゅうすう（　　）かい　　○みゃくはくすう（　　）かい

○けつあつ（　　／　　）　　○たいおん（　　）ど

せいじょうはんい
・こきゅうすう　　1ぶんかんに　　　18～20かい
・みゃくはくすう　6～7さい　　　　75～115かい
　　　　　　　　　8～11さい　　　 70～110かい
・けつあつ　　　　さいこうけつあつ　130～90mmHg
　　　　　　　　　さいていけつあつ　75～45mmHg
・たいおん　　　　37.4どいか

③きゅうきゅうばこのなかみをチェック！
　おうちにあるきゅうきゅうばこをチェックしてみよう。はいっていたら、○をつけましょう。

◇はさみ・ぴんせっと（　　）
◇たいおんけい（　　）
◇しょうどくえき（　　）
◇かぜぐすり（　　）
◇げねつちんつうざい（　　）
◇ばんそうこう（　　）
◇ほうたい（　　）
◇ガーゼ（　　）
◇さんかくきん（　　）

○おきばしょは、わかりやすいところ、ちょくせつにっこうにあたらないところ。
○かぞくのなまえ、せいねんがっぴ、けつえきがた、かかりつけのびょういんやきゅうきゅうびょういんのでんわばんごうをかいたカードをいれておくとべんり。

④きょう1にち、あんぜんなせいかつができましたか？
　1にちをふりかえってみよう。○のところには、じぶんのきもちをかおであらわそう。

れい…あんぜんなせいかつができた 😊
　　　ろうかをはしって、ひとにぶつかった ☹
　　　ボーッとしていたら、ボールがあたった 😐

1／12	できた・できなかった　（りゆう：	）	○
1／13	できた・できなかった　（りゆう：	）	○
1／14	できた・できなかった　（りゆう：	）	○
1／17	できた・できなかった　（りゆう：	）	○
1／18	できた・できなかった　（りゆう：	）	○
1／19	できた・できなかった　（りゆう：	）	○

【資料C】けがの防止と手当（C小学校）
ワークシート（高学年）：両面印刷後、半分に折り、健康週間が終わったら提出する。

⑤究極の選択ゲーム（18日の昼休み・場所は体育館）

◎選んだもの　　（　　　　　　）（　　　　　　）

◎工夫したところ、困ったところメモ

◎ふりかえり（発見したこと、わかったこと、感じたこと）

⑥健康週間をやってみて

1．けがをしたとき、自分でできることを考えて、実際にやってみることが

　　①できそう　　　②無理そう

2．これから、安全な生活について

　　①毎日、心がけていこうと思う　　　②特に、何も思わない

3．健康週間で、わかったこと・感じたことを書いてください。

自分で守ろう　健康と安全
～からだのしくみと応急処置～

健康週間：　　月　　日（　　）～　　月　　日（　　）

　　　　　小学校　　　年　　　組　　　番

な　ま　え

---

①『けがをなおして、元気に遊ぼう!!』をみて、思ったこと、感じたことを書こう。

②自分の「バイタルサイン」をしろう！
（17日～20日：20分休みと昼休みにほけんしつでやっています）
＊バイタルサイン：人間が生きているというしるし＊

◎呼吸数（　　　）回　　　◎脈拍数（　　　）回

◎血圧（　　／　　）　　◎体温（　　　）℃　　＊体温は家で測りましょう。

正常範囲

・呼吸数　　1分間に　　18～20回

・脈拍数　　6～7歳　　75～115回
　　　　　　8～11歳　　70～110回

・血圧　　　最高血圧　130～90mmHg
　　　　　　最低血圧　75～45mmHg

・体温　　　37.4℃以下

③救急箱の中身をチェック！
　家にある救急箱をチェックしてみよう。入っていたら、○をつけましょう。

◇はさみ・ピンセット　（　　　）
◇体温計　　　　　　　（　　　）
◇消毒液　　　　　　　（　　　）
◇かぜぐすり　　　　　（　　　）
◇解熱ちんつうざい　　（　　　）
◇ばんそうこう　　　　（　　　）
◇ほうたい　　　　　　（　　　）
◇ガーゼ　　　　　　　（　　　）
◇三角きん　　　　　　（　　　）

◎置き場所は、わかりやすいところ、直射日光が当たらないところ。
◎家族の名前、生年月日、血液型、かかりつけの病院や救急病院の電話番号を書いたカードを
　入れておくと便利。

④今日1日、安全な生活ができましたか？
　1日を振り返ってみよう。○のところには、自分の気持ちを顔で表そう。

　　　　　　例…安全な生活ができた
　　　　　　　　廊下を走って、人とぶつかった
　　　　　　　　ボーッとしていたら、ボールが当たった

日付	できた・できなかった	気持ち
1／12	できた・できなかった　（理由：　　　　）	○
1／13	できた・できなかった　（理由：　　　　）	○
1／14	できた・できなかった　（理由：　　　　）	○
1／17	できた・できなかった　（理由：　　　　）	○
1／18	できた・できなかった　（理由：　　　　）	○
1／19	できた・できなかった　（理由：　　　　）	○

【資料D】感染症の予防（D小学校）
「ノロウイルスのひみつ」
　パワーポイントを使用して指導を行った。

〈ストーリーの紹介〉

　自己紹介をします。私の名前はノロウイルスです。私の趣味は旅。

①からだの中で増えます：まず口から入り、胃袋でちょっと暴れ、その後に口に戻り、ゲロと一緒に出てきます。また、胃から小腸に移動し、ここで仲間をいっぱいいっぱい増やします。そして、軟らかいうんちと一緒に出てきます。

②川や海で増えます：トイレで流されて川に入ります。川から海に着いて、カキや貝と仲良くなり、そこでほっとします。

　私の好きなものは、カキやハマグリです。特技はゲロを出させること、便を軟らかくすること。性格は、結構しぶとい。好きなタイプは子どもや高齢の方です。好きな人には何度も接近します（免疫はできません）。好きな季節は11月から2月。親せきのロタウイルスさんは3月から5月が好きだと言っています。私の住所は、人のおなかの中、下痢便、ゲロ、人の手。

　下痢便をふきました。トイレットペーパーから手に私が付きます。特に、親指や袖口に付きます。その手で触ったペーパーホルダーやトイレットペーパーにも移ります。

　私が付いた手で、水を流す部分に触ると…。トイレのドアに触ると…。トイレのサンダルにも私が付いていることがあります。

　和式のトイレで下痢便をすると、サンダルやズボンの裾にも私が飛び散ります。蛇口に触るとそこにも付きます。

　私は、85℃以上の熱で1分間熱せられるとダウンします。石けんにも弱い。漂白剤にも弱い。私の嫌いなタイプはよく寝る人。朝ごはんをたっぷり食べる人。

　私に出会いたくない人は、規則正しい生活、手洗いやうがいをしっかりして清潔を心がけましょう。

【資料E】ミニ指導（E小学校）
　　毎日1日を安全の指導の日とし、児童にほけんだよりを配付している。

【資料E－1】 CD 2-2-4

10月「安全の日」のおはなし

目のけがをしたら…

R　小学校 保健室

　もし、自分やお友だちが目のけがをしたら…、あなたは、どうしたらいいでしょうか。そのようなときは、あわてないで、つぎのことができるようにしましょう。

☆自分でできる手当て☆

◎目にごみが入った！
　まばたきをすると、涙で流れて出てきます。水をはった洗面器に顔をつけてまばたきをしても良いです。

注意‼ 目に傷がつくことがあるので、絶対にこすってはいけません！

◎薬品やせっかいが目に入った！
　すぐに大量の水で10分以上洗い流します。とくにせっかいは危険です。必ず病院へいきましょう。

◎ボールが当たった！
　冷たい水でタオルなどをぬらして、目を冷やします。
　目を強く押さえてはいけません。

こんなときは病院へ‼
・物の見え方が悪くなってきたとき。
・目を動かしにくいとき。
・痛みがはげしいとき。
・はれがひどくなってきたとき。
・目が赤くなったり、血が出ているとき。

◎必ず保健室へきてください◎
　目のけがは、きちんとした手当てをしないと、視力が低下するなど障がいをのこすことがあります。必ず大人の人に見てもらいましょう。
　学校では、必ず保健室にきてください！

他の学校で、こんな目のけががありました

　A君が後ろをふりむくと、B君がかさをつきさすまねをしていた。そのとき、かさの先が、B君の目にささってしまう手術をすることになった。

　友だちに追いかけられていたC君が、走ってろう下の角をまがろうとしたときに、その場に座っていたD君が急に立ち上がったため、D君の後頭部とC君の顔面がぶつかる。C君は鼻と目の骨を骨折。1か月入院したが、めがねをかけても、視力は0.3までしかもどらなかった。

このようなけががおきないためには、どんなことに注意して生活すればいいかな？

【資料E－2】 CD 2-2-5

12月「安全の日」のおはなし

チャレンジ大会に向けて

R　小学校 保健室

　いよいよ、11日（木）はチャレンジ大会です。この大会は、お友だちとのきょう争ではありません。自分の目標タイムを決め、それに向かって自分のペースで走りましょう。
　走ることは、心ぞうや肺など、呼吸にかかわる内ぞうを強くします（これを持久力といいます）。また、「自分で決めた目標にむけて、がんばろう！」とする力（これを意志力といいます）もつきますね。
　ただし、健康によい運動も、無理をすると思わぬ事故やケガにつながります。今のうちから体調を整え、「おかしいな？」と思うときは、無理をしないようにしましょう。

安全に走るための健康かんり

チャレンジ大会までは…
◎けんこうチェックカードをつけ、生活リズムを整えましょう。
◎体調の悪いときは、病院にかかるなどして、早めになおしましょう。
◎手・足のツメは短く切っておきましょう。
◎大会の前の日は、早くねましょう。

走り終わったら…
◎軽い体そうをしましょう。
◎汗をしっかりふきましょう。
◎手あらい・うがいをしましょう。
◎おうちに帰ったら、おふろにゆっくりつかり、早めにねて、つかれをとりましょう。

チャレンジ大会当日は…
◎朝ごはんを、必ずたべましょう。

◎なるべく、うんちをしておきましょう。

◎体温をはかり、おうちの人に参加のかくにんを書いてもらいましょう。

走っているとき、「具合がおかしいな？」と感じたら、走るのをやめ、すぐに近くの先生に声をかけましょう！

【資料E－3】 CD 2-2-6

1月「安全の日」のおはなし

やけどをしたとき

R　小学校 保健室

✚ 応急手当 ✚　やけどとは、熱いものにふれて、皮ふが傷ついた状態です。

①すばやく、水道の流水で痛みがおさまるまで（15～20分くらい）冷やします。
②服の上からやけどをしたときは、服はぬがずに、そのまま冷やしましょう。
③痛みがとれたら、清けつなガーゼをあてて、包帯でおおいます。

こんな手当ては×
・ちょっと水でぬらしただけ
・水ぶくれをつぶす
・やけどしたところをこする
・服の上からやけどをした服をむりやりはがす

こんなときは病院に！
●広いはんいをやけどしたとき
●痛みが強くなったり、いつまでも続くとき
●皮ふが白くなったり、黒くこげたりしているとき

学校でおきやすい「やけど」

　1月に入ると気温の低い日が続きます。ストーブをつける機会も多くなりますね。ストーブの他にも、学校ではどんな場面でやけどをしやすいでしょう？

ストーブ
ストーブのまわりでふざけたり、近づきすぎたりしないようにしましょう。

給食の準備・配ぜん
おかずを盛りつけるときあわてて、お友だちの手にかからないように気をつけましょう。

理科の実験
アルコールランプや薬品を使う実験先生の指示をしっかり守りましょう。

調理実習
料理を煮たり、焼いたりするときおなべなどの位置に気をつけましょう。

あなたは、やけどをしたことはありますか？
どうしたら、そのやけどを防ぐことができたでしょうか？ 考えてみましょう。

【資料E－4】 CD 2-2-7

2月「安全の日」のおはなし

すりきず・きりきずの手当て

R　小学校 保健室

保健室にいく前に ここまでは自分でしよう‼

◎すりきず◎
ざらざらした地面などにこすって、できたきず

●きずロのよごれを、水道の水できれいに洗いながす。
バイキンが入るのをふせぎます。
きずの様子がわかりやすくなります。

◎きりきず◎
刃物やガラスなど、するどいもので切ったきず
●きずロをせいけつなハンカチやタオルで押さえる。
血が止まりやすくなります。
血があちこちにつくのをふせぎます。

きずをなおしてくれるのは…？ ～「きず」をなおす 血液の仲間のはたらき～

白血球
きずロでは、白血球が細菌と戦っています。

血小板
血小板が、やぶれた血管をふさぎ、血を固めます。

　けがをしたとき、きずを治すのは薬ではありません。私たちの体にそなわっている「きずを治そうとする力」が、きずを治しています。水できれいに洗ったり、消毒をしたり、ばんそうこうをはったり…。このような手当てをするのは、その力を助けるため！
　けがをしてもあわてないで、「からだの力」を上手に助ける手当てをしましょう。

【資料F】 林間学校事前健康調査票と健康管理（F小学校）

【資料F－1】 CD 2-2-8

林間学校事前健康調査票

年　組　番　氏名 _____

＊あてはまるところに○をつけて、内容を詳しく記入してください。

		病名	主治医の指示
現在かかっていて、心配な病気がありますか。	ない　ある		
林間学校中に服用する予定の薬がありますか。	ない　ある	何の薬ですか	いつ服用しますか
林間学校中に起こるかもしれない病気がありますか。	ない　ある	病名	起こったときの対応
夜中、トイレに起こす必要がありますか。	ない　ある	何時に起こしますか	
就寝中に気をつけることがありますか。	ない　ある	どのようなことに気をつけますか	
病気・アレルギー等で食べられないものがありますか。	ない　ある	食品名と注意することは何ですか	
じんましん等ができやすいですか。	いいえ　はい	どのようなときにできますか	できたときはどうしていますか
女子のみに聞きます。初経がありましたか。	いいえ　はい	林間学校の期間にあたる心配がありますか	
林間学校中にからだについて心配なことがありますか。	いいえ　はい	内容をご記入ください	
緊急時の連絡先を記入してください。	昼間の連絡先①（　　　　　）TEL（　　　　） 昼間の連絡先②（　　　　　）TEL（　　　　） 夜間の連絡先①（　　　　　）TEL（　　　　） 夜間の連絡先②（　　　　　）TEL（　　　　）		

【資料F－2】 CD 2-2-9

令和　年　月　日

年生保護者　様

○○小学校保健室

林間学校における健康管理について

　1泊2日の林間学校で、病気やけがを引き起こすことのないよう、また、今から自分の健康管理がしっかりできるよう、ご家族の皆様のお力添えをお願いいたします。
　林間学校に向けて、下記の項目をお子様と一緒にご確認ください。

1　前日までの注意
（1）規則正しい生活を送り、心身の調子を整えておく。
　①朝、昼、夕の3度の食事をとる習慣をつける（時間を決めて）。
　②毎日、排便をする習慣をつける。
　③早寝、早起きをし、睡眠を十分にとり、毎日の疲れをとる。
（2）体調が悪い人や持病がある人は、かかりつけの医師とよく相談し、必要な治療や指示を受け、必要な薬があればもらっておく。また、医師からの指示を学級担任に伝える。
（3）病気のある人は、必ず治療を済ませておく（かぜ等）。
（4）けがをしないように注意する。

2　出発の前日に注意すること
（1）手足の爪を切る。耳のそうじをする。
（2）お風呂に入って、早めに寝る。
（3）常備薬のある人は、準備をしておく。乗り物酔いが心配な人は、エチケット袋も用意する（帰りの分の薬、エチケット袋も用意しておく）。

3　当日の注意
（1）朝食は、食べ過ぎたり、食べてこなかったりすることのないようにする。
（2）朝、必ずトイレに行き、排便を済ませてから登校する。
（3）乗り物酔いが心配な人は、バスに乗る30分くらい前に酔い止めの薬を飲んでおく。
（4）服装に注意する（下着を着る、はき慣れたくつをはく等）。
（5）からだの調子が悪い人は、前もって学級担任に連絡する。

4　林間学校中の注意
（1）睡眠を十分にとる。また、寝冷えをしないように気をつける。
（2）具合が悪くなったり、けがをしたりした場合は、すぐ先生に連絡する。
（3）人に薬をあげたり、もらったりしない。
（4）大きなけが等については家庭へ連絡し、病院へ行く。

▽緊急時の対応

```
・　　　　　医院
　　　市　　　　　　　　TEL（　　　）　－
　　診療時間　AM　　：　～　　：　　　PM　　：　～　：

・　　　　　救急医療センター
　　　市　　　　　　　　TEL（　　　）　－
　　診療時間　PM　　：　　～翌朝AM　　：
```

5　林間学校後の注意
（1）十分休養をとる。
（2）からだの調子が悪いときは、治療を受け、学校に連絡してください。

6　その他
●林間学校中、内服薬は原則として与えませんので、飲みなれた常備薬を持たせてください。その際、どんなときに、どのように服用するのかをメモした用紙と薬を一緒にしてくださると助かります（メモと薬を同じ袋に入れる、薬の入っている袋に書いておく等）。

●林間学校の1週間前から規則正しい生活を送ることができているか、自分自身で把握するための健康観察を　　　日（　　）から行います。林間学校を健康に楽しく過ごすためですので、忘れずにチェックをしてください。

●女子は、初経を迎えていない場合でも、環境の変化によって突然迎える場合もあります。また、生理予定日ではなくても、突然生理になる場合もありますので、ナプキンの準備をお願いします。

【資料G】水泳事前保健調査と水泳禁止者の把握（G小学校）

【資料G－1】 CD 2-2-10

令和　年　月　日

保護者　様

　　　立　　　　学校
　　　　校　長

水泳事前保健調査及び承諾書について

　プール開きが　月　日（　）に実施されます。今年もまた、楽しく水泳ができるよう、事前の保健調査及び水泳実技への参加についての確認を行いたいと思います。つきましては、下記の該当箇所にご記入の上、学級担任へ提出してください。

　水泳での事故は直接生命にかかわるものが多いため、ご家庭でのお子様の健康状態にも一層のご配慮をお願いいたします。なお、心臓病・腎臓病・喘息・てんかん等の持病や耳鼻科で病気のある場合は、必ず主治医とご相談ください。

提出日　　　月　　日（　）まで

【水泳健康観察カード】について

　水泳のある日は、必要事項を記入して提出してください。お子様の朝の健康状態を観察してください。体調の悪い日は、必ず学級担任へ連絡をお願いします。なお、水泳指導の授業につきましては、【水泳健康観察カード】が参加を決める判断基準となりますので、可否のサインや保護者の記入などは忘れずにお願いします。カード忘れや記入不備の場合は、水泳指導は受けられませんのでご了承ください。

＊次の内容に該当する場合…医師の許可があるまでプールには入れません。
　目の病気がある・耳鼻科の病気がある・アタマジラミがある

- - - - - - きりとりせん - - - - - -

水泳事前保健調査票及び参加承諾書

年　組　番　氏名　　　　　　保護者氏名　　　　　　印

1　ア～ウのいずれかに○をつけ、必要事項をご記入ください。
　ア　現在健康であるので、水泳に参加します。

　イ　病気・けがで治療中ですが、主治医の許可があるので水泳に参加します。
　　　病名　　　　　　　　主治医
　　　注意事項

　ウ　病気・けがで主治医から水泳を禁止されています。
　　　病名　　　　　　　　主治医

2　その他、気になることがありましたらご記入ください。

【資料G－2】 CD 2-2-11

水泳健康観察カード　　　　　年　組　番　名前

☆記入のしかた☆
○毎日の健康状態をチェックするために、家の人に書いてもらう。
○体の調子を考えて、参加できるときは○、参加できないときは×をつけてもらう。
○体調が気になるときは、検温をする。
○参加できないときは、体の調子（おなかが痛い、頭が痛い、熱がある、かぜぎみ）を記入する。
○家の人に確認印（サイン可）をもらう。

月日	曜	参加（○・×）	体の様子（検温）	印	先生

＊家の人の印（サイン）がないとプールに入れません。

【資料G－3】 CD 2-2-12

水泳上の注意
保護者向け

水泳時の健康管理について

　水泳は、スポーツの中でも、特に体力の消費が激しく、体調管理が必要な種目です。水泳の授業を安全に楽しく受けられるよう、ご家庭でもご協力をお願いします。

1　心配な病気がある人は、主治医の先生に相談してください。
　・心臓病や腎臓病等の異常や喘息等で管理を受けている人は、参加してもよいかをあらかじめ主治医の先生に相談しておいてください。

2　健康診断で異常があった人は、病院で許可をもらってください。
　・耳鼻科検診、眼科検診、内科検診で異常があった人
　　（耳鼻科の病気は、プール入水により悪化する場合がありますので、主治医の許可が必要となります）

3　体調が悪く配慮が必要な人は、学級担任に連絡帳を通して連絡してください。
　（連絡が必要なとき）
　・皮膚や頭髪に異常があって、入水できないとき
　・アトピー性皮膚炎や、プール入水で症状が悪化する病気があるとき
　・何らかの病気で、配慮が必要なとき

4　水泳の授業に参加することが好ましくない場合
　・朝食を食べていないとき
　・体調がすぐれないとき（発熱・下痢・だるい・睡眠不足）
　・手足の爪が長く、危険なとき
　・皮膚に絆創膏を貼っているとき
　・化膿した傷があるとき
　・虫刺されの部分が化膿しているとき
　・水泳健康観察カードを忘れたとき、記入漏れがあったとき
　　＊このような場合は、プール入水を見合わせることがあります。

【資料G－4】 CD 2-2-13

水泳上の注意
教職員向け

水泳時の健康・安全管理について

　学校で水泳授業を安全に行えるよう、事前指導と授業中の指導と管理をお願いします。

1　水泳授業の準備
　①更衣場所の確認
　②眼鏡等の貴重品の扱いは個人で責任をもつ。心配な児童については担任が配慮する。
　③着替えた衣服をプールバッグに入れ、棚の中や上に置く。
　④プールへの移動の際は、タオルをからだに巻かせ、折りたたんで脇に抱える。
　　タオルは安全のため、着用時に足首が出る長さとする。
　⑤水着以外のものを身につけない（絆創膏、湿布、ミサンガ等）。
　⑥ゴーグル使用は、保護者からの申し出があった児童のみとする。
　⑦髪をしばるゴムに大きな飾り等が付いている場合は外す。
　⑧低学年は、授業が始まる前に必ずトイレに行かせておく。

2　水泳授業時の健康管理
　①参加承諾書を出していない児童は、出すまで水泳授業は見学する。
　②水泳授業当日、水泳健康観察カードに不備があった児童は入水を控える。
　③疾病異常がある児童は、医師の許可が出るまで水泳授業は見学する。
　　・眼科、耳鼻科疾患があった場合
　　・心臓病、てんかん、喘息等で医師の管理を受けている場合
　④保護者から申し出があった場合、その対応を確実に行う。
　　・中耳炎で、耳栓を必要とする場合　・アレルギー疾患でゴーグル使用希望の場合
　　・アトピー性皮膚炎等で洗体槽に入れない場合
　⑤アタマジラミが見つかった場合は、家庭で確実に駆除を行う。
　⑥朝の健康観察時に、水泳健康観察カードをもとに健康観察を十分に行う。

3　水泳授業中の注意
　①見学者は、プールサイドの直射日光が当たらない場所で見学する。
　②プールサイドは走らない。プールに飛び込まない。

4　水泳授業後の注意
　①シャワーと洗顔を十分に行う。
　②他の児童と、タオルや目薬の貸し借りしない。
　③気温が低い日は、髪をタオルで特によく拭いて乾かす。

【資料H】修学旅行事前保健調査と健康管理（H小学校）

【資料H−1】 CD 2-2-14

保護者様

㊙

令和　年　月　日

立
校長

修学旅行事前保健調査

　この保健調査は、修学旅行中の病気や事故を防止し、楽しく1泊2日を過ごせるよう、保健管理の資料とするものです。お子様の健康状態について、できるだけ詳しくお答えください。裏に保険証のコピーを添付してください。

＊該当するものに○をつけ、必要事項を記入してください。

体温について	平熱は（だいたい）　　　　　℃
乗り物酔いについて	1　酔わない　　2　ときどき酔う　　3　ひどく酔う
起こしやすい症状について	発熱　頭痛　腹痛　胃痛　嘔吐　下痢　便秘　かぜ　扁桃炎 ぜんそく　ひきつけ　じんましん　貧血　鼻血　歯痛 その他（　　　　　　　　　）
起こしやすい症状の対処について詳しく記入してください。	例　薬を持参し、食後に薬を服用する。または、安静にする。 （　　　　　　　　　）
食べ物のアレルギーはありますか？ 「はい」のみ…その食べ物（　　　）	はい　　いいえ
薬によるアレルギーはありますか？ 「はい」のみ…その薬（　　　）	はい　　いいえ
食あたりを起こしやすいですか？	はい　　いいえ
ふだん寝つきが悪かったり、寝ぼけたりしますか？	はい　　いいえ
虫垂炎（盲腸炎）といわれたことがありますか？ 「はい」のみ…手術をした　薬で散らした　その他（　）	はい　　いいえ
現在、病気・けがをしていますか？ 「はい」のみ…病名（　　　）	はい　　いいえ
現在、医者にかかっていますか？ 「はい」のみ…病名（　　　）	はい　　いいえ
女子のみ　月経（生理）がありますか？	はい　　いいえ
旅行中に生理がありそうですか？	はい　　いいえ　　わからない

＊その他、宿泊するにあたり、気になること（心配・不安など）がありましたら、ご記入ください（どんな小さなことでも結構です）。
夜尿症について、相談がありましたら担任または養護教諭にお知らせください。

緊急連絡先

昼	時間　　～	（　　　様方）電話（　　　） 氏名（　　　）
夜	時間　　～	（　　　様方）電話（　　　） 氏名（　　　）

＊　月　日（　）までに学校へ提出してください。

【資料H−2】 CD 2-2-15

修学旅行健康チェック

年　組　番　氏名

＊からだの様子が健康で、心がゆたかなら○をつて起きましょう。記入したら、おうちの人に見てもらいましょう。
修学旅行まで、あと○週間です。規則正しい生活を送りましょう。睡眠時間は9時間くらいとることが大切ですね。

前日寝た時刻 今朝起きた時刻	睡眠	食欲	排便	健康	今日のからだの調子はどうですか？ チェックしましょう ＊気になることがあったら書く。	おうちの人の確認	担任の確認		

【資料H−3】 CD 2-2-16

修学旅行に向けて

学校　保健室

　1泊2日の修学旅行に向けて、いろいろな計画を立てていると思います。親元を離れ異なった環境の中での集団行動、緊張や疲れなどから、体の調子を崩しやすくなります。病気やけがをすることのないよう、今から自分の健康管理をしっかり行い、楽しい修学旅行にしましょう。

1．出発するまでに心がけておきたいこと
（1）規則正しい生活を送り、身体の調子を整えておく。
　　①朝、昼、夕の3度の食事を摂る習慣をつけておく（時間を決めて）。
　　②毎朝、排便をする習慣をつけておく（毎朝、必ずトイレに行く）。
　　③早寝早起きをし、睡眠を十分とり、毎日の疲れをとる。
　　＊疲れると、集中力が欠け、けがをしやすくなる＊
（2）病気のある人は、必ず治療を済ませておく（かぜ・頭痛・腹痛・むし歯）。
　　＊特に、むし歯は急に痛み出すことがあります。治療しておきましょう＊
（3）靴は履き慣れたものを履く。

2．出発の前日
（1）手足の爪を切る。
（2）お風呂に入って早めに寝る。
（3）常備薬のある人は、準備しておく。
　　＊1人2枚ばんそうこうを持って行くといいでしょう＊
（4）女子は全員、生理用品を用意し、小さなバッグに入れておく。

3．出発の朝
（1）朝ご飯は、食べすぎたり、抜いたりすることのないようにする。
（2）朝、必ずトイレに行き、排便を済ませておく。
（3）乗り物酔いが心配な人は、乗り物に乗る30分前に酔い止めを飲んでおく。
　　＊帰りの薬も用意する＊
（4）体の調子が悪い人は、前もって担任に連絡する。

4．修学旅行中
（1）乗り物酔い
　　①先生に知らせる。
　　②ベルトなど、衣服をゆるめ、窓側に座る。
（2）けがや病気
　　①先生に知らせる。
　　②ひどいときは、病院へ行く。
　　③暴飲暴食は避ける。
（3）その他
　　薬を持っていく場合は、「いつ、どんなときに飲むのか」をしっかり覚えておく。
　　絶対に、薬を人にあげたり、薬を人からもらったりしない。

5．修学旅行を楽しく過ごすために
（1）健康観察カードをつける（　　日～　　日）。
（2）事前の保健調査を行う。できるだけ、詳しく記入してください。
　　＊　月　日（　）までに学校へ提出してください＊
（3）トイレ・お風呂など、自分たちの使うところはきれいに使う。

6．修学旅行後
（1）十分休養をとる。
（2）体の調子が悪いときは学校に連絡し、治療を受ける。

【資料Ⅰ】持久走大会事前健康調査と健康管理（Ⅰ小学校、Ⅰ中学校）

【資料Ⅰ－1】 CD 2-2-17

令和　年　月　日

保護者　様

　　　　　　　　　　　立　　　　　　小学校
　　　　　　　　　　　校　長

持久走大会事前健康調査について

　日ごとに朝晩の冷え込みが厳しくなってまいりました。保護者の皆様には、日頃から学校の保健活動にご理解をいただきまして誠にありがとうございます。

　さて、来る　月　日（　）に行われる持久走大会に向け、これから朝の運動や体育での練習が本格的に始まります。試走は　月　日（　）・　日（　）に行う予定です。持久走大会の事故を防止するため、事前にお子様の健康状態を把握し、健康管理に注意していただきたいと思いますので、別紙の「持久走大会事前健康調査」に必要事項を記入して、学級担任へ提出してください。

　また、大会当日に向け体調管理を整えていくために、カードによる健康点検活動を行いますので、ご家庭でも下記のことに注意してご協力をお願いします。

　なお、現在治療中のけがや病気がある場合には、主治医の指導を受ける旨を学校にお知らせください。その他、健康上心配なことがありましたら、早めにかかりつけの医師にご相談ください。よろしくお願いいたします。

持久走大会事前健康調査　提出期限：　　月　日（　）

〈事故防止のための健康管理〉
・十分な睡眠（8～9時間以上）　➡　睡眠不足は、体温調節機能を低下する。
・しっかり朝食　➡　朝食抜きは、低血糖・エネルギー不足になる。
・朝の排便　➡　走行中に腸が刺激されて、便意を催すことがある。
・手足の爪を短く切っておく
・朝体温を測り、体の状態を観察する（朝、家で忘れず測ってくる）

〈事前に病院受診を勧める人〉
・グラウンド2～3周で胸が痛くなったり、吐き気を感じたりすることがある。
・心臓、腎臓、循環器系の病気で、定期的に受診している。
・ぜん息の発作を起こしやすい。
・その他、体調がよくない。

（担　当）
立　　　　小学校
養護教諭

持久走大会事前健康調査

　　　　　　　　　年　組　番　氏名
　　　　　　　　　保護者氏名　　　　　　　　　印

該当するものに○、または記入をしてください。

1	本年度持久走大会に ※参加しない予定の人…理由	参加する予定　・　参加しない予定	
2	今まで運動をしていて倒れたことがある。	はい	いいえ
3	走っていて胸の痛みをひどく感じることがある。	はい	いいえ
4	走っていて気分が悪くなったことがある。	はい	いいえ
5	動悸や息切れがしやすい。	はい	いいえ
6	ひきつけを起こすことがある。	はい	いいえ
7	ここ1年の間に、喘息の発作が出たことがある。	はい	いいえ
8	持病（心臓病・喘息・貧血・川崎病の既往等）がある。 （病名）	はい	いいえ
9	現在治療中のけがや病気がある。 （傷病名）	はい	いいえ
10	（8・9ではいと答えた人） 主治医から参加の許可をもらっていますか。 ＊まだの人は必ず確認してください。	はい	いいえ
11	その他、健康上のことで学校へ知らせておきたいことがありましたらご記入ください。		

【資料Ⅰ－2】 CD 2-2-18

令和　年　月　日

保護者　様

　　　　　　　　　　　立　　　　　　中学校
　　　　　　　　　　　校　長

持久走大会事前健康調査について

　朝夕の冷え込みに加え、日中も日に日に寒さが増してきました。

　急に寒くなり体調を崩している生徒もいます。期末テストも近くなりますが、規則正しい生活を心がけたり、手洗い・お茶うがいをしたり、マスクの着用などの予防を、ご家庭でも配慮していただくようよろしくお願いいたします。

　さて、本校では毎年体力づくりの一環として、持久走大会を実施しています。今年度も　月　日（　）（予備日：　月　日（　））に予定しています。

　そこで、一人一人が安全に取り組めるよう、健康調査を実施したいと思います。別紙に、記入・押印していただき、　　月　日（　）までに学級担任へ提出してください。

　さらに、学校においては、日常の健康観察も徹底し、適切な指導のもと事故防止に万全を期したいと思っています。ご家庭においても、次の点に注意していただき、事故のない持久走大会になるようにご協力をお願いします。なお、登校後の健康観察の結果、体調によっては練習を見学させる場合もあります。

○朝の健康観察を行ってください（熱はないか・食欲はあるか・顔色は悪くないか等）。

○毎日必ず、朝食をとらせてください。

○毎日十分な睡眠をとらせてください。

○現在、体のことで心配がある人は、かかりつけの病院で受診し、医師の指導を受けてください。

○具合の悪いときは、早めに病院へ行き、参加については医師と相談してください。

持久走大会事前健康調査

　　　　　　　　　年　組　番　氏名
　　　　　　　　　保護者氏名　　　　　　　　　印

＊該当する項目に○または記入をしてください。

| 持久走大会練習に | （　）参加します | |
| | （　）参加しません→理由〔　　　　　　　　　〕 | |

＊持久走大会練習参加者は、以下の質問にお答えください。

質問事項	回答		いつごろ・現在の様子
①心臓病や不整脈など心臓に異常があるといわれたことがありますか？	ない	ある→	
②喘息がありますか？ ＊「ある」方は発作時の対応を詳しくお書きください。	ない	ある→	ここ1年の間に発作が出たことがありますか？ （　ある　・　ない　） 発作時の対応 （　　　　　　　）
③けいれんを起こしたことがありますか？	ない	ある→	
④現在、上記以外の病気やけがで病院に通院していますか？	していない	している	病気やけがの状況を詳しく記入してください
⑤今までに、医師から長距離走のような激しい運動を禁止されていたことがありますか？	ない	ある→	
⑥その他、体のことで知らせておきたいことがありましたらお書きください。			

　　　　　　　　月　日（　）までに学級担任へ提出してください。

【資料 I −3】 CD 2-2-19

令和　年　月　日

保護者　様

立　　　　中学校
校　長

持久走大会について

日頃より、学校教育活動にご協力いただき、ありがとうございます。

持久走大会を下記の日程で実施いたします。学校においては、適切な指導のもとに実施し、事故防止に万全を図りたいと思っています。つきましては、下記の承諾書に必要事項をご記入、押印し、◯月◯日（　）までに学級担任へ提出をお願いします。

1　日　時　　令和　　月　　日（　）

2　場　所　　　　　　　　～　　　　　　コース

------- きりとりせん -------

承　諾　書

立　　　　学校長　様

持久走大会に（　参加　・　不参加　）します。

不参加の理由 _____

令和　　年　　月　　日

年　　組　　番　氏名 _____

保護者氏名 _____ 印

【資料 I −4】 CD 2-2-20

令和　　年　月　日

令和　　年度　持久走大会健康チェック表

小学校　　年　組　　番　名前 _____

持久走は、体の調子を整えることも大切なトレーニングのひとつです。また、生活リズムを見直す良いチャンスでもあります。持久走大会まで、健康チェックをしましょう。

朝運動や体育で持久走大会の練習をしています。練習を休ませるときなど「特記事項」の欄をご活用ください。また、試走の日、大会当日の「参加・不参加」のご記入・捺印も忘れずにお願いします。

曜日	睡眠時間	朝食	食欲	排便	体温	特記事項	保護者印	担任印
	時間	たべた / たべない	ある / ない	あった / ない	℃			
	時間	たべた / たべない	ある / ない	あった / ない	℃			
	時間	たべた / たべない	ある / ない	あった / ない	℃			
	時間	たべた / たべない	ある / ない	あった / ない	℃			
	時間	たべた / たべない	ある / ない	あった / ない	℃			
今日の持久走大会試走に（どちらかに○をつけてください） 　参加します　・　参加しません（理由　　　　　　　　　　　　　）								
	時間	たべた / たべない	ある / ない	あった / ない	℃			
	時間	たべた / たべない	ある / ない	あった / ない	℃			
	時間	たべた / たべない	ある / ない	あった / ない	℃			
	時間	たべた / たべない	ある / ない	あった / ない	℃			
	時間	たべた / たべない	ある / ない	あった / ない	℃			

【資料 I −5】 CD 2-2-21

★保健室より先生方へお願い
　必ず一度目を通し、再確認しておいてください。

持久走大会時の健康観察・応急処置

●スタート前の健康観察：観察のポイント

1　かぜをひいていないか？	7　全身がだるくないか？
2　睡眠不足でないか？	8　発熱はないか？
3　胃痛や吐き気はないか？	9　頭痛はないか？
4　胸が締めつけられるように痛いか？	10　腹痛があったり下痢をしたりしていないか？
5　顔色が赤くないか？	11　脈拍が高くないか？（90以上）
または青くないか？	12　顔や手足にむくみがないか？
6　めまいがするか？	13　元気がなく様子がいつもと違うか？

＊上記の項目にあてはまるものがある場合や特に気になる児童がいる場合は、早めに保健室まで連絡してください。

●走行中・走行後の健康観察：観察のポイント

1　顔色が赤くないか？	6　胸の痛みや苦しみを訴えていないか？
または青くないか？	7　頭痛を訴えていないか？
2　唇が紫になっていないか？	8　吐き気やめまいを訴えていないか？
3　足がもつれていないか？	9　冷や汗をかいていないか？
4　意識がもうろうとしていないか？	10　その他、捻挫、肉離れ、足の爪の負傷はないか？
5　呼吸が苦しそうではないか？	

＊観察項目に該当する場合や特に気になる児童がいる場合は、走行をやめさせ、安静にして様子を見てください。

┌──────────────────────────┐
│ 万が一というとき慌てず、適切な処置をとってください。 │
└──────────────────────────┘

緊急時の連絡	
学　校	−
救　急　車	119

もし、目の前で病人やけが人が発生したら…

●緊急・重傷のようだと判断したとき：判断基準

1　多量の出血があるとき
2　意識がないとき
3　呼吸困難のとき
4　顔面蒼白やチアノーゼ（唇や爪が紫色になる）が見られたとき
5　骨の変形を起こしたとき
6　けいれんや激痛があるとき
7　嘔吐やめまいが持続しているとき
8　強度の発汗や急速な脱力感が見られたとき　等

処置法
①安全な場所に移動又は場合によっては、その場所を動かさず周囲の安全を確保する。
②楽な姿勢にして、応急処置（心肺蘇生法、止血等）を行う。
③同時に、近くにいる人に救急車・救護車に連絡してもらう。

●緊急・重傷ではないと判断したとき：救急処置法

安全な場所に移動して救急処置を行い、救急車や救護係に連絡して指示を得る。

○顔色が赤く、皮膚が熱く乾いているとき→頭を高くし、衣服を緩めて楽にする。

○過呼吸症状を起こしているとき→周りで大騒ぎをせず、静かに楽な姿勢でゆっくり呼吸させる（少し吸って、ゆっくり吐く）。

○肉離れを起こしているとき→肉離れの位置を高くし、安静にする。むやみにマッサージせず、よく冷やす。

○喘息発作を起こしたとき→少し前屈み（または本人が一番楽な体位）にさせ、腹式呼吸をさせる。「ゆっくり吐いて…吸って…」とリズムをとりながら行うとよい。

【資料J】医療品・救急用品の管理　保健室の救急対応セット（J小学校）
　　迅速に嘔吐や止血の対応ができるように、保健室や教室に対策セットを備えてある。

〈ノロウイルス対策セット〉

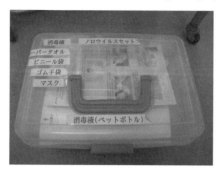 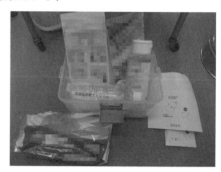

□嘔吐物凝固剤　　□使い捨て手袋　　□マスク　　□ビニール袋　　□ペーパータオル
□次亜塩素酸ナトリウム

〈止血セット〉

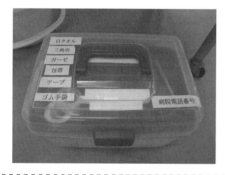 

□白タオル　　　　□三角巾　　　　□滅菌ガーゼ　　□包帯　　　□包帯留めテープ
□吸収パット　　　□使い捨て手袋　　□複写メモ帳＊

＊複写メモ帳は、大出血等の一刻を争うときに記録をすると、コピーをしなくても、救急隊に
　渡すものと同じものが学校に残るので便利。

〈教室に設置してある嘔吐物処理セット〉

□嘔吐物処理マニュアル　　□ビニール袋
□ビニール手袋　□マスク　□新聞紙
□トイレットペーパー

【資料K】プールの衛生管理（K小学校）

プールの管理実施計画

令和　　年度　プールの管理実施計画

1　使用期間　令和　　年　　月　　日（　）～令和　　年　　月　　日（　）
　　　　　○放課後　　　　　　曜日　　　　：　　～　　：
　　　　　＊学校行事等で時間の変更あり。
　　　　　○夏休み　　　　　　　　　　　：　　～　　：

2　プール清掃　令和　　年　　月　　日（　）　校時　対象学年：　　年

3　プール当番　月～金　職員　名
　　①水圧（上下の水圧計）を調べ、水温と気温を測る。
　　②残留塩素を測定する（朝…体育主任が測定、昼休み…当番が測定）。
　　③天候による中止の決定は、プール当番の職員が判断する。
　　　（水温と気温の合計が45℃以上で行う）
　　④中止の場合は、放送で伝える。
　　⑤放課後のプール実施の不可を昼の放送で知らせる。
　　⑥プール使用上の規則を徹底させる（規則の守れない児童は、入水禁止）。
　　⑦プール日誌を校長に提出する（帰り）。

4　水泳禁止者
　　心臓病、腎臓病、結膜炎、眼けん炎、中耳炎、外耳炎、鼻炎、副鼻腔炎、アタマジラミ保有者、皮膚疾患、化膿しているけが、その他医師より水泳を禁止されている者
　　＊上記の疾患があっても、医師の許可がおりている場合は可。

プール日誌

		令和　　年　　月　　日　曜日・天気（　　　）　学校長検印					
プール当番名							
朝	気温・水温	気温	時　　分　現在 ℃	水温	（大）　　　　　　　℃ （小）　　　　　　　℃		
	遊離残留塩素（基準0.4ppm）	（大）	ppm		（小）	ppm	
時	年　　　組		人数		合計	メモ・透明度	
1	年　　　組 年　　　組		人 人		人	透明度（壁から3m） 良好 ・ 不良	
2	年　　　組 年　　　組		人 人		人	透明度（壁から3m） 良好 ・ 不良	
3	年　　　組 年　　　組		人 人		人	透明度（壁から3m） 良好 ・ 不良	
4	年　　　組 年　　　組		人 人		人	透明度（壁から3m） 良好 ・ 不良	
昼	気温・水温	気温	時　　分　現在 ℃	水温	（大）　　　　　　　℃ （小）　　　　　　　℃		
	遊離残留塩素（基準0.4ppm）	（大）	ppm		（小）	ppm	
5	年　　　組 年　　　組		人 人		人	透明度（壁から3m） 良好 ・ 不良	
放課後	気温		℃	遊離残留塩素 （基準0.4ppm）	（大）　　　　ppm （小）　　　　ppm		
	水温	（大）　　　　℃ （小）　　　　℃		透明度	透明度（壁から3m） 良好 ・ 不良		
	自由プール		人	1日の合計人数	累計　　　　　　人		

【資料L】児童保健委員会活動（L小学校）
「校内安全マップを作ろう」
　委員会活動の時間に、全員で校内巡視を行い、学校内の「危険な場所」「けがが発生しやすいと思われる場所」について調べ、掲示物を作製した。

（1）教職員にも「危険な場所」「けがが発生しやすいと思われる場所」について聞き取りをする。

（2）校内で発生したけがの分析をする。特に、「どこで」「どうして」の2点に焦点を置き、集計する。

（3）（1）（2）より、何を取り上げ、どのようなマップにするのかを考える。

（4）危険な場所や行動を写真やイラストで示しながらマップを作る。

用務員さんが毛虫に刺されることがあった。

廊下を走る子が多かった。

ブランコで立ち乗りや二人乗りをする子がいたので、使い方を考えさせたかった。

相手のいるけがを減らしたかった。

【資料M】学校保健委員会（M小学校）
「私たちの命・体・こころを守ろう」

テーマ　「私たちの命・体・こころを守ろう」

1　ねらい　命の大切さや、生きる喜びを深く考えたことがないいず子どもたちに命の大切さについて考える場を設け、学ぶことで自分の命・体・こころを大切にすることを理解し、友だちの命やこころを大切に考え、地域で行動に移せるよう、心構えを身につける。

2　日時　令和　　年　　月　　日（　）　校時　　：　～　　：

3　参加者　学校医、中学生（卒業生）、市防災生活課の方、6年生児童、保護者、教職員

4　計画
3月　学校保健委員会構想図作成
4月　職員会議で提案…共通理解を図る
6月～　エンカウンターの実施（スクールカウンセラー）
7月　校内の危険箇所・子どもの危険な行動を調べる（委員会）
8月　子どもの防災行動の見直し…東海地震に備えよう
9月　私たちにできる応急処置…発育測定時に指導
10月　学校保健委員会　[　月　日（　）　校時］
地域防災活動（中学生からの提案）
11月　全校集会にて全校発信

5　役割分担

仕事内容	担当者	期日
保護者への通知・学校医への通知		
PTA保体部への通知		
児童への指導		
講師連絡調整・お礼状（中学校・防災生活課）		
アンケート作成（保護者用）　集約		
振り返り用紙作成（児童用）　集約		
会場準備（当日）		
式次第作成		
司会進行（当日）		
報道機関連絡		
PTA資料作成		

＊1：校内安全点検

児童安全点検アンケート
いい目いい心で見つけよう

学校の中でけがをしそうな危険はないところがありますか？
★
★
★
[友だちがけがをしそうで危険はないな]と思うところがありますか？
（友だちの名前は書かなくていいよ）
★
★
★

＊2：東海地震に備えよう

東海地震が発生し非常に強い揺れを感じたと想定し、次の状況を家族と確認しましょう。
1　学校にいるとき
A校舎内にいるとき…（　　　）
B校舎外にいるとき…（　　　）
どこに避難しますか（　　　）
2　登校中
どのような行動をとりますか（　　　）
家族の行動や連絡方法はどうしますか（　　　）
3　休日に、家にひとりでいて留守番をしていたとき
どのような行動をとりますか（　　　）
どこに避難しますか（　　　）
4　休日家族と出かけていたとき
どのような行動をとりますか（　　　）
どこに避難しますか（　　　）
5　あなたの通学路の危険箇所を確認しましょう。家から学校までの通学路を記入し、危険だと思われる箇所に×印をつけて、どのように回避する危険箇所か確認しましょう。

けがの原因は？

【保健委員からの提案】

令和　年度の
学校でけがをして病院に行った人数
90件

令和　年度、けがをして病院へ行った人は、90人でした。
ひと月に10人以上の人がけがをして病院へ行ったこともありました。

どうしたらいいのだろう？

けがの原因にした原因
いじしょうけんめい活動していてけど　42件
やってはいけないことをしていて　17件
あぶないことをして　17件
友だちとけんかして　14件
ふざけて
経験不足

教室

廊下

すべり台

ブランコ

危険な場所や行動を意識すれば、けがは予防できる

プレインストーミング

日常生活の中で意識して行動することでけがを減らすことができるようになるならば、大震災などの災害が起きたとき、身を守るために大切なことを知り、それを意識すれば命を守ることができる。

【中学生からの提案】・中学生ができる地域防災活動
【防災生活課から6年生のみなさんへ】・災害時の実際の動き
最上級生として6年生のみなさんへ

（事後）・全校集会で全校児童に発信する。
・昇降口に写真を貼り、意識を継続させる。

② 学校安全計画

　学校における事前の危機管理として、学校安全計画の策定は、学校保健計画の策定同様欠かせないものである。

　学校安全計画における危機管理に関する事項は、安全教育と安全管理、組織活動に分けられる。安全教育は、教科（体育・保健体育）、関連教科、道徳、総合的な学習の時間、特別活動、日常の学校生活での指導や個別指導などがあげられ、安全管理としては対人管理と対物管理、組織活動は学校安全に関する組織活動と教職員のための校内研修も必要とされる。

　学校安全活動は、子どもや教職員の生命・健康・安全にかかわることから、年間計画を策定し、その計画を実施するための組織化を図り、活動を実施する。そして、実施後は計画の詳細について検討・評価して改善を行っていく必要がある。まずは、自校の安全課題を明らかにして、学校安全目標の設定・確認を行い、年間計画を策定するところから始めたい。

1　安全教育

　安全教育には、安全に関する基礎的・基本的事項を系統的に理解し、思考力、判断力を高めることによって安全について適切な意思決定ができることをねらいとする「教科（体育・保健体育）、関連教科、道徳、総合的な学習の時間での指導」があり、これらの時間に安全に関連した内容を指導する。また、現在、または近い将来直面する可能性のある安全に関する問題に対応できるよう、実践的な能力や態度、望ましい生活習慣の形成をねらいとする「特別活動、日常の学校生活での指導や個別指導」があり、特別活動の学級活動、学校行事、課外授業等の時間で指導する。

●教科等の実践例

・理科その他：「授業中の安全」学校現場での適切な血液の取り扱いについて【資料A】
・体育：水泳時の安全、持久走時の安全→①学校保健計画の❷保健管理（48ページ）を参照
・総合的な学習の時間：「通学路の安全マップ作り」【資料B】
　　　　　　　　　　　「地震避難マップ作り」【資料C】

●特別活動等の実践例

・学級活動：「自転車事故をなくそう」【資料D】
　　　　　　「けがをふせごう」【資料E】
　　　　　　「安全な学校生活を送ろう」【資料F】
　　　　　　「安全な学校生活を考えよう」【資料G】
　　　　　　「廊下の安全な歩行の仕方」【資料H、Ｉ、Ｊ】
　　　　　　「交通事故の加害と被害」【資料K、Ｌ】
　　　　　　「交通事故の原因と事故の特性」【資料M】

・ミニ指導：安全の日「運動場の使い方」【資料N－1】
　　　　　　　　　　「梅雨時の過ごし方」【資料N－2】
　　　　　　　　　　「プールでの安全」【資料N－3】
　　　　　　　　　　「自転車の正しい乗り方」【資料N－4】
　　　　　　　　　　「けがをしやすい時期と場所」【資料N－5】
　　　　　　　　　　「廊下や階段の安全な歩行」【資料N－6】
　　　　　　　　　　「通学路の安全」【資料O】
　　　　　　　　　　「学校安全週間　生活チェックカード」【資料P】
・学校行事：心肺蘇生法講習会→第3節　危機管理の校内研修（89ページ～102ページ）を参照

学校安全計画（小学校例）

学校安全目標「自分の行動や身の回りの環境の中にある危険を察知し、安全に行動できる力を

ステージ		「かかわり」ステージ			「チャレンジ」ステージ		
月		4月	5月	6月	7月	8月	9月
実践目標		・通学路を正しく歩こう ・安全な休み時間を過ごそう ・梅雨時の安全な生活をしよう			・自転車のきまりを守ろう ・けがをしないように運動をしよう		
安全行事		・通学班会 ・避難訓練（地震）	・避難訓練（防犯）	・交通安全リーダーを語る会	・学校県安全委員会 ・校内研修「心肺蘇生法」	・校内研修「危機管理シミュレーション研修」	・通学班長会 ・防災引き渡し訓練 ・交通安全運動 ・避難訓練（地震）
安全管理	対人管理	・安全な通学の仕方 ・固定施設遊具の安全な使い方 ・**安全管理マニュアル【資料Q】** ・自然災害等、緊急時の対応	・安全のきまりの設定	・プールでの安全のきまりの確認 ・電車、バスの安全な待ち方及び乗り降りの仕方	・自転車乗車時のきまり、点検と整備 ・校舎内での安全な過ごし方		・**校舎や屋上での安全な過ごし方【資料R】**
	対物管理	・通学路安全確認 ・安全点検年間計画の確認（点検方法等研修を含む） ・**安全点検【資料S】**	・諸設備の点検及び整備	・学校環境の安全点検及び整備	・夏季休業前や夏季休業中の校舎内外の点検	・校庭や屋上での校舎外の整備	・校庭や屋上での校舎外の整備
安全教育	体育	・固定施設遊具の使い方・運動する場の安全確認 ・集団演技、行動時の安全 ・水泳前の健康観察・水泳時の安全 ・3年保健「けんこうな生活」 ・4年保健「育ちゆく体とわたし」			・水泳時の安全・鉄棒運動の安全		
	関連教科	・ちょきちょきかざり（図画工作） ・きってかき出しくっつけて（図画工作） ・ものの燃え方（理科） ・地域探検をしてみよう（総合） ・はじめてみようクッキング（家庭） ・はじめてみようソーイング（家庭）			・水溶液の性質（理科）→**授業中の安全【資料A】** ・わくわくミシン（家庭） ・ユニバーサルデザイン探し（総合） ・**通学路の安全マップ作り（総合）【資料B】**		
	特別の教科道徳	1年「ものやおかねをたいせつに」「ぼうるあそび」「きいろいベンチ」 2年「教えていいのかな」「るっぺどうしたの」「いただきます」 3年「あなたならできる」「おそろしいゲームいぞん」 4年「雨のバス停りゅうじょで」「目覚まし時計」 5年「ルールだから守らなければいけない」　6年「食事中のメール」			2年「てんぐの手紙」「かりていた本」 4年「命」 5年「ほのぼのテスト」「ある朝のできごと」 6年「安全についてみんなで考えよう」		
	学級活動	1・2年●通学路の確認◎安全な下校●安全な給食配膳●休み時間の約束●防犯避難訓練の参加の仕方●運動時の約束●雨天時の約束●プールの約束 3・4年●通学路の確認◎安全な登下校●安全な清掃活動●休み時間の約束●防犯避難訓練への積極的な参加●運動時の約束●防犯教室●安全なプールの利用の仕方 5・6年●通学路の確認◎安全な登下校●交通事故から身を守る◎身の回りの犯罪●防犯避難訓練の意義●運動時の事故とけが◎救急法と着衣泳			1・2年●夏休みの約束◎自転車乗車時の約束●落雷の危険◎校庭や屋上の使い方のきまり●運動時の約束◎けがをふせごう【資料E】 3・4年●夏休みの安全な過ごし方◎自転車乗車時のきまり●落雷の危険◎運動時の安全な服装●**安全な学校生活を送ろう【資料F】** 5・6年●夏休みの事故と防止策●**自転車事故をなくそう【資料D】**●落雷の危険◎運動時の事故とけが◎**安全な学校生活を考えよう【資料G】**		
	ミニ指導		安全の日 「運動場の使い方」 【資料N-1】	安全の日 「梅雨時の過ごし方」【資料N-2】	安全の日 「プールでの安全」【資料N-3】		安全の日 「自転車の正しい乗り方」【資料N-4】
	啓発活動		連休の過ごし方	大雨時の注意	夏休みの生活		
組織活動	児童安全委員会	・委員会活動開始 ・新1年生を迎える会（安全に気をつけて登校しよう）			・交通安全マップ作り（通学路）		
	教職員	・遊具等の安全点検方法等に関する研修・通学路の状況と安全指導に関する研修・春の交通安全運動期間の登下校の街頭指導・地域ぐるみの学校安全推進委員会			・心肺蘇生法（AED）研修（PTA） ・学校における危機管理 ・秋の交通安全運動期間の教職員、保護者の街頭指導		

2-2-22

育てる」

令和○○年度○○○立○○○小学校

「ひろがり」ステージ			「はばたき」ステージ		
10月	11月	12月	1月	2月	3月
・乗り物の乗り降りに気をつけよう ・けがをしないように運動をしよう ・安全な冬の生活をしよう			・災害から身を守ろう ・道路標識を守ろう ・安全な生活ができるようにしよう		
・修学旅行 ・学校保健安全委員会	・避難訓練（火災） ・就学時健康診断	・持久走大会		・学校安全集会	・学校保健安全委員会 ・卒業式
・校外学習時の道路の歩き方 ・電車、バスの安全な待ち方及び乗り降りの仕方	・安全な登下校	・凍結路や雪道の歩き方	・災害時の身の安全の守り方	・道路標識の種類と意味	・1年間の評価と反省
・駅、バス停周辺の安全確認	・通学路の確認	・校内危険箇所の点検	・防災用具の点検・整備	・学区内の安全施設の確認	・通学路の安全確認・安全点検の評価、反省
・用具操作の安全・ボール運動時の安全・持久走時の安全 ・5年保健「けがの防止」 ・6年保健「病気の予防」			・跳躍運動時の安全・器械運動時の安全 ・5、6年保健「心の健康」		
・くぎうちトントン（図画工作） ・はさみのあーと（図画工作） ・ほってすって見つけて（図画工作） ・写して見つけた私の世界（図画工作） ・水溶性の性質（理科）　・食べて元気に（家庭） ・店ではたらく人（社会）			・ものの溶け方（理科） ・色を重ねて、ゆめを広げて（図画工作） ・**地震避難マップ作り（総合）【資料C】**		
		1年「いのちのはじまり」「ペンギンのあかちゃん」 2年「たんじょう日」 3年「昔のこうずい」　4年「わたしの筆箱」 6年「忘れられない誕生日」「情報について考えよう」			
1・2年◎乗り物の安全な乗り降りの仕方●**廊下の安全な歩行の仕方【資料H】**◎誘拐防止教室●安全な登下校●安全な服装◎冬休みの安全な過ごし方 3・4年◎車内での安全な過ごし方●**廊下の安全な歩行の仕方【資料I】**◎校庭や屋上の使い方のきまり●安全な登下校◎冬休みの安全な過ごし方●凍結路の安全な歩き方 5・6年◎乗車時の事故とけが●**廊下の安全な歩行の仕方【資料J】**◎校庭や屋上で起こる事故の防止策●安全な登下校◎冬休み中の事故やけが●凍結路の安全な歩き方			1・2年◎「おかしも」の約束●危ないものを見つけたとき◎身近な道路標識●暖房器具の安全な使い方●1年間の反省◎けがをしないために 3・4年◎「おかしも」の約束◎安全な身支度◎自転車に関係のある道路標識●暖房器具の安全な使い方●1年間の反省◎けがをしやすい時期と場所 5・6年◎災害時の携行品●安全な身支度、衣服の調節◎交通ルール●暖房器具の安全な使い方●1年間の反省◎けがの種類と応急処置		
安全の日 **「けがをしやすい時期と場所」【資料N－5】**	安全の日 **「廊下や階段の安全な歩行」【資料N－6】**	安全の日 「寒い時季の登下校」	安全の日 「校内でのけが」	安全の日 「防犯について」	安全の日 「地震について」
		感染症予防と注意 冬休みの生活	感染症予防と注意		大地震に備えて 春休みの生活
・10月　**学校保健安全委員会【資料T】** 　テーマ「けがを防ごう一自分たちにできること一」			・2月　学校保健安全委員会 　テーマ「児童の健康安全の振り返り」		
・地域教育会議 ・年末年始の交通安全運動の啓発			・地域パトロール ・校内事故等発生状況と安全措置に関する研修 ・地域ぐるみの学校安全推進委員会		

学校安全計画（中学校例）

学校安全目標「自分の行動や身の回りの環境の中にある危険を察知し、安全に行動できる力を

ステージ		「出発」ステージ			「団結」ステージ		
月		4月	5月	6月	7月	8月	9月
実践目標		・安全な登下校をしよう ・体育祭を安全にやりぬこう ・梅雨時を安全に過ごそう			・健康と安全について気をつけよう ・災害に備えた生活をしよう		
安全行事		・学校説明会 ・交通安全運動	・体育祭 ・避難訓練	・修学旅行 ・避難訓練（火災） ・心肺蘇生法講習会 ・合唱コンクール	・学校保健安全委員会 ・夏の交通安全運動	・校内研修「エピペン®の使い方」	・避難訓練（地震） ・秋の交通安全運動
安全管理	対人管理	・通学方法の決定 ・安全のきまりの設定	・身体の安全について及びけがの予防	・校舎内の安全な過ごし方 ・プールにおける安全管理について	・自分でできる点検ポイントについて ・救急体制の見直し ・夏季休業中の部活動での安全と対応		・身体の安全について及びけがの予防
	対物管理	・通学路の確認 ・安全点検年間計画の確認（点検方法等研修含む）	・運動場など校舎内の整備	・学校環境の安全点検及び整備（階段・廊下・プール）	・夏季休業前や夏季休業中の校内外の点検		・諸設備の点検及び整備
安全教育	保健体育	・集団行動様式の徹底・施錠や用具の使い方 ・水泳の安全な行い方と事故防止 ・陸上運動の適切な場所の使い方と安全な行い方 ・器械運動における段階的な練習と適切な補助の仕方 ・長距離走における健康状態の把握と個別の体力にあったペース配分 ・武道における場所、用具の適切な使い方と手入れ（禁じ技など） ・サッカーにおける適切な用具、場所の使い方（ゴールの運搬や固定の仕方等） ・バスケットボールにおける適切なルールやマナーの徹底、ゲームの安全・器具、用具の点検					
	関連教科	・技術→A「材料と加工の技術」 家庭→B「衣食住の生活」（2）「中学生に必要な栄養を満たす食事」 ・理科【第1分野】→（2）身の回りの物質 （4）化学変化と原子・分子 （6）化学変化とイオン					
	特別の教科道徳	・道徳―A主として自分自身に関すること（節度・節制） 「望ましい生活習慣を身に付け、心身の健康増進を図り、節度を守り節制に心掛け、安全で調和のある生活をすること」 ・道徳―B主として人との関わりに関すること（思いやり・感謝） 「思いやりの心をもって人と接するとともに、家族などの支えや多くの人々の善意により日々の生活や現在の自分があることに感謝し、進んでそれに応え、人間愛の精神を深めること」 ・道徳―D主として生命や自然、崇高なものとの関わりに関すること（生命の尊さ） 「生命の尊さについて、その連続性や有限性なども含めて理解し、かけがえのない生命を尊重すること」					
	学級活動	2（1）学級や学校における生活上の諸問題の解決 （3）一人一人のキャリア形成と自己実現 　　◎交通事故の原因と事故の特性【資料M】◎交通事故の加害と被害【資料K】【資料L】 （2）日常の生活や学習への適応と自己の成長及び健康安全					
	啓発活動	安全の日 「通学路の確認」【資料O】	連休の過ごし方	大雨時の注意	夏休みの生活		
組織活動	生徒安全委員会	・春の交通安全運動期間の啓発活動			・6月　学校保健安全委員会【資料U】 ・学校保健安全委員会の報告を放送（昼）		
	教職員	・教職員、保護者の街頭指導 ・危機管理体制に関する研修・学区危険個所点検 ・心肺蘇生法（AED）研修 ・地域パトロール ・学校が避難所になった場合の市職員や自主防災組織との話し合い ・防犯に関する研修（マニュアルの確認等） ・大震災（1月17日・3月11日）の想起と防災の啓発活動 ・通学路点検					

2-2-23

育てる」

令和○○年度○○○立○○○中学校

「表現」ステージ			「感謝」ステージ		
10月	11月	12月	1月	2月	3月
・交通法規を理解し守ろう ・危険を予測し、安全な生活をしよう ・自ら健康を維持していこう			・事故や災害から身を守り、適切な行動をしよう ・事故の原因について学ぼう ・安全な生活ができるようにしよう		
・文化祭 ・市総体壮行会	・持久走大会	・学校保健安全委員会	・防災訓練と防災学習	・自然教室	・学校保健安全委員会 ・卒業式
・文化祭の準備と安全	・携帯電話、パソコンの安全な使い方	・避難時の約束について	・自転車の正しい乗り方と危険防止	・施設、設備等の安全な使い方について	・1年間の人的管理の評価と反省
・学校環境の安全点検及び整備（体育館）	・避難経路の確認 ・防火設備、用具の点検整備	・避難所として開放する場所の点検	・学校環境の安全点検及び整備（通学路）	・学校環境の安全点検及び整備（備品）	・1年間の学校環境安全点検の評価と反省

1年「心身の発達と心の健康（欲求不満やストレスへの対処）」
2年「健康と環境」「傷害の防止」
3年「健康な生活と疾病の予防（生活習慣病とその予防　がん教育も含む）（喫煙と健康　飲酒と健康　薬物乱用と健康　保健・医療機関と医薬品の有効利用）」

	「学校安全週間　生活チェックカード」【資料P】	感染症予防と注意 冬休みの生活			大地震に備えて 春休みの生活
・10月　地域学校安全委員会（学校保健安全委員会）			・2月　地域学校安全委員会（学校保健安全委員会）		

2 安全管理

学校における安全管理は、事故の要因となる学校環境や児童生徒等の学校生活等における行動の危険を早期に発見し、それらの危険を速やかに除去するとともに、万が一、事件・事故・災害が発生した場合には、適切な応急手当や安全措置ができるような体制を確立して、児童生徒等の安全の確保を図ることを目ざして行われるものである。

安全管理は、児童生徒等の心身状態の管理及びさまざまな生活や行動の管理からなる「対人管理」と学校環境の管理を行う「対物管理」からなる。

安全管理は、教職員が中心となって行われるものであるが、安全に配慮しつつ、児童生徒等が危険な状況を知らせたり簡単な安全点検にかかわったりする等、児童生徒等に関与、参画させることは、安全教育の視点からも重要である。

●対人管理の実践例
・安全管理マニュアル【資料Q】
・校庭や屋上での安全な過ごし方【資料R】
●対物管理の実践例
・安全点検【資料S】
・自然災害・緊急時の対応→第4章　自然災害における危機管理（149ページ～187ページ）を参照

3 組織活動

学校安全活動を効果的に進めていくためには、安全教育、安全管理の活動を学校の運営組織の中に具体的に位置づけることが重要であり、教職員の役割分担と連携は、全教職員の共通理解の上に立って推進する必要がある。しかも近年、犯罪、事件・事故・災害の多発により、児童生徒等の安全確保のために学校全体としての取り組みを一層進めていく必要がある。

●組織活動の実践例
・学校安全に関する組織活動：学校保健安全委員会【資料T、U】
　　　　　　　　　　　　　　学校における危機管理→第3節　危機管理の校内研修（89ページ～102ページ）を参照

4 学校安全計画関連資料

【資料A】「授業中の安全」学校現場での
　　　　　適切な血液の取り扱いについて 📀 2-2-24
A小学校：授業中にけがをして出血したときの行動
　　　　　について、共通理解の資料とした。

> **先生方へ　保健室より**
>
> ## 血液の取り扱いについて
>
> **基本的な考え方**
> 鼻血が大量に出た、彫刻刀・包丁で手を切った等、学校生活の中で血液を処理しなければならない場面があります。血液を処理するときは、「すべての人の血液には感染の危険性がある」という考えのもと、次のことを守ってください。
>
> **教職員が気をつけること**
> ①子どもには絶対に触らせない。
> 　床に落ちた児童の血を拭かせたり、傷口を洗わせたりすることは避けてください。
> ②自分で止血・自分で洗浄。
> 　自分の血は自分で処理するのが基本です。傷口は自分で洗わせるようにします。
> ③手袋をはめて処置。
> 　「手袋をするのが当たり前」という考えでいることが大切です。自分では気がついていない傷口から感染することもあります。
> 　※手袋をしていても処置後は石けんで十分な手洗いをしてください。
> ④彫刻刀・包丁・ミシン等で手を切ってしまった場合。
> 　血液のついたものは次亜塩素酸による消毒かオートクレーブによる滅菌、煮沸消毒が適切です。保健室まで連絡してください。
> ⑤基本的には養護教諭が手袋をして処理をする。
> 　保健室まで連絡をお願いします。
>
> **子どもへの指導**
> ①血液を介して感染する病気（B型肝炎・C型肝炎、HIV、梅毒等）があります。
> ②もしもその人が病気をもっていたら、ほかの人にうつってしまう可能性があります。
> ③友だちの血を片付けてあげようとする優しい気持ちはわかりますが、触ってはいけません。
> ④もし触ったとしても、空気に触れたウイルスは弱っているため、感染する確率は低いです。
> 　手を石けんできれいに洗えば普通は大丈夫です。
> ⑤先生は手袋をして血を片付けますが、決してその人の血が汚いという差別ではありません。
> 　自分だけで片付けられないほどの血が出ていたり、血で汚してしまったり、または汚れている場所を見つけたりしたときは、すぐに先生に言うようにしましょう。
>
> ※血液に関して、子どもに恐怖心を与えてしまうのは避けたいところです。根拠の説明をきちんとし、処置する場面では適切な処置の仕方を見せることが大切です。
>
> 小保健室

【資料B】「通学路の安全マップ作り」
B小学校：総合的な学習の時間に通学路の危険箇所点検を行い、その結果を
　　　　　まとめて発表会を行った。

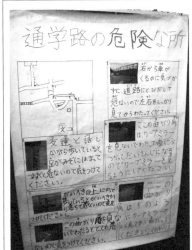

【資料C】「地震避難マップ作り」
C小学校：地震時の避難のため、自分の家から避難場所までの経路を確認する地図づ
　　　　くりを総合的な学習の時間に行った。名前を書いた画鋲は学年別に色を変
　　　　え、自分の家の場所のチェックに使った。

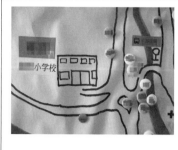

【資料D】「自転車事故をなくそう」　CD　2-2-25
D小学校：自転車事故をなくすためにはどうしたらよいかを学級活動で話し合った。

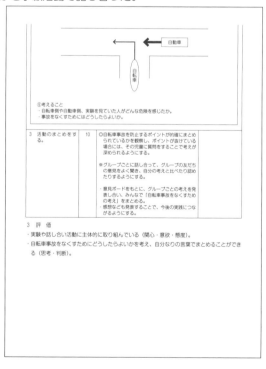

【資料E】「けがをふせごう」 🆑 2-2-26
E小学校：ぶつかって起きるけがについて、原因や防止策を考えた。

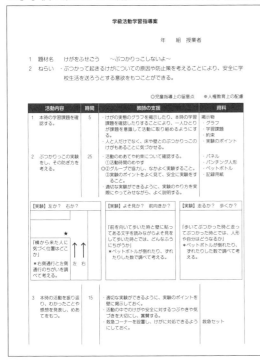

【資料F】「安全な学校生活を送ろう」 🆑 2-2-27
F小学校：実際に校内を見回る活動を通して、校内
　　　　　での危険箇所や危険な行動を考えた。

【資料G】「安全な学校生活を考えよう」 CD 2-2-28
G小学校：問題を自分のこととしてとらえ、資料から危険を予測し、解決策を考えた。

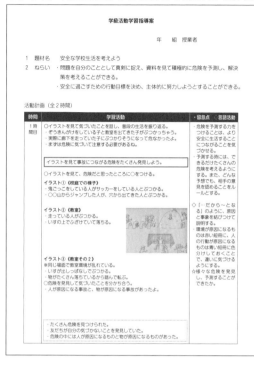

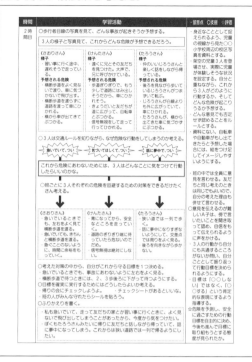

【資料H】「廊下の安全な歩行の仕方」 CD 2-2-29
H小学校（低学年）：イラストから、あぶないことをたくさん見つける活動をした。

【資料Ｉ】「廊下の安全な歩行の仕方」 CD 2-2-30
Ｉ小学校（中学年）：写真を見て、校内にどんな危険がかくれているかを考えた。

【資料J】「廊下の安全な歩行の仕方」CD 2-2-31
J小学校（高学年）：校内のいろいろな場所での危
　　　　　　　　険について考えた。

【資料K】「交通事故の加害と被害」CD 2-2-32
K中学校：横断歩道にかくれている危険箇所と危険
　　　　　回避の行動について考えた。

「○○小のキケンを発見しよう」ワークシート（キケンハッケン）（5、6年）

「交通事故の加害と被害」交通安全指導 指導案

交通安全指導○年　　　年　組　番　氏名

この道路を自転車で通る時に、どんなことに気をつけたらよいかを考えよう。

交通安全指導○年　　　年　組　番　氏名

☆あなたは今、横断歩道を渡ろうとして急いで走っています。どんな危険が考えられますか？

☆その危険を回避するために、どんなことに気をつけたらよいかを考えましょう。

感想：安全な生活を送るための行動について考えましょう。

【資料L】「交通事故の加害と被害」 CD 2-2-33
L中学校：いろいろな状況での交通事故の加害と被害を考えた。

第　学年	交通事故の加害と被害		交通安全指導
日　時	令和　年　月　日（　）第　校時	場　所	各教室
ねらい	交通安全に関するルールと責任について学ぶ。交通安全のルールとマナーを守った正しい判断をして行動できるようにする。		

場　面	内　容・展　開	時間	留意点・資料等
導入	1 交通安全クイズ 　5問	10	1問ずつ提示しながらみんなで考える。 解説を加えて確認する。
展開	2 歩行者と自動車の交通事故についての過失割合を知ろう 　ワークシート① 　・信号がある横断歩道上の場合 　・信号がある横断歩道の近くの場合 　・信号や横断歩道がない場合	10	過失割合とは 交通事故におけるお互いの過失（不注意）の度合いを割合で表したもの それぞれの場面設定で、過失割合を考える活動を通して、基本的な交通ルールを確認する（横断歩道を渡る、点滅は止まる、赤信号は止まる…）。 歩行者と自動車の場合、「歩行者に過失はない」ことはない。
	3 事故につながる危険はやめよう 　ワークシート②-1 　事故の場面設定から、加害者・被害者について考える。過失割合、事故の原因についても考える。	10	事故の発生について、何が原因なのかを考えることを通して、交通ルールやマナーに結びつけることができるようにしたい。 個人で考えた後、グループまたは全体で確認し合うことで深める。
	4 交通ルールを守って安全に行動しよう 　ワークシート②-2 　事故を起こさないための望ましい行動について考える。	15	ブレインストーミングのように、できるだけたくさんの考えを出すようにする。 それぞれの場所で起こりうる事故を考えながら、事故防止のための行動について考える。 個人またはグループで取り組んだ後、全体で確認し合う。 事故防止には、交通ルールの遵守だけではなくマナーも意識した行動が大切であることにも気づかせたい。
まとめ	5 感想を書く	5	感想では、交通安全に気をつけた行動について、登下校時の注意など、今後の自分の行動を考えられるようにする。

（保健安全指導部）

ワークシート①は、ファイルに綴じる。
ワークシート②は、担任の点検後、ファイルに綴じる。2〜3点コピーを提出してください。

交通安全指導○年　　　　　　　年　組　番 氏名

【場面設定①】
横断歩道がない道路をわたったときに車と接触した。

1）加害者はどっち？

2）過失割合はどうだろう？

3）この事故の原因は何だろう？

【場面設定②】
横断歩道がない道路で停車している車の後方からわたり始めたとき、前方から走ってきた車が、人に気づき急ブレーキをかけた。そのとき、後続車との追突事故が起きた。

1）加害者は？　被害者は？

2）この事故の原因は何だろう？

【場面設定③】
信号機と横断歩道がある交差点で、青信号を横断歩道の手前からわたり始めて、車道で車と接触した。

1）加害者はどっち？

2）過失割合はどうだろう？

3）この事故の原因は何だろう？

【場面設定④】
信号が点滅し始めたので急いでわたり始めたところ、右折車と接触した。

1）加害者はどっち？

2）過失割合はどうだろう？

3）この事故の原因は何だろう？

交通安全指導○年
次の場所でのあらゆる事故を想定し、事故防止のための行動をできるだけたくさん書きだそう

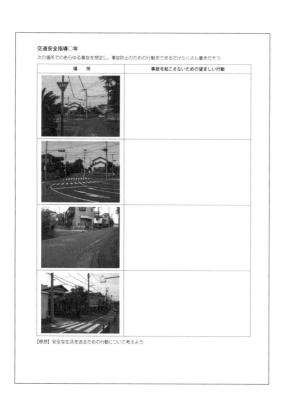

場　所	事故を起こさないための望ましい行動

【感想】安全な生活を送るための行動について考えよう

【資料M】「交通事故の原因と事故の特性」　CD 2-2-34
M中学校：通学路についてＫＹＴ（危険予知トレーニング）を実施した。

第　　学年	ＫＹＴ＝危険予知トレーニング		命を守る学習
日　時	令和　　年　　月　　日（　）第　　校時	場所	各教室
ねらい	日頃、何気なく通っている道路にもいろいろな危険が潜んでいる。身近なところにも、事故発生の可能性が高いことを再認識させながら、事故防止を目ざす。		

場　面	内容・展開	時間	留意点・資料等
導入	1　学校内の「危険」に目を向ける 　個人で 　・教室・廊下・階段・トイレ・体育館・運動場等で予想される危険なことを考える。 　・発表する。	10	・事故発生の可能性は身近にあることを自覚させる。 ・ワークシート① ・今日は、「危険を予測する」勉強をすることを確認する。
展開	4人グループになる 2　グループで役割を決める（4グループ） 　・司会・書記の決定（各1名） 　・トレーニングシートの配布とＫＹＴの実施方法の説明をする。		・トレーニングシートを各グループに1枚配布する（トレーニングシートは6種類8枚用意）。 交差点、校舎内　地域　各2か所 ・ＫＹＴの実施方法は（資料1）参照
	3　グループ討論① 　どんな危険性、事故発生の可能性があるか意見を出し合う。 　・一人ひとり順番に発言し、書記が記録する 　・時間がくるまで何回も回る。 　・実施方法の詳細は資料参照		・できるだけ自由な発想で、いろいろな意見が出やすい雰囲気をつくる。 他者の意見は否定させない。
	4　グループ討論② 　グループ討論①で出された危険に対する方策について意見を出し合う。 　・方策等は①と同じ	10	・留意事項はグループ討論①と同じ。
	5　グループ発表①② 　各グループの司会が発表する。 　・考えられる危険とその方策について	10	・他グループの発表に興味をもたせるようにする。
まとめ	6　日常生活と結び付けてまとめる 　・「学校内の危険」について、危険を回避するためにはどうしたらよいかを考える（相談してもよい）。 　・学習のまとめとして、危険回避の標語を考える。	5	・ワークシート① ・感想を書く。

（保健安全指導部）

（資料1）ＫＹＴ（危険予知トレーニング）の実施方法	
1　準備 　トレーニングシート（各グループ1枚） 　6種類8枚用意する。 　書記記録用紙（各グループ1枚） 2　実施方法 　①グループ分け：1グループ4人 　②司会・書記の決定（各1名） 　③トレーニングシートと書記用記録用紙の配布 　④実施方法の説明	○グループ討論①（危険予知） 　・一人ずつ絵を見て、考えられる危険性、事故を考え発表する。 　・書記はすべての意見を記録する。 　・他の人の意見を否定しない。 　・あらゆる可能性を考え発言する。 　・自由な発想で意見を出す。 　・討論中の時間まで何回も回る。 ○グループ討論②（事故防止・防犯） 　・討論①で出た事故を防止するための方策を考える。 　・方法は討論①と同じ。

トレーニングシート
　①交差点1
　②交差点2
　③校舎内1
　④校舎内2
　⑤地域1
　⑥地域2

N小学校：毎月決まった日の朝活動時に、放送を使って全校で安全について考えた。

【資料N-1】「運動場の使い方」　CD 2-2-35

安全の日「運動場の使い方」
担当　体育主任

1　ねらい　・けがを減らすために、全校児童と全教職員が共通意識をもって安全な学校生活を送ることができるようにする。

2　日時　令和　　年　　月　　日（　）

3　内容
（1）今年度から、月に1回「安全の日」を行うことになったねらいを伝える。
（2）学校敷地内の写真画像やマップを活用して、本校における「運動場の使い方」について知る。

4　進め方
　①体育主任が放送を始め、「安全の日」設定のねらいを伝える。
　②学級担任は、学年に応じて学校敷地内の写真画像を掲示したり（1～3年）、マップを子どもたちに配付したり（4～6年）して準備する。
　③放送による合図で、1～3年生は、子どもだけで入ってはいけない場所を学級担任が言った後に続いて一斉に言っていく。4～6年生は、子どもだけで入ってはいけない場所を赤色でぬりつぶしていく。
　④最後に、遊ぶときに入ってはいけない場所について、学級全体で共通理解を行う。

　○校舎の周り（駐車場周りを含める）
　○体育館の周りの細い抜け道
　○プールの南側、周り
　⑤放送で終わりの言葉を述べる。

写真画像を黒板に掲示して、子どもたちに見せながら言っていく。
例：（学級担任）「校舎の周り」
　　（子どもたち）「校舎の周り」
　　（学級担任）「体育館の裏」
　　（子どもたち）「体育館の裏」
　　という具合です。

[放送原稿]
　みなさん、おはようございます。今から「安全の日」の放送を始めます。
　毎年、○○小学校ではたくさんのけがが起きています。廊下を走って人とぶつかったり、外に出て入ってはいけないところに入って遊んだりしている人を見かけます。このままだと、けがをして痛くてつらい思いをする人がどんどん増えていってしまいます。そこで、けがを減らし、安全な学校生活を送ることができるように、月に1回ずつ「安全の日」の放送をすることになりました。
　第1回目の今日は、「運動場で遊ぶとき、みなさんだけで入ってはいけない場所」について覚えましょう。担任の先生方は準備をお願いします。
　※少し時間をとる
　みなさん、準備ができましたか。それでは、担任の先生の指示に従って始めてください。先生方、進行のほうをよろしくお願いします。
　※1年生～3年生：担任の先生の後に続いて、入ってはいけない場所を言っていく。
　※4年生～6年生：学校敷地内マップの中の入ってはいけない場所を赤色でぬりつぶしていく。
　※（8：08）
　途中の人もいるかも知れませんが活動を止めてください。みなさん、外に出て遊ぶときに入ってはいけない場所が分かりましたか。これが、○○小学校の「運動場の使い方」のきまりです。皆さんがきまりを守って過ごせば、必ずけがは減っていきます。これからも、けがに十分気を付けて、安全で楽しく過ごしていきましょう。これで、今日の「安全の日」の放送を終わります。

（1年生～3年生用）
【外に出てあそぶときに、子どもだけで入っていけない場所】

①こうしゃの　まわり
②ちゅうしゃじょう
③たいいくかんの　うら
　たいいくかんの　まわり
④プールの　みなみがわ
　プール　まわり

【資料N−2】「梅雨時の過ごし方」 2-2-36

安全の日「梅雨時の過ごし方」

担当 生徒指導主任

1 ねらい ・けがを減らすために、全校児童と全教職員が共通理解をもって安全な学校生活を送ることができる。
・梅雨の時期の過ごし方を考えることができる。

2 日 時 令和　　年　　月　　日（　）

3 内 容
(1) 生徒指導主任から、梅雨の時期の過ごし方についての話をする。
(2) 安全チェックカードの記入をする。

4 進め方
①生徒指導主任が安全の日についての話をする。
②引き続き、梅雨時期の過ごし方について話をする。
③安全チェックカードに記入する（6月の欄）。
④放送で終わりの言葉を述べる。

（用意する物）
先生方・安全チェックカード
子ども・筆記用具

5 放送原稿
（曲を流す）
　みなさん、おはようございます。今から6月の「安全の日」の放送を始めます。この「安全の日」は、けがを減らし、安全な学校生活を送ることができるように今年度から始まりました。今回が2回目となります。
　先月は、○○先生から「運動場の使い方」についてお話してもらいました。みなさんこの決まりをしっかり守って、安全に楽しく過ごしていますか？
　今日は、○○が話をします。
　最初に、みなさんこの数字を見てください。

| 198 | 211 | （先生方、黒板に数字を書いてください）

　この数字は、去年と今年の5月に○○小でけがをした人の数です。どちらが今年の5月かわかりますか？　みなさん予想してみてください。
　正解は、211でした。なんと去年より、13人も多くなってしまいました。あまり喜ばしい数字ではありません。けがをする人が増えてしまったのは、教室やろうで走ったり、ふざけている人が多いからだと思います。
　6月は雨が多い梅雨の季節です。休み時間に運動場で遊べなくて教室で過ごすことが多くなります。学校の中が湿気でじめじめして廊下や階段がすべりやすくなります。運動場で遊べないといって、教室・ろうか・階段を走り回ったり、ふざけたりすると当然すべったり、転んだりしてけがをしてしまいます。時には、友だちとぶつかってしまうこともあります。とても危ないですね。
　梅雨の日は、みなさんの気持ちも変わってきます。雨が多くなるため、いらいらしたり、体の調子を崩したりして、落ち着いて生活できなくなる人も多くなります。このことも、けがにつながる原因です。ぜひ、学活などの時間に雨の日の過ごし方を各クラスで話し合ってください。
　ちなみに、去年の6月にけがをした人は150人でした。今年の6月はこの数より少なくなるようにみんなで気をつけて生活しましょう。
　それでは、5月の生活の様子を安全チェックカードに記入しましょう（先生方、安全チェックカードの配布をお願いします）。
　（5分くらい時間をとります）
　これで、6月の「安全の日」の放送を終わります。

【資料N−3】「プールでの安全」 2-2-37

安全の日「プールでの安全」

担当 体育主任

1 ねらい ・けがを減らすために、全校児童と全教職員が共通意識をもって安全な学校生活を送ることができるようにする。
・プール施設での正しい行動の仕方について考え、けがを減らす態度を身に付ける。

2 日 時 令和　　年　　月　　日（　）

3 内 容
(1) 体育主任から、プールの使い方について話をする。
(2) プールで想定されるけがについて、各学級で考える。
(3) 安全チェックカードの記入をする。

4 進め方
①体育主任が放送を始める。
②放送による合図で、プールで起こり得るけがについて考える。
③安全チェックカードに記入する。
④放送で終わりの言葉を述べる。

【放送原稿（案）】
　みなさん、おはようございます。今から「安全の日」の放送を始めます。
　6月のけがした人の数は、残念ながら昨年の数を上回っている結果でした。7月は、何としても○○○人より少ない数にしたいです。全校のみなさんで、けがを減らすように心掛けましょう。
　今日は、「プールの使い方」について話をします。
　ところで、プールサイドを走ったり、体育の先生が「いいですよ」と言っていないのにプールの水に触ったりはしていませんか？　ここで、昨年・一昨年に○○小で起きたプールでのけがの例を3つ言います。

（例）
○（シャワーの後、腰洗い槽に入りますが）勢いよく入ったので、腰洗い槽の水が飛び散って、その水が近くにいた友だちの目の中に入り、目を痛めました。
○泳いでいるときに、友だちとぶつかってしまい、頭を打ちました。
○水泳部の練習のとき、飛び込み台から飛び込んで、プールの底に体の一部を擦ってしまい傷を負ってしまいました。

　実際には、他にもけがが報告されています。
　今から、担任の先生が紙を見せます。そこに書いてあるようなことをすると、プールではどんなことが起きてしまうでしょうか。皆さんで考えてみてください。2分ほど時間をとります。担任の先生方、よろしくお願いします。
（※2分間、時間をとる）
　どうでしたか？　やってはいけない行動をとると、プールはとても危険な場所に変わってしまいます。
　プールサイドは、コンクリートがむき出しになっていて、階段や飛び込み台、プールの隅などは角張っていて危険です。また、水にぬれて、とても滑りやすいです。ですから、あわてず、落ち着いて行動することが大切です。
　楽しい水遊びや水泳学習にするために、次のことを必ず守ってください。先生の後に続いて声を出して言ってください。

①プールサイドは、絶対に走らない。
②体育の先生が、「いいですよ」と言うまで、水に触らない、水の中に入らない。

　最後に、6月の生活の様子を安全チェックカードに記入しましょう（先生方、安全チェックカードの配布をお願いします）。
（※少し時間をとる）
　これで、6月の「安全の日」を終わります。

【資料N−4】「自転車の正しい乗り方」 2-2-38

安全の日「自転車の正しい乗り方」

担当 交通担当

1 ねらい ・けがを減らすために、全校児童と全教職員が共通理解をもって安全な学校生活を送ることができるようにする。
・自転車の正しい乗り方を再確認し、自分の自転車の乗り方を見直す。

2 日 時 令和　　年　　月　　日（　）

3 内 容 ・交通安全担当から正しい自転車の乗り方について話をする。
・安全チェックカードの記入をする。

4 放送原稿
　みなさん、おはようございます。
　きょうは、安全の日の話ということで、「自転車の乗り方」について話します。

○ 自転車は、自分にあった大きさの自転車に乗りましょう。乗ったときに、しっかり両足が地面に着く大きさの自転車に乗るようにしましょう。大きすぎたり小さかったりすると乗りづらくなります。
○ 自転車は、乗る前に、しっかり点検してから乗るようにしましょう。
○ 前・後ろのブレーキは、しっかりきくかどうか確認しましょう。
○ 自転車に乗るときには、必ずヘルメットをかぶりましょう。

○ 自転車の事故で多いのが、一旦停止の場所を、一旦停止をしないで通り抜けようとする場合です。一旦停止の印のある交差点では、しっかり止まって左右を確認し、安全を確かめてから進むようにしましょう。
○ 自転車で、競争し合ったり、スピードを出して角を曲がったりすると危険です。歩行者や通行人に迷惑のかからないようにして気をつけて乗りましょう。
○ また、夕暮れ時や夜間は、暗がりで、周りが見にくくなり、事故に遭う危険が増えます。危険は、できるだけ避けるようにしましょう。家の人と乗る場所や行ってもいいところを相談して決めてから乗るようにしましょう。
○ 自転車で、遠くまで出かけると、危険な場所が多くあり事故に遭う危険が増えます。あまり遠くには行かないようにしましょう。自転車に乗るときには、しっかりマナーを守り、危険に遭わないように、乗るようにしましょう。

　次に、毎日の安全点検のプリントをします。安全チェックカードを用意しましょう。
　1学期の安全を振り返って、9月のところに、書いていきましょう。
　担任の先生に指示に従って進めてください。
　担任の先生、よろしくお願いします。
　（チェックシート実施）
　1学期の自分の安全について振り返ることができましたか。
　これから、事故やけがの内容に気をつけていきましょう。
　これで「自転車の乗り方」についての話を終わります。

【資料N−5】「けがをしやすい時期と場所」 2-2-39

安全の日「けがをしやすい時期と場所」

担当　養護教諭

1　ねらい　・けがを減らすために、全校児童と全教職員が共通理解を持って安全な学校生活を送ることができるようにする。
　　　　　　・○○小学校のけがの発生状況を知らせ、さらにけがを減らすために自分が特に気をつけることを考えさせる。

2　日　時　令和　　年　　月　　日（　）

3　内　容　（1）養護教諭からけがの発生状況についての話をする。
　　　　　　（2）安全チェックカードの記入をする。

4　放送原稿　けがをもっと減らして、安全な生活を送ろう！

　みなさん、おはようございます。　今月の担当は養護教諭の○○です。
　さて、みなさん。ここで質問です。
　「○○小学校は、けがが多い学校でしょうか？　少ない学校でしょうか？」
　答えは…
　今年度の1学期までだったら、答えは「○○小学校は、とてもけがの多い学校」でした。
　でも、2学期からの○○小学校は、ちょっと違いました。
　担任の先生方、本日の資料1「保健室で手当てしたけが」を黒板に貼ってください。

　このグラフは、2年前の平成○○年度、去年○○年度、本年度○○年度の○○小学校のけがで保健室で手当てをした人数です。
　○○年度はけがをして保健室で手当てをした人は○○人でした。○○小の人数は約○○人なので全員が保健室にけがの手当てに来たとすると、1人3回（〜4回の計算になります。
　さて、今年の○○年度はどうでしょうか？　グラフの○○年度のところを見てください。
　1学期のところを見ると、残念ながら○○年度よりも今年度よりもけががたくさん起こっていることが分かります。
　そこで、1学期の安全の日には「けがが多いので気をつけましょう」というお話が何度もありましたね。安全に過ごすためにはどうしたらよいのか、例えば、運動場やプールの安全な使い方、学校生活の中に潜んでいる危険を見つけるクイズもしました。
　その他にも、生活委員会の人がみなさんにけがを防ぐために気をつけてほしいことを呼びかけてくれたり、代表委員会の人たちが話し合って各クラスで目標を決め取り組んでくれたりしました。各クラスのドアに貼ってある目標には、けがを防ぐための目標をたてているクラスもたくさんあります。
　こうしたみなさんの頑張りの成果でしょうか？
　グラフの2学期のところを見てください。○○年度は○○人だったのが、何と今年は○○人に減りました。ずいぶん減ったので、○○先生はとてもびっくりしました。
　そういえば以前に比べて、廊下を走っている子供など、「廊下は歩こうね」とか「階段は走っちゃダメだよ」と注意してくれている人を多く見かけるようになりました。
　先生に言われたから気をつけることも大切ですが、この、みなさん1人1人が、何が危ないかをちゃんと分かって、お互いに注意し合う姿が見られるようになったことが、2学期のけがが減った大きな理由ではないかと思います。

　先生方、資料2の「病院にかかったけが」の資料を黒板に貼ってください。

　みなさん、見てください。2学期はけがが減ったのですが、特に嬉しかったのが、病院にかかるような

　大きなけががグンと減ったことです。すごいでしょう？
　○○先生は、今までいろいろな学校に保健の先生として勤めてきて、今までは「○○小学校はけがの多い学校だなあ…」とすごく残念に思っていました。ところがこの結果を見て、「○○小の子ってすごいじゃん！　みんながその気になればこんなにけがを減らすことができるんだ！」とすごく嬉しく思いました。
　みなさん、自信をもってくださいね。○○小の子はやればできるんです！

　そんな、やればできる○○小のみなさんに聞いてほしいのですが、実を言うと、けがの起こった様子を見ていると、3学期、まだまだけがを減らすことができそうです。

　先生方、資料3「校舎内のけが（　　年度）」を黒板に貼ってください。

　これは、今年度の2学期までの校舎の中で起こったけがの様子です。
　グラフの全体の数が、教室や廊下、階段で起こったけがの数です。
　グラフの赤い部分がありますね。この赤い部分の数は、教室などのせまい場所で走ったりふざけたりして机や床に頭や歯・目をぶつけたり、廊下や階段を走っていて友だちとぶつかったといった、気をつけていれば防げたけがの数です。

　さあ、みなさんどうですか？
　やればできる○○小のみなさんですから、お互いに注意し合って、3学期は防げるけがをしっかり防いで、もっとけがを減らしてみませんか？

　それでは、いつものように自分の生活を振り返ります。点検カードを出しましょう。
　自分の様子をチェックしてみましょう。
　少し間が空いてしまっているので、難しいかもしれませんが、3学期が始まってからの様子で振り返ってもいいですよ。書くところは1月のところです。
　それでは始めてください。

―――――――――― チェックシート実施 ――――――――――

　鉛筆を置いてください。
　そして今度は赤鉛筆を用意してください。
　準備はできましたか。
　それでは、今チェックした内容を見てみましょう。○がいくつついたでしょうか。
　△や×がついてしまった人は、そこのところを見てください。
　これからの1か月では絶対○にするぞ！　というところを一つ決めてください。そこに赤鉛筆で印をつけてください。△や×がつけていない人はそこに印がつくことになります。
　全部に○で△や×が一つもなかった人は、次の月も絶対○にするぞ！　というところに一つ印をつけてください。
　はい、それでは印をつけてください。

　はい、赤鉛筆を置いてください。
　今、印をつけたところは、みなさんの、絶対けがを減らすぞ！　という決意の表れです。来月、この表を見たときに、自信をもって○がつけられるよう、いつも机の片隅において守ってくださいね。3学期、みなさんの頑張りでもっとけがが減って、みんなの笑顔が増えるといいなあと思います。
　これで、お話を終わります。

【資料N−6】「廊下や階段の安全な歩行」 2-2-40

安全の日「廊下や階段の安全な歩行」

担当　生徒指導主任

1　ねらい　・けがを減らすために、全校児童と全教職員が共通理解をもって安全な学校生活を送ることができるようにする。
　　　　　　・廊下や階段の安全な歩行について考えることができる。

2　日　時　令和　　年　　月　　日（　）

3　内　容
　（1）生徒指導主任から、廊下や階段の安全な歩行についての話をする。
　（2）安全チェックカードの記入をする。

4　進　め　方
　①生徒指導主任が安全の日についての話をする。
　②引き続き、廊下の歩行について話をする。
　③安全チェックカードに記入する（11月の欄）。
　④放送で終わりの言葉を述べる。

（用意する物）
先生方…安全チェックカード
　　　　　絵（掲示用）
子ども…筆記用具

5　放送原稿
（曲を流す）
　みなさん、おはようございます。今から11月の「安全の日」の放送を始めます。
　この「安全の日」は、けがを減らし、安全な学校生活を送ることができるように今年度から始まりました。
　10月は、○○先生から大きなけがが減ってきたという話がありましたね。そして、絵にかくれている危険をさがすというクイズもしました。絵の中からあぶない場所を見つけることができましたか。
　今日は、○○がお話をします。お話しする内容は、2学期の生活のめあて「廊下を静かに歩こう」についてです。
　ところで、6年生のみなさん、修学旅行は楽しかったですか？　いい思い出がたくさんできましたか。
　6年生のみなさんが修学旅行で行った東京は、昔、江戸と呼ばれていました。江戸には刀を差しているお侍さんがたくさんいたので、（刀どうしがぶつからないようにするため）歩いている人は左側を歩いていたそうです。ここで、みなさんに問題です。○○小の廊下は、右と左、どちらを歩くかわかりますか？　そうです。右側です。みなさんはちゃんと右側通行していますか？　左側通行しているお侍さんはいませんか？
　また、その江戸には「江戸思草（えどしぐさ）」というものがありました。6年生は、すでに道徳でやっているかもしれません。「江戸思草」は、みんなが安心・安全に気持ちよく生活するためのルールです。
　例えば、「うかつあやまり」という「江戸思草」です。絵を見てください（絵を掲示する）。
　左の人が右の人の足を踏んでしまって、あやまっています。では、踏まれたもう片方の人はこのあと、何と言うのでしょうか？
　答えは、「わたしのほうこそ、うかっりしていました」とあやまるんだそうです。
　「うかつあやまり」というのは、足を踏んだ人があやまるのは当然ですが、足を踏まれた人も「踏まれるようなところに足を出してしまったわたしもうかつでした。ごめんなさい」とあやまることです。このように2人が謝ればその場がなごみ、けんかになることはなくなります。
　当時の江戸は人口が多いのにもかかわらず、もめ事を取り締まってくれる警察官が少なかったので、江戸の人たちは自分たちでもめ事を少なくしようと努力していました。それが「江戸思草」と言われ、この「うかつあやまり」の他にもいろいろな種類の「江戸思草」ができたそうです。
　もし、自分が廊下を走ったら…人とぶつけてけがをしてしまうかもしれない。
　もし、廊下でしゃべったら…静かにしている人たちの迷惑になるかもしれない。

　このように考え、自分勝手な行動をしないで、相手のことを考えみんなが安心して廊下を歩くようにしましょう。今日からみなさんの廊下の歩き方に注目しています。江戸の人に負けないくらいのマナーを身につけましょう。
　それでは、10月の生活の様子を安全チェックカードに記入しましょう。先生方、安全チェックカードの配布をお願いします。10月のふりかえりは11月の欄に書きましょう。
　（3分くらい時間をとります）これで、11月の「安全の日」の放送を終わります。

【資料O】「通学路の安全」 **CD** 2-2-41
O中学校：通学路の安全確認について、朝の会を利用して全校で実施した。

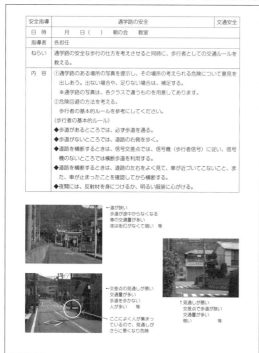

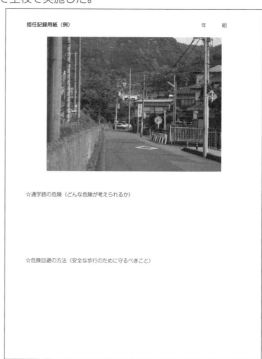

【資料P】「学校安全週間　生活チェックカード」 **CD** 2-2-42
P中学校：学校安全週間を設定し、けがのない健康な一週間を送れる
　　　　ように取り組んだ。

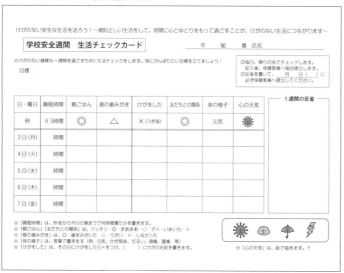

【資料Q】「安全管理マニュアル」 CD 2-2-43
R小学校：年度当初に門の開閉等について共通理解
を図っている。

【資料R】「校庭や屋上での安全な過ごし方」 CD 2-2-44
文部科学省のホームページ「学校における転落事故
防止のために」を参照。

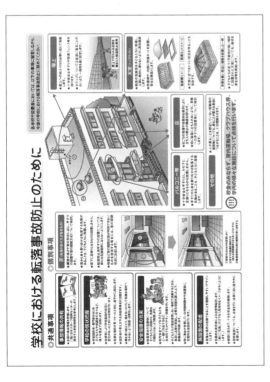

【資料S】「安全点検」 CD 2-2-45
その他の場所についてはCD-ROMを参照。

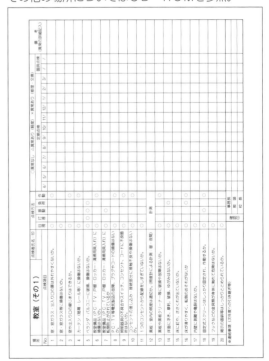

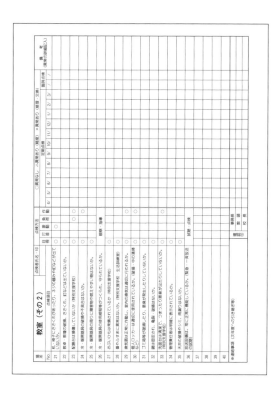

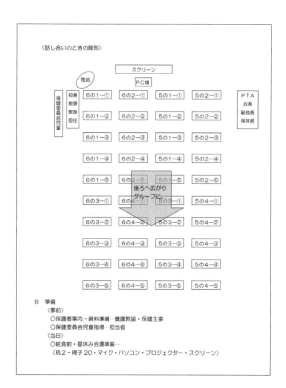

【資料T】「学校保健安全委員会」 CD 2-2-46
T小学校：学校保健安全委員会で、けがの予防についてKYT（危険予知トレーニング）を実施した。

【資料U】「学校保健安全委員会」
U小学校：学校保健安全委員会で、けがの発生についてPPを実施した。

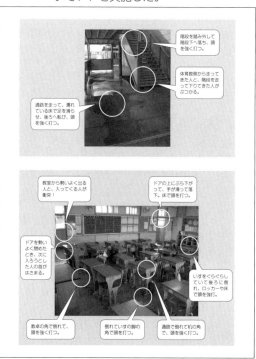

第3節　危機管理の校内研修

① 研修のねらい

　学校保健安全法の規定に従い、各校では教職員の研修を含めた計画を策定し実施している。また、学校内外において発生するさまざまな危機によって多数の尊い生命が奪われるたびに、自校の危機管理について検討を繰り返している。それでもなお、事件・事故や災害が起こり、学校側の対応を問われる背景には、危機管理マニュアルを作成して組織の危機管理体制を整える重要性を認識しているものの、教職員の危機管理意識の低さや危機への対応力に課題があるとされている。

　そこで、教職員の危機管理意識を向上させ、さまざまな危機を想定できるようになることや、危機に対応する能力を身につけることができる効果的な研修を行うことが重要となってくる。次にあげる研修の意義やポイントを踏まえ、自校の実態に合わせた具体的で効果的な研修を実施することで、学校危機管理能力を向上させることが必要である。

◆意義
・教職員の危機管理意識を向上・維持させる。
・危機を察知し、危機発生を未然に防ぐ感覚を身につける。
・危機発生時に適切に判断し、対応できる能力を高める。
・教職員間の意思の疎通を図る。
・危機管理マニュアルを実効性のあるものにする。

◆ポイント
・自分たちの学校の状況を知る（自校で考えられる危機の洗い出しを行い、課題を整理して今後の対応につなげる）。
・対応方法（どう動けばいいのか）を考える。
・教職員が危機管理意識をもつことの重要性を理解する。

② 実施までの流れ

◆研修の方法や内容の検討
・時間がない場合………………必要な資料を配付する。
・時間が少しとれる場合………意識調査・卓上訓練。
・時間がある程度とれる場合…シミュレーション演習・外部人材活用演習を各校の実態に合わせて設定する。

◆研修時間の確保

・前年度、教育課程に位置づけ、次年度の年間計画に入れる。

・本年度、職員会議で提案する。

③ 研修の実際

1 卓上訓練

卓上訓練
・学校で起こりうる事例をあげて、事故が起こったときにどのように対応するかを机上で考える方法である。 ・危機への対応を参加者が討議することによって、危機発生時の意思決定を習得することができる。
〈準備する物〉 ・模造紙（各グループに１枚）　　・フェルトペン　　　・付箋紙 ・黒板またはホワイトボード　　・磁石（模造紙を貼るため）
〈卓上訓練の進め方〉 ①４〜６人程度のグループに分ける。 ②課題の事例について話し合い、対応策を考える。 ③用紙にまとめ、発表する。 ④他のグループは、質問や意見を出す。 ⑤全体で出された意見をもとに、よりよい対応について考える。
〈卓上訓練の長所〉 ・少ないストレスで行われるので、参加者にとって負担が少ない。 ・短時間で行える。 ・参加者間のコミュニケーションが高まり、各々の役割や責任を確認しやすい。

卓上訓練実施提案文書　**CD** 2-3-1

卓上訓練実施計画

1　日　時　　令和○○年○月○日（○）　午後○時○○分～午後○時○○分

2　場　所　　○○○○学校　視聴覚室

3　ねらい　　・大事故を想定したシミュレーションを実施することで、各自が校内救急体制を再確認し、
　　　　　　　　自分の役割を把握することができる。
　　　　　　　・事故が発生した際、迅速な判断と適切な救急処置や対応ができるようにする。

4　参加者　　○○○○教職員

5　内　容　　全体司会（○○○○）
（1）趣旨説明（主幹教諭）
（2）研修の内容説明（養護教諭）
　　　第1部：各グループごとに事故発生時のシミュレーション検討
　　　①事故想定場面の説明

Aグループ・登校中の転倒事故	Bグループ・授業中に体育館で倒れる
冬の登校時間帯に、2年生のSさんが北駐車場あたりでうずくまっていると、近くの方から電話連絡が入る。Sさんは、自転車通学者で滑って転倒したようである。動けない様子で、少しでも動かすと痛むと訴える。見ると足は変形していた。 補助説明：小学生の通学時間帯でもあり、大勢の野次馬がSさんの周りを取り囲んでいる。 　　　　　動けず、足の変形あり。意識はしっかりしている。	A君は、5時間目の体育の授業中に、いつもと違う眼のかゆみ・ほてりが気になっていた。体育が楽しかったので、そのまま授業のバスケットボールを続けた。20分くらい経つと、急に全身のかゆみと発疹が出て、その直後、息苦しくなり倒れてしまった。 補助説明：体育館では男子の他に女子が授業をしていた。給食後の5時間目である。ゼイゼイと息苦しい呼吸をしている。
Cグループ・休み時間に校舎から落下	**Dグループ・養護教諭不在**
休み時間に3階の1年生の教室で、D君が欄窓を開けようと窓の桟に登った際、ふざけていたE君がD君の足をくすぐった。振り払おうとしたときに足が滑って、窓からインターロックへ落下してしまった。 補助説明：耳から出血し右足の変形あり。意識障害あり。	雨の日の昼休み、廊下が滑りやすくなっていた。2年生のB君とC君は滑って遊んでいた。何回か滑っているうちに、勢い余ってガラスに激突してしまった。手首からの出血と左足の変形がみられた。 補助説明：昼休みで周りには野次馬がいる。養護教諭は出張のため不在。

　　　②事故発生のシミュレーション検討　（たくさんの意見を出し合う）

　　　第2部：実践発表（グループごとに事故発生時のシミュレーションを発表）

　　　第3部：共通理解しておきたいことの確認

（3）講評（校長）

※反省・感想をご提出ください。
※会場準備　健康部（○○・○○・○○）・教頭・○○・○○

2 シミュレーション演習

シミュレーション演習

・実際の場面を想定して、どのように対応するか、からだを動かして行う方法である。

・その場の状況に応じた判断を行い、実際に対応が必要な場面での力を育成することができる。

〈準備する物〉

・役割札（児童A、校長、教頭、保護者、養護教諭等）

・場所表示札（保健室、体育館、教室等）

・観察者用記録用紙

・演習反省用紙（93ページ）

〈シミュレーション演習の進め方〉

①グループに分ける。

②役割分担を決め、事例に沿って動く。

③シミュレーションを見て、感想・意見を出し合う。

④望ましい対応を検討する。

〈シミュレーション演習の長所〉

・どういう役割が必要かを状況に応じて判断できる。

・実際にからだを動かして行うことで、緊急場面でより的確に状況を把握できる。

シミュレーション演習提案文書 2-3-2

危機管理研修について（シミュレーション演習）

1 日　時　令和○○年○月○日（○）　午後○時○○分～午後○時○○分

2 場　所　会議室・研修室

3 目　的　・大事故を想定したシミュレーションを実施することで、各自が校内緊急体制を
　　　　　　再確認し、自分の役割を把握する。
　　　　　　・学校の教職員として危機管理意識を高め、いざというときに迅速な判断と適切
　　　　　　な対応ができるようにする。

4 内　容　会議室に集合
　　　　　　（1）校長先生のお話
　　　　　　（2）趣旨説明
　　　　　　（3）事故想定場面について説明
　　　　　　（4）シナリオによるシミュレーション（役割・動きの確認）
　　　　　　研修室に移動
　　　　　　（5）振り返りの会
　　　　　　（6）教頭先生のお話
　　　　　　※反省アンケートを御記入ください　　　○／○○（○）まで

5 持ち物　筆記用具

6 想定場面

　　昼休みにグラウンドで遊んでいた3年生のAさんが、急に倒れた。一緒に遊んでい
　　た友だちが気づき、声をかけるが返事がなく、動かない。近くにいた先生に知らせた。

7 準備物
　・役割札　・場所表示札　・観察者用記録用紙　・演習反省用紙

8 役割分担
　Aさん（　　　）校長（　　　）教頭（　　　）教務主任（　　　）
　学級担任（　　　）養護教諭（　　　）児童1（　　　）児童2（　　　）
　救急隊員（　　　）

シミュレーションシナリオ作成用紙 2-3-3

シミュレーションシナリオ作成用紙

【想定】

【役割分担】　Aさん（　　　）　児童1（　　　）　児童2（　　　）　校長（　　　）
　　　　　　　教頭（　　　）　教務主任（　　　）　学級担任（　　　）　養護教諭（　　　）
　　　　　　　教職員（　　　）（　　　）（　　　）　救急隊員（　　　）

場所	想定場面	教職員	チェックポイント

〈シミュレーションシナリオ作成の参考材料〉

いつ	どこで	誰が	どんな	症状	困難材料
登下校中	通学路	児童	交通事故	意識なし	複数発生
授業中	教室	生徒	頭部外傷	呼吸困難	管理職不在
（体育／理科／	特別教室	担任	目の外傷	大出血	養護教諭不在
図工／音楽／技	廊下／階段	保護者	歯の外傷	骨の変形	目撃者多数
術／自習／その	体育館		胸、腹部外傷	けいれん	
他）	運動場		手・足の外傷	解放創	
給食中	プール		熱中症	強い痛み	
休憩時間中	宿泊先		食中毒		
部活動中	乗り物		火傷		
野外活動中			アナフィラキシー		
修学旅行中			行方不明		
			落下		
			不審者侵入		

演習反省用紙 2-3-4
シミュレーション実施後に記入する。

〈演習反省用紙〉　シミュレーション実施後に記入する。

☐　役割分担がスムーズにできたか。

☐　それぞれの役割で、お互いに連絡が取れたか。

☐　救急処置対応での連携ができたか。

☐　時系列で記録ができたか（本部・事務職員・事故現場）。

☐　自校の危機管理マニュアルに沿って自分が動けたか。

☐　実際に動いてみて、マニュアルの改善点について認識できたか。

☐　危機管理意識の向上が図れたか。

☐

演習事例1　ガラス窓に衝突し、右前腕部から出血 🅒 2-3-5

【想定】 朝から雨が降っていた。始業前（午前7時50分頃）にホールで大縄飛びをしていたAさんが、勢い余ってガラス窓に衝突した。ガラスが割れ、Aさんの右前腕に大きな破片が刺さった。

【役割分担】 Aさん（　　）校長（　　）教頭（　　）学級担任（　　）教職員（　　）
養護教諭（　　）児童（　　）（　　）級外職員（　　）事務職員（　　）
救急隊員（　　）

場所		想定場面	教職員	チェックポイント
ホール	1	Aさんが窓に衝突する。腕にガラスが刺さり大声で泣く。		
	2	近くにいた教職員が騒ぎを聞きつけ駆けつける。	教職員	＊負傷部位を確認できたか？ ＊腕に刺さったガラス片をどうするか？ ＊すばやく止血の救急処置ができたか？
	3	すぐに応援の教職員を児童に呼びに行かせる。	教職員	＊何を児童に伝えたか？ ＊待っている間に何をしているか？ 　止血の救急処置 ＊周りにいる児童への指示は？
ホール 職員室 保健室 事務室	4	校長・教頭・学級担任・級外職員・養護教諭はただちに現場に行く。	校長 教頭 学級担任 級外職員 養護教諭 事務職員	＊校長・教頭・学級担任・養護教諭・他教職員への連絡の指示はどのように流れたか？ ＊何を持って現場に行ったか？ ＊他の教職員の協力
ホール	5	救急処置をする。	校長 教頭 養護教諭 教職員 学級担任 事務職員	＊止血の救急処置ができているか？ ＊バイタルサイン（意識、呼吸、脈拍、顔色、体温、血圧など）はチェックしたか？ ＊Aさんへの声かけはどうか？
	6	複数児童が興奮し騒いでいる。教室に移動させる。		＊児童への指示は？　現場を目撃した児童への指導はどうするのか？
職員室 事務室	7	校長（教頭）はただちに救急車要請の指示を出す。 ・救急車の誘導 ・同乗者		＊救急車要請は誰に指示を出したか？ ＊誰がどこで消防署に連絡したか？ ＊救急隊の質問に答えることができたか？ ＊消防署からの指示を誰にどのように伝えたか？
	8	学級担任は保護者に連絡する。	学級担任	＊何を伝えたか？ ＊どのように伝えたか？
ホール	9	救急車が到着する。 救急車が出発する。	校長・教頭 学級担任 教職員 養護教諭	＊誰が救急車を誘導したか？ ＊どこに誘導したか？ ＊誰が救急車に同乗したか？

演習事例2　運動会練習後の熱中症の集団発生　🎧 2-3-6

【想定】運動会の学年練習を4時間目の授業で行っていた。学年種目練習の直後、6年2組のAさんが頭痛を訴えて運動場にうずくまった。その後、頭痛、めまい、立ちくらみなどの症状を訴える児童が続出した。6年2組は3時間目も運動会の練習を行っていた。

【役割分担】Aさん（　　　）児童（　　　）（　　　）（　　　）（　　　）（　　　）（　　　）
　　　　　学級担任（　　　）校長（　　　）教頭（　　　）教職員（　　　）（　　　）（　　　）
　　　　　事務職員（　　　）養護教諭（　　　）救急隊員（　　　）

場所		想定場面	教職員	チェックポイント
運動場	1	Aさんがうずくまるのを児童が目撃し学級担任に報告した。	学級担任	
	2	呼びかけると意識がはっきりしない状態だった。	学級担任	＊意識の状態の確認をしたか？ ・名前を呼ぶ、肩をたたくなど ＊応答ができるか？ ・応答が鈍い、言動がおかしい→\boxed{重症} ＊その他に、何を確認できたか？ ・呼吸、顔色、体温、血圧等明らかにおかしいところはないか？
	3	すぐに応援の教職員を児童に呼びに行かせる。 ・気道確保	6年1組の学級担任	＊何を児童に伝えたか？ ＊待っている間に何をしているか？ ・意識障害→気道確保 ＊待っている児童への指示は？
運動場 職員室 保健室 事務室	4	校長・教頭・教職員・養護教諭はただちに現場に行く。	校長 教頭 教職員 養護教諭 学級担任 事務職員	＊校長・教頭・養護教諭・教職員への指示はどのように流れたか？ ＊何を持って現場に行ったか？ ＊教職員の協力
保健室	5	重症熱中症の疑いのため、 ・涼しい保健室に運搬 ・気道確保、安静体位 ・からだの冷却等の処置		＊どのように運ぶか？（担架、教職員協力） ＊バイタルサイン（意識、呼吸、脈拍、顔色、体温、血圧等）はチェックしたか？ ＊水分をとれるか？ ＊熱中症の救急処置ができたか？
	6	次々に具合の悪い児童が保健室に来室。応援の教職員を呼ぶ。 ・水分、塩分の補給 ・体の冷却 ・全体把握・問診（一人ひとり番号札を首にかけ、確認する）	養護教諭 教職員	＊教職員をどのように呼ぶか？ ＊教職員は、スムーズに役割分担ができ、混乱なく動けたか？ ＊確認の番号札は、準備されていたか？ 傷病者が多数の際には、発生順に番号で管理していくことで人数や情報を共有していく
職員室 事務室	7	校長（教頭）はただちに救急車要請の指示を出す。 ・救急車の誘導 ・他の児童への指導 ・同乗者	校長 教頭 事務職員 教職員 養護教諭	＊救急車要請は誰に指示を出したか？ ＊誰がどこで消防署に連絡したか？ ＊救急隊の質問に答えることができたか？ ＊消防署からの指示を誰にどのように伝えたか？ ＊他の児童への指導は、誰がどんな指示を出し、どう動いたか？
	8	学級担任は保護者に連絡する。	学級担任	＊何を伝えたか？ ＊どのように伝えたか？
保健室	9	救急車が到着する。 救急車が出発する。	校長・教頭 学級担任 教職員 養護教諭	＊誰が救急車を誘導したか？ ＊どこに誘導したか？ ＊誰が救急車に同乗したか？

演習事例3　プールでの溺水事故 🎤 2-3-7

【想定】体育の水泳学習中、Aさんの様子がおかしいと他の児童が学級担任に異変を知らせた。学級担任はただちにAさんをプールから引き上げて意識を確認したが、意識がなく、何の反応も示さない状態だった。

【役割分担】 Aさん（　　　） 児童（　　　）（　　　） 学級担任（　　　） 校長（　　　）
　　　　　　 教頭（　　　） 事務職員（　　　） 養護教諭（　　　） 教職員（　　　）（　　　）
　　　　　　 救急隊員（　　　）

場所	想定場面	教職員	チェックポイント
プール	1　Aさんの様子がおかしいと、そばにいた児童が気づき学級担任に報告した。	学級担任	＊報告した児童を落ち着かせる ＊周囲の児童への配慮
	2　ただちにAさんをプールから引き上げてみると意識がない状態だった。	学級担任	＊どのように引き上げるか？ ＊引き上げた後、何を確認したか？
	3　すぐに応援の教職員を児童に呼びに行かせる。 ・心肺蘇生法実施	学級担任	＊何を児童に伝えたか？ 　（救急車要請・ＡＥＤ持参） ＊心肺蘇生法開始時刻
職員室 保健室 事務室	4　職員室にいる教職員、養護教諭等はただちに現場に行く。 ・校長（教頭）指示後現場へ	校長 教頭 教職員 養護教諭 事務職員	＊校長・教頭・教職員・養護教諭への指示はどのように流れたか？ ＊何を持って現場に行ったか？ ＊教職員の協力
プール	5　学級担任とともに応急処置にあたる。 ・心肺蘇生法継続 ・ＡＥＤ開始 ・周囲の児童への指導	学級担任 校長 教頭 教職員 養護教諭	＊ＡＥＤ実施回数と開始時刻 ＊現場にいる児童にどのような指示をしたか？
職員室 事務室	6　校長（教頭）は救急車要請の指示を出す。 ・救急車の要請・誘導 ・状況把握	校長 教頭 学級担任 事務職員 教職員	＊誰がどこで消防署に連絡したか？ ＊救急隊の質問に答えることができたか？ ＊消防署からの指示を誰にどのように伝えたか？
	7　保護者へ連絡する。		＊誰が保護者に連絡したか？
	8　全教職員を放送で招集する。		＊各学級の児童へはどのように指示を出したか？
プール	9　救急車が到着する。 　救急車が出発する。	校長 教頭 学級担任 教職員 養護教諭	＊救急車の誘導は適切であったか？ ＊到着時間・出発時間の確認 ＊誰が救急車に同乗したか？

演習事例４　３階教室から落下、頭部からの出血（校長不在）🖭 2-3-8

【想定】休み時間、Aさんが３階にある教室の窓から校庭へ落下した。頭部から出血がある。初めは呼びかけに答えたが、徐々に意識が薄れていく。校長は出張で不在である。

【役割分担】Aさん（　　）生徒（　　）（　　）学級担任（　　）教頭（　　）
事務職員（　　）養護教諭（　　）教職員（　　）（　　）（　　）救急隊員（　　）

場所	想定場面	教職員	チェックポイント
校　庭	1　Aさんが３階教室の窓から落下する。「痛い…」と唸っている。大騒ぎになる。		
	2　騒ぎを聞きつけ教職員が職員室から駆けつける。 ・意識と受傷状況確認	教職員	＊意識の状態の確認をしたか？ 　・名前を呼ぶ、肩をたたくなど ＊応答ができるか？ 　・応答が鈍い、言動がおかしい→重症 ＊受傷状況を確認できたか？ 　・出血していれば止血の処置 　・頸椎損傷の疑い→無理に動かさない。
	3　すぐに応援の教職員を生徒に呼びに行かせる。	教職員	＊何を生徒に伝えたか？ 　（救急車要請・ＡＥＤ持参） ＊周囲の生徒への配慮
職員室 保健室 事務室	4　職員室にいる学級担任や他の教職員、養護教諭等はただちに現場に行く。 ・教頭は指示後現場へ	教頭 学級担任 教職員 養護教諭 事務職員	＊教頭・学級担任・養護教諭への連絡の指示はどのように流れたか？ ＊何を持って現場に行ったか？ 　（救急セット・携帯電話・緊急連絡カード） ＊教職員の協力
校　庭	5　教職員とともに救急処置にあたる。 ・周りにいる生徒への指導	教頭 学級担任 教職員 養護教諭	＊ＡＥＤの準備はできているか？ ＊動揺する大勢の生徒にどう対応するか？
職員室 事務室	6　教頭は、救急車要請・連絡の指示を出す。 ・救急車の要請・誘導 ・状況把握	教頭 教職員 学級担任 事務職員	＊誰がどこで消防署に連絡したか？ ＊救急隊の質問に答えることができたか？ ＊消防署からの指示を誰にどのように伝えたか？ ＊誰が保護者に連絡したか？
	7　保護者へ連絡する。		
	8　全教職員を放送で招集する。		＊各学級の生徒へはどのように指示を出したか？
校　庭	9　救急車が到着する。 救急車が出発する。	教頭 学級担任 教職員 養護教諭	＊救急車の誘導は適切であったか？ ＊到着時間・出発時間の確認 ＊誰が救急車に同乗したか？

演習事例5 食物アレルギーによるアナフィラキシー、「エピペン®」使用（養護教諭不在） CD 2-3-9

【想定】 昼休み、食物アレルギー（小麦粉）のあるAさんが運動場で鬼ごっこをしていた。急に激しくせき込み苦しそうにうずくまった。「エピペン®」は、ランドセルに携帯している。教頭、養護教諭は不在である。

【役割分担】 Aさん（　　）児童（　　）（　　）（　　）学級担任（　　）校長（　　）教務主任（　　）
学年主任（　　）教職員（　　）（　　）（　　）救急隊員（　　）

場所		想定場面	教職員	チェックポイント
運動場	1	Aさんが激しくせき込みうずくまる。児童が学級担任に知らせる。		
	2	学級担任が駆けつける。 ・意識と全身状態の確認	学級担任	＊全身の状態を素早く確認できたか？ ・アレルギー反応の部位と程度 ・アナフィラキシーの兆候と出現の有無
	3	すぐに応援の教職員を児童に呼びに行かせる。	学級担任	＊何を児童に伝えたか？ （ランドセル・ＡＥＤ） ＊周囲の児童への配慮
昇降口	4	昇降口にAさんを移動する。	学級担任 教職員	
職員室 事務室	5	職員室にいる教職員等はただちに現場に行く。 ・校長指示後現場へ	校長 学級担任 学年主任 教職員 事務職員	＊校長・学年主任・教職員への連絡の指示はどのように流れたか？ ＊何を持って現場に行ったか？ （ランドセル・学校生活管理指導表・救急セット・ＡＥＤ） ＊教職員の協力
昇降口	6	学年主任は、「エピペン®」を学級担任に渡す。 ・周りにいる児童への指導	校長 学級担任 学年主任 教職員	＊ＡＥＤの準備はできているか？ ＊学校生活管理指導表・主治医からの指示等を確認しているか？
	7	校長は救急車要請・連絡の指示を出す。 ・救急車の要請・誘導 ・状況把握	校長 学級担任 教務主任 学年主任 教職員 事務職員	＊誰がどこで消防署に連絡したか？ ＊救急隊の質問に答えることができたか？ ＊消防署からの指示を誰にどのように伝えたか？
	8	保護者へ連絡する。		＊誰が保護者に連絡したか？
	9	主治医からの指示事項を確認し、「エピペン®」使用のタイミングを確認する。		＊手順に従って「エピペン®」を注射できたか？使用後に、「エピペン®」が正しく注射できたかを確認したか？ ＊補助と記録は誰か？
	10	Aさんに自己注射できるか聞く。不可能ならば「エピペン®」を注射する。 ・Aさんの様子を確認		
	11	救急車が到着する。 ・状況（「エピペン®」使用）説明 ・既往歴説明 救急車が出発する。		＊誰が救急車を誘導したか？ ＊どこに誘導したか？ ＊誰が救急車に同乗したか？

演習事例6　虐待を疑う事例 🔘 2-3-10

1　日　時　令和〇〇年〇月〇日（　）　　午後〇時〇〇分　～　午後〇時〇〇分

2　目　的
　（1）生死にかかわる突発的な事故（けが）や起こりうる生徒対応（虐待・DV・不登校等）を想定し、その対応のあるべき姿を考え、実際に役割演技を行うことをとおして、迅速な判断力や対応のノウハウを身につけるとともに、危機管理の意識を高める。
　（2）関係諸機関等への対応について理解を深める。
　（3）保護者や地域に説明責任を果たすにはどうあったらよいか、訓練をとおして明確にする。

3　会　場　　図書室

4　内　容　　進行（教頭）
　（1）趣旨説明　　（校長）　　　　　　　　　　　　　　　　　　　　　　　　　……5分
　　　　児童虐待にかかわる研修会参加報告（生徒指導主事）　　　　　　　　　　……10分
　（2）訓練の説明　　　　　　　　　　　　　　　　　　　　　　　　　　　　　……5分
　　　　①想定場面について（保健主事）

児童虐待に関する事例（身体的虐待　性的虐待　ネグレクト　心理的虐待）
　ア　体育の授業で（身体的虐待が疑われる場合）
　　　「水泳の授業開始前、A男の身体に複数の青あざがあることを発見した」
　イ　生徒の様子から（性的虐待が疑われる場合）
　　　「修学旅行の夜、女子生徒たちがちょっとエッチな話に興じていたら、突然、胸の痛みを訴えてパニック状態になったB子」
　ウ　地域の方から電話で（ネグレクトが疑われる場合）
　　　「アパートの隣の部屋から、時折、母親の怒鳴り声や子どもの激しい泣き声が聞こえる。1週間前には中学生の男の子（C男）が、夕食時間の頃にベランダに出されて20分くらい泣いていた。心配になって電話したのですが…」
　エ　生徒指導の様子から（心理的虐待が疑われる場合）
　　　「家出を繰り返すD子。保護者からは欠席の連絡がなく、所在もはっきりしない。家庭訪問して保護者に様子を聞くが、無関心な様子がうかがえる」
　オ　DV被害者の子どもが転入。加害者や家族からの問い合わせがあった場合（事務室）
　　　「子どもが学校（部活動）に行っているはずだ。電話口に出してくれ…」

---

　　　　②訓練の流れ：基本的なシナリオを用意し、言葉や動きは演技者が考えて進める。
　　　　③設定
　（3）訓練の実施と全体協議　　　　　　　　　　　　　　　　　　　　　　　　……60分
　　　　①シナリオ「ア・ウ混合型」と「オ」をシミュレーションする
　　　　　話し合い：各役割を担当して感じたこと、改善したいこと、共通理解しておきたいこと
　　　　②スクールソーシャルワーカーより　「アセスメントのとり方について」　……5分
　　　　③スクールカウンセラーより（研修後の心身のメンテナンス　心ほぐし含む）……5分
　（4）まとめ
　　　　各自「記録用紙2」の感想欄にまとめを記入し、提出して終了する。

5　事前準備
　（1）シナリオ・資料準備　生徒指導主事、スクールソーシャルワーカー、スクールカウンセラー、養護教諭、教頭
　（2）諸準備・小道具　①電話　②机・いす　③デジタルカメラ　④からだの観察記録表
　　　　　　　　　　　　⑤虐待発見チェックシート（第5章　関連資料の193ページに掲載）
　　　　　　　　　　　　⑥要保護児童通告書　⑦家庭環境調査ファイル　⑧役割の札　⑨室名表示札

※シナリオは、CD－ROM内の　🔘　演習事例6　虐待を疑う事例シナリオを参照。

3 外部人材活用演習

外部人材活用演習

・より専門的な知識・技能を有する人材を招き、研修を実施する方法である。

・例えば、日本赤十字社や消防署の協力により救急処置と心肺蘇生法について理解し、その技能を身につけたり、スクールガードリーダーや警察署の協力でシミュレーション研修に組み合わせて行ったりすることもできる。

外部人材活用演習の内容の例	専門的な技能を持った外部の人材の例
不審者対応訓練	警察署
心肺蘇生法訓練	日本赤十字社、消防署
応急手当訓練	日本赤十字社、消防署
「エピペン®」講習会	学校医、地域総合病院医師、看護師
防犯訓練	スクールガードリーダー
災害対策講習会	市防災課

・行いたい演習の内容に合わせ、必要な外部の専門の方に連絡をする。

・研修に合わせた内容（講話、実技講習、シミュレーション演習）に参加してもらう。

プールでのシミュレーションに参加

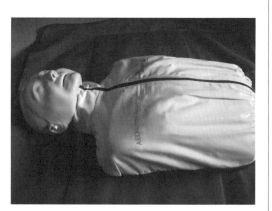

〈外部人材活用演習の長所〉

・専門的な知識・技能をもった方に参加してもらうことで、より詳しい知識を身につけることができる。

演習事例1　警察署の協力による不審者侵入訓練 （CD） 2-3-11

令和○○年度　防犯訓練実施計画案（不審者侵入）

1　実施日　　令和○○年○月○日（　　）　第2校時

2　目　的　　児童及び教職員の防犯意識の向上及び緊急事態発生時の対応訓練
　　　　　　　児童の安全避難誘導

3　講　師　　警察署　生活安全課職員

4　想　定

> 3年3組に不審者が侵入した。学級担任が声かけをするが、返事がない。
> すると、刃物を取り出し児童に危害を加えようとする。

〈チェックポイント〉
○学級担任は、安全に児童を避難させることができるか？
○児童は、状況を確認して避難することができるか？
○学年職員は、児童を安全に避難させたり、不審者対応の応援に駆けつけたりすることができるか？
○学年職員は、状況を察知して、児童を安全に避難させ、児童を使って職員室へ連絡することができるか？
○児童は、状況を確認して避難し、職員室へ事態を伝えることができるか？

5　訓練内容
〈訓練前半〉
①全校で防犯訓練を実施する（20分間）。
　不審者侵入の想定に基づき、不審者侵入時の体制を確認する。

〈不審者侵入〉
①不審者（生活安全課職員）が、3年3組の前面黒板側の出入り口から入ってくる。
②学級担任は、不審者と正対して声かけをするが、不審者は返事をしない。

〈臨戦体制〉
①不審者は、隠し持っていた刃物を取り出し、児童を傷つけようと動き始める。
②学級担任は、笛を吹きながらいすで不審者から児童を守り、教室後部のドアより児童へ避難指示を出す。
③3－1学級担任は、廊下から周りの様子を把握し、3－3、3－2並びに3－1児童を安全に東階段から1階非常口を通り、運動場に逃げられるように誘導する。インターホンで職員室に状況を連絡し、その後、不審者対応に向かう。
④3－4学級担任は、3－4児童を南北通路から北校舎へ避難させるとともに、児童に職員室への連絡を指示する。その後、不審者対応に向かう。
⑤連絡を受け、教頭が指示をする。→　全校に緊急放送をする。

演習事例 2　消防署の協力による「エピペン®」講習会 💿 2-3-12

令和○○年度　危機管理シミュレーション訓練実施計画

1　日　時　令和○○年○月○○日（○）15：30～16：30

2　目　的
（1）教職員の危機管理能力を高める。
（2）生死にかかわる突発的な事故を想定して実際に役割演技を行い、迅速な判断力や対応を身につけ、危機管理意識を高める。

3　場　所　体育館

4　内　容　　　進行（教頭）
（1）趣旨説明（校長）　　　　　　　　　　　　　　　　　　　　　　　　　……2分
（2）消防署職員紹介と訓練の説明（養護教諭）　　　　　　　　　　　　　　……2分
（3）実技講習　　講師：消防署職員　　　　　　　　　　　　　　　　　　　……26分
　＝1部＝「エピペン®」とは　　　　　　　　　　　　　　　　　　　　　……25分
　　　　　　「エピペン®」操作と救命講習
　　　　　　意識なし・呼吸なしの場合はただちに心臓マッサージ・ＡＥＤを行う。

　＝2部＝蜂アレルギーのある生徒が蜂に刺された時の対応　　　　　　　　……20分
〈想定場面〉蜂アレルギーのある生徒が昼休みに廊下で蜂に刺された。

　昼休み、1年生Ａが廊下を歩いているときに、廊下の窓から急に蜂が入ってきて、首の後ろを刺された。一緒にいた友だちＢがＡの様子を見て、慌てて担任を呼びに行った。
　「△△先生！　大変！　Ａさんが蜂に…」、学級担任は急いでＢの後を追い、廊下に出た。
　廊下では、座り込んだＡを大勢の生徒が取り囲んでいた。
　学級担任は生徒たちにすぐに教室へ入るように指示し、Ａを介抱した。
　Ａは「蜂が…」とぐったりした声で首に手をやった。
　学級担任はＡから直接、蜂に刺されたことを確認した。
　Ａは、すでに蕁麻疹や発熱、呼吸困難等のショック症状を起こしていた。
　学級担任は、Ｂに職員室の教頭を、Ｃに養護教諭を呼ぶように伝えた。
　異変に気がついた隣の学級担任が、生徒を教室へ入れさせた。
　学級担任は教室に戻り、Ａのカバンから「エピペン®」を取り出し、ケースから「エピペン®」を出した。
　安全キャップを外し、Ａの大腿部の前外側に先端を数秒間強く押しつけた。
　学級担任が「エピペン®」注射をしている間に校長・教頭・学年主任・養護教諭が現場に駆けつけた。
　学級担任は、首の後ろを蜂に刺されたことを確認し、「エピペン®」注射を行ったことを校長に報告した。
　養護教諭はＡの意識・呼吸の確認を行い、「意識なし・呼吸なし」を校長に報告し、教職員と一緒に心臓マッサージ及びＡＥＤを行った。
　教頭が救急車要請、学年主任が保護者の携帯へ連絡した。←ここまでシミュレーションを行う
　救急車到着。アレルギー発症時刻、「エピペン®」注射時刻を報告。使用済み「エピペン®」を消防署職員へ渡し、教職員が救急車へ同乗した。
　保護者が到着。搬送された病院へ教職員と向かう。

〈役割担当〉
　蜂アレルギー生徒Ａ（　　　）
　学級担任　　　　　（　　　）
　学級生徒　Ｂ（　　　）Ｃ（　　　）Ｄ（　　　）Ｅ（　　　）
　隣の学級担任（　　　）
　学年主任　　（　　　）
　校長　　　　（　　　）
　教頭　　　　（　　　）
　養護教諭　　（　　　）

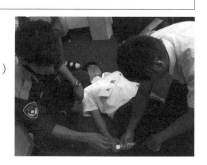

（4）今後に生かすこと（振り返り・役割を担当しての反省）
（5）消防署職員からのご指導　　　　　　　　　　　　　　　　　　　　　　……10分

第 **3** 章

発生時・事後の危機管理
(クライシス・マネジメント)

第1節　ヒヤリ・ハット事例
第2節　重篤事例

「ヒヤリ・ハット」とは、重大な災害や事故には至らなかったものの、直結してもおかしくない一歩手前の事象や体験をいう。学校生活の中では「まさかこんなことが原因で…」と思われるけがや事故が多く発生している。

　ここでは、養護教諭が実際に体験したヒヤリ・ハット事例を30事例取り上げて、日常・学校行事・感染症・アレルギー・疾患・特殊に分けて紹介している。ヒヤリ・ハットを防ぐために『リスク・マネジメント』『クライシス・マネジメント』の視点から分析するとともに、専門家からアドバイスをいただき、自らの実践を振り返る機会にしていきたい。

〈日常〉
事例１：通路の段差で転倒し、鼻骨骨折
事例２：頭部打撲〜時間が経ってからの発症〜
事例３：すべり台から墜落し、頭蓋骨骨折
事例４：遊具で強打し、歯牙脱臼
事例５：ブランコの座板が外れ、墜落したことによる手指骨折
事例６：魚の骨がのどに刺さったことによる咽頭異物
事例７：体育時のプールでの溺水事故
事例８：リレー練習で衝突し、眼窩底骨折
事例９：ドアで指をはさんだ粉砕骨折
事例10：虫取り網の柄がふくらはぎを貫通したけが
事例11：連鎖的に発生した熱中症
事例12：投げられたほうきで眼を打撲
事例13：生徒同士のけんかによる硬膜下出血
事例14：体育時のマット運動で起こった頸椎損傷
事例15：休日の部活動での熱中症

〈学校行事〉
事例16：遠足中の墜落事故による骨折
事例17：集団登校中の交通事故
事例18：修学旅行中のインフルエンザ発症
事例19：修学旅行中の水痘発症

〈感染症〉
事例20：ノロウイルスによる集団感染
事例21：麻しん発症による学校閉鎖

〈アレルギー〉
事例22：献立変更による食物アレルギー
事例23：昼休みに起きたアナフィラキシー

〈疾患〉
事例24：筋ジストロフィーをもつ児童の転落事故
事例25：突然の転倒から診断されたてんかん
事例26：心疾患をもつ生徒の心肺停止

〈特殊〉
事例27：虐待の疑いによる頭部打撲
事例28：登校しぶりから見つかったいじめ
事例29：墜落による腰椎破裂骨折及び脊髄損傷
事例30：校舎の窓から飛び降りたことによる自殺未遂

日常

事例 1	通路の段差で転倒し、鼻骨骨折	小学1年生・女子	 止まらない鼻血 強い痛み・腫れ

（1）事例の概要

事故発生時の状況	経過	「ひやり」「ハッと」したこと
この日は雨で、校舎内が滑りやすくなっていた。休み時間に友だちと追いかけっこをしていたところ、校舎と校舎をつなぐ通路の段差につまずいて転倒し、鼻周辺をコンクリートにぶつけた。	段差のあるところで鼻部をぶつけたため、鼻からの出血と擦過傷が見られた。泣きながら一人で来室した。鼻部の腫れがあったため、止血と消毒をした後にアイシングを行おうとしたが、痛みが強く、冷やすことができなかった。 顔部の傷と鼻部の腫れぐあいから、病院受診を判断し、保護者に連絡した。 保護者と相談の上、近隣の整形外科で受診してもらった。結果、鼻骨骨折と診断された。その後、保護者の申し出により、形成外科がある総合病院へ転院した。	・廊下歩行を徹底すべきだったこと。 ・雨のため、校内が滑りやすくなっていたこと。 ・通路の段差に気をつけるように児童に指導していたが、周知徹底されていたかどうかということ。

救急車要請の有無
要請なし 腫れは見られたが、意識はしっかりしていたため。

（2）再発防止対策～ヒヤリ・ハットを防ぐために～

リスク・マネジメントの面から
・校内安全点検を確実に実施し、点検で指摘された危険箇所を優先的に改善する。
・校内の正しい廊下歩行、雨天時の休み時間の過ごし方について指導を徹底する。
・市内の医療機関リストを作成し、地域によっては総合病院の地域連携室の活用等の情報を収集しておく。

クライシス・マネジメントの面から
・医療機関の選択の際は、保護者と連携をとる中で専門的立場で助言する。
・事故の状況は、正確かつ丁寧に、誠意をもって保護者に説明する。
・病院には、状況が説明できる教職員や担任、状況に応じて管理職も付き添う。

危機管理アドバイス 👆
　総合病院受診の場合は紹介状持参が基本ですが、学校での事故発生時は総合病院内の地域連携室を活用するとスムーズにいく場合があります。
　顔面のけがは経過によっては醜状障害も考えられるので、医療機関の選択や保護者対応は慎重に行いましょう。

Dr. からの医学的アドバイス
　鼻出血の止血は、鼻翼を15分ほどつまんで圧迫して止血します。
　鼻骨骨折は、偏位が大きい場合は手術治療が行われます。本人の苦痛があるようならば、無理にアイシングはしなくてよいでしょう。

事例 2 頭部打撲～時間が経ってからの発症～ ｜ 小学2年生・男子

再来室を指示した児童が来室しない！

（1）事例の概要

事故発生時の状況	経過	「ひやり」「ハッと」したこと
始業前、運動場で鬼ごっこをしていた。その際、高学年の児童とぶつかり、本児の額が高学年児童の腹部にぶつかった。	受傷後、保健室で休養させながら様子を見ていた。1時間ほどで痛みが引いて元気になったので、次の時間から教室に戻った。その際、再び頭が痛くなったり、気持ちが悪くなったりしたらすぐに担任に言うことと、2時間目終了後に必ず保健室に来ることを約束して教室に戻した。また、その旨を記入した手紙も持たせ、担任にも知らせた。 しかし、2時間目が終了しても来室しないため、教室に見に行くと、机に突っ伏していた。声をかけたが返答がおかしかったので、すぐに保健室に運んで保護者へ連絡し、救急車を要請した。	・児童に再来室を指示したが、時間になっても来室しなかったこと。 ・教室に様子を見に行ったときに、児童がぐったりしていたこと。

救急車要請の有無
要請あり 2時間目終了時の様子から判断したため。

（2）再発防止対策～ヒヤリ・ハットを防ぐために～

リスク・マネジメントの面から
・頭部打撲等、外傷時の注意・配慮することについて、全教職員の共通理解を図る。
・けが発生後の経過観察の配慮点について、「担任へのお知らせ」を作成し活用する。
・痛みが引いた場合や軽症の場合でも、「頸部から上のけが」については保護者への連絡を確実にすることを校内で徹底する。

クライシス・マネジメントの面から
・事例を通して、今後の対応について再度、教職員の共通理解を図る。
・経過観察が必要な児童については、事後の様子や保護者への連絡がとれたかどうかを確認する。

危機管理アドバイス 👆
　来室者が多い大規模学校では、経過観察が必要な児童について来室記録に色づけをする等、事後の確認が確実にできるようにしておきましょう。
　下校時に迎えをお願いすることなく自分で帰る場合も、「頸部から上のけが」については下校前に家庭連絡を行いましょう。

Dr. からの医学的アドバイス
　意識障害があるとき、意識消失があったとき、嘔吐を繰り返すときは、救急車要請または医療機関で受診します。
　経過観察するときは定期的に症状をチェックします。症状が悪化する場合は、医療機関で受診します。

事例 3 | ## すべり台から墜落し、頭蓋骨骨折 | 小学2年生・男子

高さ1.5mから墜落！

（1）事例の概要

事故発生時の状況	経過	「ひやり」「ハッと」したこと
休み時間にすべり台で遊んでいたとき、上にいた友だちに押され、すべり台上部から地面に落ちた。	他の児童が保健室に呼びに来た。現場に駆けつけて様子を見たところ、意識ははっきりしていたが、頭部打撲が疑われた。 すべり台の高さは約1.5mだった。持っていた携帯電話で事務室に連絡し、担架を持ってきてもらった。保健室に運び、状態を見ながら、近くの児童に状況を詳しく聞いた。 その後、気持ち悪さを訴え始めたため、救急車を要請した。医療機関で検査したところ、頭蓋骨骨折と診断された。	・高所から墜落したこと。 ・意識が鮮明だったので、担架で保健室に運んだこと。

救急車要請の有無
要請あり 高所から墜落し、気持ち悪さがあったため。

（2）再発防止対策～ヒヤリ・ハットを防ぐために～

リスク・マネジメントの面から
・遊具の使い方について再度指導・確認をする。
・クラス遊びのときは、できるだけ担任も一緒に遊ぶようにする。
・教頭と養護教諭は、緊急時は常に携帯電話を持っているようにする。

クライシス・マネジメントの面から
・頭部から上のけがについては、発生状況・けがの様子をきちんと確認する。
・頸椎損傷も考え、児童の移動は慎重に行う（むやみに動かさない）。

危機管理アドバイス
　加害児童がいる事故であるため、時系列で正確な記録をとり、双方に丁寧に説明する必要があります。
　トラブルにならないように、学校は相手側からの謝罪等の相談に乗り、円満に解決できるように努めましょう。

Dr. からの医学的アドバイス
　頭部外傷で意識障害・嘔吐があれば、重症化の可能性があります。
　また、観察で大きな異常を認めなくても受傷機転から重症を疑い、医療機関受診が適当と考えます。
　処置としては、不要な体動を避けるのがよいと思われます。

事例 4	遊具で強打し、歯牙脱臼	小学2年生・男子

抜けた歯が見つからない

（1）事例の概要

事故発生時の状況

昼休みに遊具で友だちと鬼ごっこをしていた。本児が鬼になり一人を追いかけているとき、足が滑って遊具で足かけ回りのように一回転し、前歯をぶつけた。

救急車要請の有無

要請なし
歯牙脱臼以外の外傷はなかったため。

経過

周りにいた児童たちが保健室に知らせに来た。養護教諭が駆けつけ、受傷部位を確認した。抜けた乳歯が口の中に1本あったが、永久歯が1本見あたらない。担任が保護者に連絡し、祖父が来校した。

教職員や児童たちが遊具の周りを探したが、発見できなかった。教職員や児童たちが永久歯の形がわからないことに気づき、永久歯の模型を持参し大声で知らせて見せたところ、しばらくして見つかった。

保存液に入れ、歯科医院で受診した。萌出したばかりだったため、神経もつながり治療は終了した。

「ひやり」「ハッと」したこと

・抜けた永久歯がなかなか見つからなかったこと。
・永久歯の形状が認識されていなかったこと。

永久歯

（2）再発防止対策～ヒヤリ・ハットを防ぐために～

リスク・マネジメントの面から
・年度初めに児童に遊具の使い方の安全指導を行うとともに、その後も繰り返し指導する。その際、遊具での鬼ごっこは禁止する。

クライシス・マネジメントの面から
・「教職員は永久歯の形を知っているだろう」という思い込みをせず、さまざまなケースを想定できるように共通理解を図る。
・養護教諭不在時に教職員が対応できるように、歯牙脱臼時の救急処置や、歯牙保存液の保管場所の周知を行う。

危機管理アドバイス ☞
歯牙脱臼時の救急処置について、保存液の保管場所・歯牙の形も含めて事前に教職員に周知を図る必要があります。

Dr.からの医学的アドバイス
歯牙脱臼のときには、脱臼歯を保存液に入れて早急に歯科医院で受診します。
破折（歯が折れたり、かけたりしたとき）の場合も、歯のかけらを持参して歯科医院で受診します。

事例 5 ブランコの座板が外れ、墜落したことによる手指骨折 | 小学2年生・女子

新しい遊具で座板が外れる！

（1）事例の概要

事故発生時の状況	経過	「ひやり」「ハッと」したこと
休み時間にブランコで遊んでいた。座ってブランコを漕ぎ始めたところ、座板が外れて地面に墜落した。	友だちに付き添われて来室した。本人への問診と患部の確認の結果、左手第4指の痛みとひざの擦過傷があった。担任と教頭が保健室に来たので、担任が家庭連絡をした。 　来校した母親と学年教職員が付き添い、かかりつけの外科で受診したところ、指の骨折がわかって総合病院を紹介された。そこで、治療経過の説明を受けて学校に報告した。	・使用を開始したばかりの遊具でけがが発生したこと。 ・指の変形がなかったが、骨折だったこと。

救急車要請の有無
要請なし 意識があり、痛みは指だけだったため。

（2）再発防止対策～ヒヤリ・ハットを防ぐために～

リスク・マネジメントの面から
・遊具の取り扱い説明書は保管しておく。
・業者からの点検説明は必ず複数の教職員で聞く。点検方法や保証期間等を確認し記録を保管しておく。
・遊具の使用年数にかかわらず、危機管理意識を全教職員がもち、安全点検に臨む。

クライシス・マネジメントの面から
・人や施設・設備がかかわっているけがには、担任、養護教諭、管理職が連携して誠意をもって対応する。
・保護者に医療機関の情報提供ができるようにしておく。

危機管理アドバイス
　保護者への状況説明は丁寧に迅速に行うことが大切です。
　日頃から、遊具を含む施設・設備の安全点検の方法・改善の徹底が重要です。

Dr. からの医学的アドバイス
　骨折の有無はレントゲンを撮ってもわからないことがよくあります。

| 事例 6 | 魚の骨がのどに刺さったことによる咽頭異物 | 小学4年生・女子 |

ご飯の丸呑みが骨をとる方法？

（1）事例の概要

事故発生時の状況

給食の時間にさばの塩焼きを食べていて、のどにさばの骨が刺さった。

救急車要請の有無

要請なし
近隣の耳鼻咽喉科受診と判断したため。

経過

給食中に一人で来室した。教室での状況がわからなかったので担任に確認した。児童が「魚の骨がのどに刺さった」と言うので、担任は水を飲ませたりご飯をかまないで飲み込ませたりしたがとれなかったということだった。のどを見ると、骨が1本刺さっていた。
保護者連絡をして、耳鼻咽喉科で受診した。病院で骨を取り、患部が化膿しないように内服薬が処方された。

「ひやり」「ハッと」したこと

・けがや病気の対応について昔からの豆知識や言い伝えがあるが、正しい対処法かどうかを確認しなくてはいけなかったこと。
・骨が見えていなかったら、すぐに病院受診という判断をしなかったかもしれないこと。
・担任が児童にご飯を丸呑みさせたこと。
・児童が耳鼻咽喉科で受診したこと。

（2）再発防止対策～ヒヤリ・ハットを防ぐために～

リスク・マネジメントの面から
・栄養士に概要を伝え、今後、配慮できることを検討していく。
・校内の教職員に概要を伝えて、共通理解を図る。
・給食時に、魚の食べ方と骨が刺さった場合の対応を学級で指導する。
・給食の献立表等を活用し、魚の食べ方等を家庭にも伝えていく。

クライシス・マネジメントの面から
・説明を要するけがは、教師が付き添い、対応を相談する。
・担任が家庭連絡をする際には、必要に応じて養護教諭が状況と対応について説明を行う。

危機管理アドバイス ☝
養護教諭として、専門的な立場からけがの程度を判断し、医療機関での受診を決定します。
普段から、正しい救急処置の方法や医療に関する新しい情報を知っておくことが必要です。

Dr. からの医学的アドバイス
耳鼻咽喉科で受診させてください。
耳鼻咽喉科は夜間不在のことが多いので、給食中に発生した場合は日中に受診するように手配してください。

事例 7　体育時のプールでの溺水事故　　小学5年生・男子　　持病がない児童が体育時に…

（1）事例の概要

事故発生時の状況	経過	「ひやり」「ハッと」したこと
体育の時間、2クラス合同で水泳の授業を行っていた。クロールの練習をしているとき、気がついたら本児が上向きで浮いていた。近寄って声をかけたが意識がなかった。	急いでプールサイドに引き上げ、心肺蘇生を始めた。もう一人の教師は、校内電話で職員室と保健室へ連絡した。職員室では、教頭が119番通報した。 　その後、教頭と級外教職員がプールへ駆けつけた。級外教職員は他の児童の指導に当たった。教頭は再度119番通報し、詳しい状況を伝えた。 　そして、養護教諭がAEDを持って駆けつけた。駆けつけたときには意識と呼吸が回復していたが、到着したドクターヘリで医療機関へ搬送した。2か月間入院したが、全身症状が良好なため退院した。	・養護教諭がAEDを持って駆けつけたが、最初に駆けつけた教職員は持って行かなかったこと。 ・校内電話がかかりにくい状態だったこと。

救急車要請の有無

要請あり
意識や呼吸がなかったため。

（2）再発防止対策〜ヒヤリ・ハットを防ぐために〜

リスク・マネジメントの面から
・校内電話等、設備の点検をしておく必要がある。
・保健教育等で保健室を空けるときは、職員室に連絡しておく。
・養護教諭不在時の対応や居場所を確認しておく。
・プール指導は、できるだけ2クラス以上で実施することが望ましい。

クライシス・マネジメントの面から
・シミュレーション研修や心肺蘇生法を職員研修で毎年実施する。
・事故発生時は必ずAEDを持って駆けつけることを徹底する。

危機管理アドバイス 👆
　二次被害の防止のために、プールにいた他の児童への指導や帰宅後の指導等、心のケアが必要です。
　危機発生時に決められている校内放送をし、教職員に知らせるとともに、空き時間の教職員はプールに集合し対応に当たります。

Dr.からの医学的アドバイス
　溺れるときは静かに溺れます。ドラマのように大声を出すことはできません。
　溺水傷病者に対する心肺蘇生法は、通常と全く同じように開始していただければOKです。
　AEDを使うときは、体の前面のみ水を拭き取ってください。

事例8 ## リレー練習で衝突し、眼窩底骨折 ｜ 小学5年生・男子

グラウンドを逆走中に

（1）事例の概要

事故発生時の状況	経過	「ひやり」「ハッと」したこと
運動会に向けて、昼休みに児童たちだけで自主的にリレー練習を行っていた。本児のクラスは逆走して練習しており、バトンゾーンで他のクラスの走者と正面衝突し、顔面を負傷した。	保健室には歩いてきた。顔面と眼の痛みがあり、吐き気や頭痛は訴えなかった。受診までの間、眼の激痛のみ訴え続けた。 保護者に連絡をとり、学校から近い眼科で保護者とともに受診した。迎えを待つ間に、吐き気を訴えて嘔吐した。 眼科では「嘔吐している症状は診ることができない」と断られたため、総合病院の救急で受診し眼窩底骨折と判明した。念のため1日入院、その後1か月の経過観察を行い、治癒した。	・眼の痛みだけでなく顔面の痛みや嘔吐もあったこと。 ・病院が昼休みの時間帯だったこと。 ・眼科医から総合病院へ紹介してもらえなかったこと。 ・逆走をただちに指導すべきだったこと。

救急車要請の有無

要請なし
意識があったので、近隣の眼科で受診と判断したため。

（2）再発防止対策～ヒヤリ・ハットを防ぐために～

リスク・マネジメントの面から
・毎年、リレー練習の基本的なルールを全学年で事前に指導する。
・事故発生時の救急体制を年度当初に共通理解しておく。
・緊急時に診療してもらえる病院を把握しておく。
・異動時は医療機関の情報も引き継ぐようにする。

クライシス・マネジメントの面から
・本人の訴えで局所だけを見るのではなく、全身をアセスメントし、症状や状態の変化を見逃さないようにする。
・近隣医療機関の一覧表（総合病院や各診療科の電話番号、診療時間を記載したもの）を作成し、保健室や職員室の電話の近くに設置しておく。

危機管理アドバイス ☝
　昼休みに教職員が運動場の見回りをする危機管理体制を確立し、担当者は見回りをするときのポイントを把握しておく必要があります。
　眼窩底骨折が疑われる場合は、眼球の運動障害、眼球陥没の有無、複視の有無を必ず確認した上で、受診する医療機関を決めることが重要です。

Dr. からの医学的アドバイス
　眼窩底骨折は、眼窩の中での骨折ですので救急処置はありません。
　疑われた場合には眼科で受診してください。本例のように、総合病院受診を指示されることもあるでしょうが、眼の外傷はまずは眼科受診が適当と考えます。

事例 9 | **ドアで指をはさんだ粉砕骨折** | 小学 5 年生・男子

暴風注意報！
説明責任 !!

（1）事例の概要

事故発生時の状況
暴風注意報が発令され、強い風が吹いていた。普段は開け放してあるドアが閉まっていた。活動場所の変更を連絡しに行き、校内に戻ろうとした児童が、ノブの付いた右側のドアを右手で開けようとしたが強風で少ししか開かなかった。 　そのため、左手を右側のドアに添えて開こうとしたところ、一段と強く風が吹いて閉まったドアに左手第 4 指・第 5 指をはさまれてしまった。

経過
ちょうど現場近くにいた養護教諭が発見し、さらに閉まろうとするドアを支えた。大声で教職員の応援を求め、救急車（レスキュー車）の要請を依頼し、家庭にも連絡をした。 　近くにいた児童をその場から避難させた。 　翌日に保護者から、現場の状況確認と事故の経緯を説明してほしいとの要望があり、校長・教頭・養護教諭が対応した。

「ひやり」「ハッと」したこと
・保護者から「普段開けてあるドアがなぜ閉まっていたのか？」「活動場所変更の連絡が全員に伝わっていなかったのはなぜか？」という問い合わせがあったこと。 ・暴風注意報が発令されていたが、ドアの管理をしていなかったこと。 ・指がドアにはさまった状態だったこと。

救急車要請の有無
要請あり 指がドアにはさまった状態で、救助隊による救助が必要であると判断したため。

（2）再発防止対策〜ヒヤリ・ハットを防ぐために〜

リスク・マネジメントの面から
・安全な校内生活や登下校ができるように、事故に応じた危機対応をマニュアル化しておく。
・救急車の要請は、職員室・事務室・保健室に掲示してある「校内救急体制」に沿って行う。

クライシス・マネジメントの面から
・開き戸を引き戸に改善した（変えるまでは、開き戸は教職員が開けることを原則とした）。
・当日になっての変更事項は、日報・校内放送等を使って確実に行う。
・状況に応じた施設・設備の安全管理を徹底する。

危機管理アドバイス 👆
　保護者への説明責任が果たせるように、事故発生に関する記録をしっかり残しておくことが大切です。

Dr. からの医学的アドバイス
　粉砕骨折であっても、骨折の基本処置は同じです。局所の安静を保ち、医療機関受診とします。

事例 10	虫取り網の柄がふくらはぎを貫通した けが	小学6年生・男子

ふくらはぎを貫通！

（1）事例の概要

事故発生時の状況

とんぼを取るために昼休みに虫取り網を振り回していた。しばらくして網が足に絡まって転んでしまい、金属の柄がふくらはぎに刺さった。

救急車要請の有無

要請あり
金属の柄がふくらはぎに刺さった状態だったため。

経過

近くにいた児童から職員室に連絡が入った。けがした児童に受傷部位が見えないように、近くにいた教員が顔をタオルで隠した。
校長からの指示で教務主任が救急車を要請した。救急車が到着して柄を切断した。ドクターヘリを使用することになり、ドクターヘリが下りる公園まで救急車で搬送した。
救急車要請と同時に家庭へも連絡を入れ、駆けつけた母親がドクターヘリに同乗した。翌朝、臨時の打ち合わせを行い、教職員に状況説明をした。

「ひやり」「ハッと」したこと

・金属の柄がふくらはぎを貫通してしまったこと。
・救急隊が到着するまでの間、そのままの状態でいたこと。
・金属の柄を抜かなくて正解だったこと。

（2）再発防止対策～ヒヤリ・ハットを防ぐために～

リスク・マネジメントの面から
・緊急時の連絡体制を確立しておく。

クライシス・マネジメントの面から
・全教職員で校内の安全点検を行って危険箇所を洗い出し、修理、撤去等の改善を図る。
・予測される危険な行動について児童から出た意見を教職員で共通理解し、学年に応じた指導を行う。

危機管理アドバイス ☝
想像もつかない事故が校内でのさまざまな活動の中で起こることがあるので、慌てず対応することが必要です。児童の心のケアを考慮することを忘れずに…。

Dr.からの医学的アドバイス
刺創の場合には、抜かずに医療機関で受診することが基本です。

事例11	連鎖的に発生した熱中症	複数の小学生

集団心理的影響？嘔吐は連鎖する？

（1）事例の概要

事故発生時の状況

9月中旬、運動会の総練習を2時間目に行っていた。授業終了頃、6年男児がグラウンドにて嘔吐した。練習開始20分後に一度、休憩・水分補給を行っていた。

救急車要請の有無

要請あり
男児の嘔吐が続いたため。

経過

6年男児が嘔吐してから、低学年の児童を中心に次々と気分不良を訴えた。そのため、熱中症対応用に用意した部屋に入れて、手当をした。

総練習は中止し、健康な児童を教室へ戻した。治療が必要と判断された児童は、病院へ搬送されたが軽症であった。

「ひやり」「ハッと」したこと

・不調を訴える児童が急増したこと。
・訴えのあった児童をすべて同じ部屋に入れて対応してしまったため、症状の軽い児童も吐き気をもよおす等、症状が連鎖したこと。

（2）再発防止対策～ヒヤリ・ハットを防ぐために～

リスク・マネジメントの面から
・熱中症発生時の対応マニュアルを作成し、共通理解しておく。
・気温が上がる午後や長時間の練習は避ける。
・気温、湿度、WBGTの測定は、児童が活動する場所でこまめに行う。
・屋内外を問わず、運動会や体育祭の練習、部活動時には休憩や水分補給等の指導を徹底する。

クライシス・マネジメントの面から
・児童の様子をよく観察し、個人差があることに留意して対応する。
・複数の体調不良者が出た場合、重症度を判断して対応する部屋を分け、軽症者の対応は養護教諭以外でもできるようにしておく。
・救急車で搬送する、保護者に依頼する等、症状により搬送方法を振り分け、搬送先（救急病院やかかりつけ医）を分散させる。

危機管理アドバイス
気象条件を配慮し、運動会、体育祭の開催時期の見直しも必要と思われます。

Dr.からの医学的アドバイス
嘔吐は臭いのみならず、見たり聞いたりしても、他の児童生徒等に連鎖することがよくあります。
次々倒れることがあるので、熱中症が複数発生した場合は119番通報をする必要があります。

事例 12 投げられたほうきで眼を打撲 | 中学1年生・男子

眼が開けられず、状況が把握できない

（1）事例の概要

事故発生時の状況	経過	「ひやり」「ハッと」したこと
清掃活動中に、友だちが投げたほうきの持ち手の部分が左眼に当たった。	左眼を押さえながら、一人で来室した。痛みが非常に強く、眼が開けられなかった。状態を確認するためにわずかに開いた眼は充血しており、緊急性ありと判断した。 　清掃中だったので担任の所在がわからず、保護者への連絡と救急車要請は保健室で行った。 　その後、救急車が到着したが、受け入れ先の病院がなかなか決まらなかった。病院に搬送され受診した結果、異常なしとの診断だった。眼の状態と保護者の要望から、別の病院で再受診した。	・本人が一人で来室したこと。 ・担任との連絡がスムーズにいかなかったこと。 ・搬送先がなかなか決まらなかったこと。

救急車要請の有無
要請あり 痛みで眼が開けられない状態だったため。

（2）再発防止対策～ヒヤリ・ハットを防ぐために～

リスク・マネジメントの面から
・さまざまな場面を想定し、校内の連絡体制を整えておく。
・近隣地域の医療機関について常に新しい情報を入手し、傷病への迅速な対応ができるようにする。

クライシス・マネジメントの面から
・再発防止対策として、安全に生活するためのルールを指導、徹底する。
・近隣医療機関の一覧表（連絡先、診療時間、休診日を記載したもの）を見やすいところに表示しておく。

危機管理アドバイス 👆
　受傷部位や痛みの程度によって必ず付き添いを付け、二次被害を予防しましょう。
　校内の緊急連絡体制を整備しておくことが大切です。

Dr. からの医学的アドバイス
　総合病院でも眼科医は夜間不在のことが多いので、眼の外傷については、早期に眼科で受診するように手配してください。眼の異物でも、洗眼で症状が軽快しないときは眼科で受診させてください。
　肉眼的に見て明らかに眼球損傷がある場合、指を出して何本か言えないときは重症と判断すべきです。でも実際には、事例のように開眼できないことも多く、眼科医の診察が必要になります。
　確かに、市中の眼科医院で「診察が困難」と言われることが多いかもしれませんが、夕方以降に受診されるともっと困ります。まずは、早期に眼科にかかることが必要です。

| 事例 13 | 生徒同士のけんかによる硬膜下出血 | 中学2年生・男子 |

頭部の強い痛み
興奮している生徒

（1）事例の概要

事故発生時の状況

体育館で集会をしている最中に教職員が二人の不在生徒を探していた。生徒たちは昇降口で言い争いをしており、カッとなった生徒が突然相手の生徒に殴りかかり、けんかが始まった。

教職員が生徒を見つけたときには、一人の生徒が倒れ込んでいた。

救急車要請の有無

要請なし
要請方法の周知徹底不足で要請できなかったため。

経過

「昇降口でけんかをしているので現場に来てほしい」という一報が入り、体育館にいた教職員とともに三人で現場に向かった。一人は倒れ込んでいて、「頭が痛い」と言いながら頭を押さえており、もう一人はかなり興奮し暴れていた。

養護教諭はけがをしている生徒、生徒指導主事は興奮している生徒の対応をした。けがをした生徒が嘔吐し始めたため、現場にいた教職員に救急車の要請をした。加害生徒の対応に手こずり、救急車要請ができず、教職員の車で総合病院に搬送した。診断の結果、硬膜下出血だった。

「ひやり」「ハッと」したこと

・現場に応援に行ける教職員が少なかったこと。
・加害者の生徒がかなり興奮し、その対応に時間がかかったこと。
・加害者の生徒をなるべく早く現場から離し、対応すればよかったこと。
・医師から、「救急車を要請すべきだった」と指導を受けたこと。

（2）再発防止対策～ヒヤリ・ハットを防ぐために～

リスク・マネジメントの面から
・危機対応マニュアルの整備とシミュレーション研修を行う。
・緊急時における教職員の役割分担を明確にする。
・生徒の実態を踏まえ、行事計画では安全に関する十分な配慮と危機対応マニュアルを提案する。

クライシス・マネジメントの面から
・校内の教職員に概要を伝え、事故対応の検証と今後の対応について話し合いをもち、被害を最小限に抑えるための対策を講じる。
・緊急時や事故発生時に複数の教職員が連携して対応できる緊急体制づくりをする。
・被害者側と加害者側の心情を察し、両者への対応をする。
・被害者のけがが完治するまで、誠意ある対応をする。
・電話があるところに救急車要請方法を掲示しておく。

危機管理アドバイス
加害者と被害者がいる場合は、対応を慎重に行う必要があります。
緊急体制を整備し、危機発生時の対応についての研修を行いましょう。

Dr.からの医学的アドバイス
頭部外傷で意識障害があれば、医療機関で受診させてください。
本例では、嘔吐があり、救急車を呼ぶのが適当であったと考えます。

事例 14 体育時のマット運動で起こった頸椎損傷 | 中学2年生・男子

顔面強打！確認部分は？

（1）事例の概要

事故発生時の状況

4時間目の体育の授業を体育館で実施した。マット運動でハンドスプリング（前方倒立回転跳び）をやっているときに着地に失敗した。顔面をマットで強く打った後、回転した。

救急車要請の有無

要請なし

経過

4時間目終了後に友だちと来室した。意識は清明、顔には腫れ及び傷なし、首を動かすと少し痛みがある程度だった。

発生時の状況を確認するがはっきりしないため、体育科教員を呼んで確認した。痛みが少なく、本人も「大丈夫です」と言ったため、冷湿布を貼り、様子を見た。経過観察をし、特に大きな変化はなかったが、部活は休ませて下校させた。その際、家庭への連絡を担任に依頼したが、受診せず、様子を見ることになった。

翌日になって、痛みが増し、頭痛と吐き気が出てきた。そのため、再度家庭連絡し整形外科で受診してもらった。その結果、「頸椎損傷・3週間の安静」となった。

「ひやり」「ハッと」したこと

・生徒の「大丈夫です」という言葉を鵜呑みにしてしまったこと。
・家庭への連絡内容を担任としっかり確認しなかったこと。
・医療機関での受診について、保護者に確実に依頼すべきだったこと。

（2）再発防止対策～ヒヤリ・ハットを防ぐために～

リスク・マネジメントの面から
・単元内容に合わせた準備運動（ストレッチ等）を取り入れ、念入りに行う。
・指導者は、到達レベル別のコースをつくり、取り組んでいく。
・体育館でのけが発生時の連絡方法・運搬方法を徹底する。
・起こりうるけがを想定し、スムーズな対応ができるようにする。
・けが発生時は、受傷部位だけでなく、付随した部位も傷めてないかを確認する。

クライシス・マネジメントの面から
・けが発生時は、状況を説明できる生徒や教師が保健室まで付き添う。
・家庭連絡をするときの伝え方について事前にマニュアルをつくり、それに従って保護者に説明を行う。

危機管理アドバイス
「大丈夫です」という言葉を鵜呑みにすることなく、どのような状況でけがをしたのか、問診等のアセスメントをしっかり行い、状況を確実に把握する必要があります。
受傷機転等で心配なことがあった場合には、体育科教員に確認することが大切です。

Dr.からの医学的アドバイス
顔面・頭部の外傷傷病者は、頸椎損傷・頸髄損傷を念頭において対応すべきです。強い頸部痛、四肢のしびれ等があるときは、頸部を動かさないようにして救急車を呼びます。軽度の痛みであっても、医療機関での受診を勧めます。

事例15	休日の部活動での熱中症	中学2年生・男子

一人で休んでいた
3日間入院

（1）事例の概要

事故発生時の状況	経過	「ひやり」「ハッと」したこと
7月中旬、高温注意報が朝から発令されていた。運動場で午前中に2時間ほどサッカーの練習をしていたところ、気分が悪くなった。	部活動顧問は、日陰で休むように生徒に指示を出した。 　日陰にいてもよくならなかったため、部室で15分ほど休んでいたところ嘔吐した。顧問の指示で、他の生徒が職員室に氷を取りに行った。 　偶然出勤していた養護教諭が様子を聞き、すぐに現場に駆けつけた。意識はあったが、吐き気と頭痛を訴えていたのですぐに保護者に連絡した。経過観察中に再び嘔吐し、唇がけいれんし始めたので救急車を要請した。3日間入院した。	・この生徒は1か月前も部活動中に嘔吐し、保護者に迎えに来てもらっていたこと。 ・既往歴があるにもかかわらず、長時間様子を見て悪化させてしまったこと。 ・救急車要請の判断に時間をかけているうちに容体が悪化したこと。

救急車要請の有無

要請あり
嘔吐し唇がけいれんする等、状態が悪かったため。

（2）再発防止対策～ヒヤリ・ハットを防ぐために～

リスク・マネジメントの面から
・気温、湿度等の気象条件を十分に考慮して、休憩をとり水分補給をする。
・熱中症の対応について教職員に周知を図る。
・熱中症の既往のある児童生徒等が再び熱中症になったときの対応を決めておく。

クライシス・マネジメントの面から
・休日の部活動は顧問一人で見ていることが多いため、具合の悪い生徒を一人にしないようにする。
・熱中症の既往のある児童生徒等については、家庭連絡を早めに行う。
・事故発生から処置・判断まで迅速に行う。

危機管理アドバイス 👆
　熱けいれん・熱疲労・熱射病の段階を踏まえ、適切な対応が必要となります。

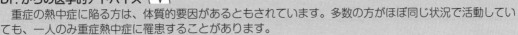

Dr.からの医学的アドバイス
　重症の熱中症に陥る方は、体質的要因があるともされています。多数の方がほぼ同じ状況で活動していても、一人のみ重症熱中症に罹患することがあります。

2 学校行事

 | **遠足中の墜落事故による骨折** | 小学3年生・男子 |

事例 16

5ｍ下へ墜落!!

（1）事例の概要

事故発生時の状況	経過	「ひやり」「ハッと」したこと
遠足で出かけた施設内の橋を学級で2列になって渡っていたとき、本児が下をのぞき込もうと突然身を乗り出し、5ｍ下の橋下に墜落した。	担任は先頭を歩いていたため、墜落当初は気づかなかった。他の児童が騒ぎ出したため下を見たら、墜落した児童が見えたので、急いで駆け寄り、意識を確認した。意識は鮮明だったが、コンクリートの地面で全身を強く打っていた。	・児童の思わぬ行動に慌ててしまったこと。 ・引率教員は各学級担任の3名しかいなかったこと。 ・事故の発生状況について、保護者の理解を得られるかということ。

救急車要請の有無
要請あり 意識はあったが、全身を強打し、現場の状況から緊急事態と判断したため。

（経過の続き）担任は携帯電話で救急車を要請し、後から来た他の教員は学校へ連絡し、学校から保護者へ連絡してもらった。すぐに救急車が到着し、担任が同乗して病院まで搬送された。検査や治療のため、そのまま入院した。その後、少し回復した段階で自宅近くの病院へ転院した。2年ほど治療と経過観察を続け、幸い、後遺症は残らず全快した。

（2）再発防止対策～ヒヤリ・ハットを防ぐために～

リスク・マネジメントの面から
・遠足先を十分に下見し、安全性を確認しておく。
・引率教員は担任だけでなく、必ず級外教員が一人は同行する。
・児童への事前指導の中で安全面の指導をしておく。
・校外活動中の事故発生時における緊急連絡体制を確認しておく。

クライシス・マネジメントの面から
・全児童に安全指導をして再発を防ぐ。
・保護者には、管理職・担任・養護教諭等で誠意をもって対応する。
・墜落現場を見た他の児童の中にはショックを受けている児童もいるので、心のケアに配慮する。

危機管理アドバイス ☝
　校外活動の際は、緊急時に迅速な対応ができるように医療機関に事前に依頼しておくことが重要です。また、シミュレーション訓練を行い、教職員の役割分担を決めておくことも必要です。

Dr.からの医学的アドバイス
　真っ逆さまに落ちていますので墜落といいます。斜面を転がり落ちるときを転落とします。墜落のほうが重症度が高くなります。
　墜落した児童のことが気になりますが、他の児童の安全確保も重要です。

| 事例 17 | 集団登校中の交通事故 | 複数の小学生 | 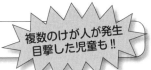 複数のけが人が発生 目撃した児童も!! |

（1）事例の概要

事故発生時の状況	経過	「ひやり」「ハッと」したこと
登校中、登校班の列に自動車が突っ込み、複数の児童が負傷した。	事故の第一報を受けて、養護教諭を含む教職員数名が駆けつけたときには、既に救急隊の方が応急処置を施していた。地域の方も、毛布やタオルを持って被災児童たちをケアしてくれていた。 　養護教諭は児童たちの負傷状況（心の状態も含め）について確認し、校長へ報告後、搬送先の病院に向かった。負傷した児童の一人は入院治療を要したが、他の児童は軽症で済んだ。しかし、心の動揺が激しかったので、翌日には市からスクールカウンセラーが派遣され、心のケアに対応した。	・登校中の大きな事故で、教職員全員が動揺し、混乱してしまったこと。 ・複数の負傷者が出たこと。

救急車要請の有無
要請あり 緊急事態と地域の人が判断したため。

（2）再発防止対策～ヒヤリ・ハットを防ぐために～

リスク・マネジメントの面から
・登下校中の交通安全指導を定期的に行いながら、教職員は児童の様子を見届け、事故防止対策を図る。
・日頃から地域と連携し、協力し合いながら児童の安全を確保していく。

クライシス・マネジメントの面から
・危機管理マニュアルを見直す。
・安全管理（施設・設備や通学路の安全点検や見直し）や安全教育の充実を図る。
・負傷児童や現場を目撃した児童たちの心のケアを行う。
・配布物を通して、全家庭に安全意識の啓発を行う。
・スクールカウンセラーから専門的アドバイスをもらい、適切に対応する。

危機管理アドバイス 👆
　日常の交通安全指導を行うとともに、登校班や現場に居合わせた児童の心のケアを重点的に行いましょう。現場に居合わせていない児童にも、登下校に関する不安感が生まれるので、家庭と連携をとりながら観察を続けましょう。
　事故現場を回避する等の速やかな二次被害防止対策が必要です。
　複数被害の場合は、養護教諭が医療機関搬送等のトリアージを行う必要があります。

Dr. からの医学的アドバイス
　多数傷病者が同時に発生すると、医療従事者も混乱することがあります。
　多数傷病者発生時に行うトリアージ法の中で START 法は簡便であり、国内で普及しています。

事例 18　修学旅行中のインフルエンザ発生　｜　小学校

急な発熱！隔離？

（1）事例の概要

事故発生時の状況

修学旅行の1日目に乗り物酔いと体調不良を訴えた（10時30分、体温36.7℃）。様子を見ながら班別行動を続ける。バスでの移動中に検温をしたところ、38℃あった。夕食会場から宿泊場所までバスで移動後、医療機関を受診したところ、インフルエンザA型と診断される。

救急車要請の有無

要請なし

経過

・6年生（2学級46名）
・引率職員（校長・担任2名・教務・養護教諭）

本児の発熱後、感染予防のためにバスの車内で全員がマスクを着用した。担任が家庭に連絡して状況を説明し、今後の対応を確認した。

宿泊場所では別の階に保健室を用意してもらい、経過観察を行った。23時頃に保護者が到着し、自家用車で帰宅した。宿泊場所では、就寝前と翌朝に児童の健康観察・検温をした。

2日目は、全員がマスクを着用し、アルコールティッシュで手指消毒を行った。

翌朝、2名が微熱を出した。経過観察をしていく中で体温が上がり始めたため、家庭連絡をし、迎えを依頼した。

「ひやり」「ハッと」したこと

・病院で受診するまで、集団行動の時間が長かったこと。
・夕食会場から宿泊場所まで、バスで移動したこと。
・タクシーを利用するべきだったこと。

（2）再発防止対策～ヒヤリ・ハットを防ぐために～

リスク・マネジメントの面から
・修学旅行前1週間の健康チェックとともに、旅行中の健康観察・検温を行う。
・集団感染が発生したときの対応マニュアルを作成し、引率教職員へ周知徹底する。
・旅行会社と提携している医療機関を事前に確認しておく。

クライシス・マネジメントの面から
・発熱等の症状がある場合、他の児童とは隔離する。
・他の児童の健康観察・検温を行う。

危機管理アドバイス 👉
　発熱した児童が出たら、感染防止の観点から部屋や行動を完全に別にすることが必要です。
　事前説明会等で、体調不良者が出た場合の迎えを依頼しておきましょう（学校旅行総合保険の適用で旅費が支払われるかを旅行会社に確認しておく必要があります）。

Dr. からの医学的アドバイス
　校外行事におけるインフルエンザ発生時の対応を考慮しておきましょう。

事例19	修学旅行中の水痘発症	中学校	 新幹線内で発症 熱なし、元気あり

（1）事例の概要

事故発生時の状況

修学旅行１日目、京都に向かう新幹線の中で、生徒から「腕に発疹が出た」という申し出があった。アトピー性皮膚炎をもっている生徒で、肌が弱かった。全身を確認すると丘疹が一つだけだったので、朝食の内容を確認し、経過観察とした。

救急車要請の有無

要請なし

経過

京都に着くまで特に変化はなかった。熱も36.5℃だったため、教職員・添乗員と話し合い、様子を見ながら活動に参加させた。夕方になり微熱が出始めたため、家庭連絡をし、別室で休ませた。発疹は増えていなかった。夜中も数回確認したが、よく眠っていたため、全身の発疹の状態まで確認できなかった。

翌朝37.6℃の熱・丘疹が腹部に出始めた。そのため、病院で受診したが診断の結果がはっきりしなかった。昼には熱が下がり、教職員と１か所のみ見学をした。しかし、夕方に再び熱が上がり、38℃を超えたため、別の病院で受診した。

頭皮にできていた発疹から水痘と診断され、３日目の朝、保護者に京都まで迎えに来てもらった。

「ひやり」「ハッと」したこと

・なかなか診断がつかなかったこと。
・今後の感染症の拡大がどのようになっていくか。
・生徒の感染症の既往歴について、まとめたものを持って行かなかったこと。

（2）再発防止対策～ヒヤリ・ハットを防ぐために～

リスク・マネジメントの面から
・年度当初に回収する健康管理カードから、感染症の既往歴や予防接種状況を把握しておく。
・旅行先の医療機関について事前に確認しておく。
・修学旅行の事前打ち合わせの際、宿泊先で「保健室」として使える部屋が確保できているかを確認しておく。

クライシス・マネジメントの面から
・感染症が発生した場合の対応について校内でマニュアルを作成し、日頃から全教職員の共通理解を図る。
・水痘の潜伏期間が２～３週間のため、生徒・教職員の健康観察を確実に行う。

危機管理アドバイス 👆
水痘について、発生時の対応を事前に確認しておくことが重要です。
水痘の症状（発疹の形状）を写真で見る等、文献で確認しておくことも大切です。

Dr. からの医学的アドバイス
皮疹は初期には鑑別が難しいものです。

❸ 感染症

| 事例 20 | ノロウイルスによる集団感染 | 中学校 |  週明けに 欠席者急増 |

（1）事例の概要

事故発生時の状況

月曜日の朝、吐き気・下痢・嘔吐・腹痛・発熱の理由で欠席する生徒が63人いた。また、朝の健康観察でも、55人の生徒が「気持ちが悪い」と訴えたりトイレで嘔吐したりしていた。

救急車要請の有無

要請なし

経過

養護教諭が学校の状況を学校医に報告した。生徒の中には、学校医の診察を既に受けていた者もいて、「ノロウイルスによる感染」の可能性があるとのことだった。さらに、校長が今後の対応を学校医と相談し、早めの休養をとらせるため、全校生徒を午前中で下校させることにした。

・教頭から教育委員会→給食センター→保健所へ連絡
・校内緊急総務会の開催→教職員打ち合わせ
・全学級、担任から学級連絡網で情報を流した（学校の現状・早期下校について）。
・現在の状況・今後の対応について全家庭に文書を配布した。
・保健所職員が来校し、状況確認、校内の消毒について指導した。

「ひやり」「ハッと」したこと

・週明けに、嘔吐・吐き気・下痢の症状で、欠席が多く出たこと。
・登校した生徒の中にも「気持ちが悪い」と訴えている者が多くいたこと。
・前の週に腹痛で休んでいた生徒の確認を十分にしていなかったこと。

（2）再発防止対策～ヒヤリ・ハットを防ぐために～

リスク・マネジメントの面から
・嘔吐したときの対応についてマニュアル作成をし、教職員に徹底する。
・集団感染が発生したときの危機対応マニュアルを作成し、関係者へ周知徹底する。
・各学級・各学年に嘔吐物処理セットを配布する。

クライシス・マネジメントの面から
・毎日の健康観察用紙（項目）を改善し、実施する。
・教職員を対象とした嘔吐物処理方法の実技研修を実施する。

危機管理アドバイス 👆
　二次感染防止のために、嘔吐物処理セットを準備しておくことが必要です。
　嘔吐物処理時は、アルコール消毒は効果がないため、次亜塩素酸ナトリウムでの消毒を行います。
　健康観察用紙（項目）を工夫し、発症した日がわかるように改善しておくことが大切です。
　学校医に連絡をし、指導助言を受けるようにしましょう。

Dr. からの医学的アドバイス
　多数の児童生徒等が消化器症状を訴えた場合は、早期に保健所に連絡することがよいでしょう。
　ノロウイルス感染の早期認知は、複数の児童生徒の嘔吐・下痢症状発生で行います。

| 事例 21 | 麻しん発症による学校閉鎖 | 中学校 | 保健所からの突然の連絡 |

（1）事例の概要

事故発生時の状況	経過	「ひやり」「ハッと」したこと
保健所から、本校生徒が麻しんに罹患したと地域の医療機関から通報があったとの連絡が入った。	・市教育委員会へ連絡（校長） ・学校医へ連絡（養護教諭） ・ＰＴＡ会長へ連絡（教頭） **〔学校閉鎖の決定〕** ・保護者通知（教頭） ・感染ルートの確認・追跡調査（担任・養護教諭） ・出席停止手続き（養護教諭） ・家庭訪問及び電話連絡（担任） （家庭学習計画・健康観察） ・授業時数確認・変更（教務） **〔学校再開の決定〕** ・健康観察の徹底（担任・養護教諭） ・手洗い・うがい励行、マスク着用指導、体調不良者への対応（担任・養護教諭） **〔終息宣言〕** ・市教育委員会・学校医・学校代表（管理職・養護教諭）で検討	・保健所から突然の連絡があったこと。 ・管理職が不在だったこと。 ・潜伏期間中に部活動の大会があり、他校との接触があったこと。

救急車要請の有無
要請なし

（2）再発防止対策〜ヒヤリ・ハットを防ぐために〜

リスク・マネジメントの面から
・予防接種を確実に接種するように指導する。
・教職員の罹患・接種状況を把握しておく。
・感染症対応への行動計画を作成し、全教職員へ周知を図る。

クライシス・マネジメントの面から
・麻しんについて学級活動で保健指導を行う。
・家庭用朝の健康観察票（検温含む）を作成して実施する。
・学級担任が行う朝の健康観察時の観察ポイントを明確にし、忙しい朝の時間帯でも養護教諭が全体を短時間に掌握できるように改善する。

危機管理アドバイス 👆
　麻しんの発症状況について地域・学校で情報を共有することが重要です。
　各家庭で保健調査を記入する際、予防接種の接種状況について把握し、必要性や麻しんが発症した場合の対応について周知を行っておきましょう。

Dr. からの医学的アドバイス
　麻しんは最も感染力が強いものの一つとして、院内感染対策でも問題になります。

（国立感染症研究所感染症疫学センター作成、文部科学省・厚生労働省監修『学校における麻しん対策ガイドライン』2018参照）

4 アレルギー

 事例 22 **献立変更による食物アレルギー** | 小学 1 年生・男子

突然の献立変更
家庭への連絡のタイミング

（1）事例の概要

事故発生時の状況
この日、給食の献立が変更され、バターを使ったひじきピラフが出された。バターをアレルゲンとするが少量なら摂取可能なため、除去しなかった。給食でバターを摂取したときは家庭では摂取しないようにしていたが、献立の変更を家庭連絡し忘れたため、夕食時も摂取してしまい、体調が悪くなった（2010年頃の事例）。

救急車要請の有無
要請なし 学校では特に変わった様子がなかったため。

経過
給食において牛乳、乳製品、卵の除去食の対応をしている児童である。前日が台風で臨時休校となったため、食材の納品の関係から、前日の献立が提供された。 アレルギー症状は軽度で、翌日は通常通り登校したが、母親から献立変更やバターが使用されていたかについての問い合わせがあった。 今後は除去対応食でなくても献立変更があったときは、必ず家庭連絡をすると約束し、母親の了承を得た。

「ひやり」「ハッと」したこと
・献立変更についての連絡が教職員に徹底されていなかったこと。 ・1 日のバターの摂取量に制限があることを把握していなかったこと。 ・家庭への連絡を忘れたこと。

（2）再発防止対策～ヒヤリ・ハットを防ぐために～

リスク・マネジメントの面から
・同様の事故を防ぐために、全教職員に「学校生活管理指導表」の共通理解を図っておく。
・給食献立については、給食室内での確認（献立表にはすべての食品を掲載する、掲載されていない食品については使用しない等）を確実に行う。

クライシス・マネジメントの面から
・食物アレルギー、アナフィラキシーショックへの対応を事前に確認しておく。
・除去対応食でなくても献立の変更があったときは、家庭へ連絡する。また、急な変更の場合は、管理職のみならず担任、養護教諭等、全教職員に連絡し、気づきの目を増やしていく。

危機管理アドバイス 👆
　アレルギー対応食の扱いについては、安全を第一に考え、栄養士を交えて保護者と話し合いを行い、確認しておくことが必要です。
　アレルギーをもつ児童生徒等について教職員がきちんと把握し、担任不在時における対応がきちんとできるように、周知徹底することが重要です。

Dr. からの医学的アドバイス
　エピペン® を処方されている児童生徒等は、アナフィラキシー症状が悪化していく場合にエピペン® を使用します。救急車の要請も必要です。

| 事例 23 | 昼休みに起きたアナフィラキシー | 小学5年生・男子 |  口・口腔内のかゆみ、様態の急変 |

（1）事例の概要

事故発生時の状況	経過	「ひやり」「ハッと」したこと
昼休みに運動場でサッカーをしていたところ、口の周辺や口腔内がかゆくなった。 　本児はアレルゲンが複数あり、食物依存性運動誘発アナフィラキシーで、学校生活管理指導表も持っていた。	異変に気づいた本児が、一人で歩いて来室した。来室時は口や口腔内のかゆみだけだったので、学校生活管理指導表を記入した医師に連絡をとった。連絡中に、顔の腫れ、発疹→丘疹、唇の腫れ、涙を流す等、様態が急変していった。 　複数配置校だったので、手分けして職員室や栄養士、保護者への連絡を行った。総合病院に救急搬送され、処置を受けた。学校生活管理指導表はかかりつけの個人病院で記入されていたため、搬送されたアレルギー専門医がいる総合病院で、再度アレルギー検査や投薬を受けるようになった。	・一人で来室したこと。 ・短時間で、様態が急変したこと。 ・すぐに救急車を呼ばなかったこと。 ・学校生活管理指導表をもらうに当たり、総合病院での検査を受けていなかったこと。

救急車要請の有無

要請あり
発症時は救急車要請の指示が主治医からあったため。

（2）再発防止対策～ヒヤリ・ハットを防ぐために～

リスク・マネジメントの面から
・校内緊急体制の再確認を行うとともに、教職員のシミュレーション研修を行う。
・給食の対応について、主治医の指導のもと、保護者と学校が相談しながら決めていく（無理な対応はせず、弁当持参に切り替える）。
・本児はもとより、保護者のアレルギーに対する意識や認識を高める（原因食品の確定、服薬、エピペン®、体調管理等）。
・過去の発症事例を記録しておく（事例検討）。

クライシス・マネジメントの面から
・緊急時の対応として、発作時に飲む薬を学校で保管する。
・当日の給食原材料表の保管場所を共通理解しておく。
・緊急連絡先とともに、発症記録や薬の管理、当日の発症状況記録用紙を個別ファイルにして、すぐに持ち出せるように保管する。
・救急車要請カードを保健室・事務室・職員室に置いておく。

危機管理アドバイス 👆
　エピペン®の保管場所や使用方法は、保護者とよく相談して決定し、教職員全員に周知を図っておく必要があります。エピペン®は、教職員が接種しても法に触れることはありません。日頃から使用目的や使用方法を勉強し、シミュレーション研修を行っておくことが大切です。

Dr.からの医学的アドバイス
　アレルギーの症状は児童によって異なります。
　多くの児童生徒等がいる学校では大変だろうと思います。

5 疾患

 事例 24 **筋ジストロフィーをもつ児童の転落事故** | 小学２年生・男子

大きな泣き声
仰向けに転倒

（1）事例の概要

事故発生時の状況	経過	「ひやり」「ハッと」したこと
放課後、外階段を上っていた際、下から３段目から後ろ向きに落ちた。本児は筋ジストロフィーのため、平地でも転倒することが多く、階段の上り下りが困難な状態であった。	泣き声がしたので窓の外を見ると、ランドセルを背負ったまま、仰向けに倒れている本児を見つけた。 　養護教諭が駆け寄ると起き上がろうとしたが、ランドセルを背負っていたため起き上がることができなかった。体を支え、本人にけがの確認をしたところ、頭部や腰部、背部はぶつけておらず、肘のあたりに擦過傷がある程度だった。その後、本児は歩いて帰宅した。	・大きな泣き声がしたこと。 ・筋ジストロフィーの児童が倒れていたこと。 ・児童を一人で下校させてしまったこと。

救急車要請の有無
要請なし 意識があり、また、外傷がなかったため。

（2）再発防止対策～ヒヤリ・ハットを防ぐために～

リスク・マネジメントの面から
・健康上特別に配慮の必要な児童生徒等について、全教職員が把握しておく。
・緊急時の対応を理解しておく。
・健康上特別に配慮が必要な児童生徒等の活動内容については、定期的に家庭と連絡をとる。

クライシス・マネジメントの面から
・事故発生時は必ず誰かに助けを求めるように指導する。
・クラスの児童に、事故の発生や状況を必ず担任や養護教諭に報告するように指導する。
・事故発生時の校内の救急体制を整備する。

危機管理アドバイス 👆
　筋ジストロフィーの児童生徒等は、さまざまな場面で事故の発生が予想されます。
　担任だけでなく、全教職員に特別な配慮を要する児童生徒の共通理解が必要です。
　誰がその場に居合わせても、適切に対応できるようにしておくことが大切です。

Dr. からの医学的アドバイス
　疾患によっては症状がゆっくり進行し、以前はできたことができなくなります。
　それは新たな危険をつくり出します。

事例 25 **突然の転倒から診断されたてんかん** ｜ 小学3年生・男子

残暑厳しい時季
突然の転倒…熱中症？

（1）事例の概要

事故発生時の状況	経過	「ひやり」「ハッと」したこと
9月、3時間目の体育を運動場で行っていた際、突然「わぁー」という大きな声を上げて倒れ、けいれんを起こした。	担任は本児に付き添い、けいれんの様子等の状態を確認した。運動場にいた教職員が異変に気づき、養護教諭に連絡した。 　養護教諭が現場に到着したときにはけいれんはおさまっていたが、口から泡を吹いたような状態にあり、意識が朦朧としていた。その状況からてんかん発作を疑い、担架で保健室に運んだ。反応が鈍く意識も朦朧としていたため、家庭連絡をし、救急車を要請した。	・熱中症を疑い、判断に迷ったこと。 ・けいれんしていた時間を確認できていなかったこと。 ・緊急連絡が入ったときに職員室にも連絡し、応援を依頼すればよかったこと。

救急車要請の有無
要請あり

（2）再発防止対策～ヒヤリ・ハットを防ぐために～

リスク・マネジメントの面から
・保健調査票等で、特別に配慮を要する児童生徒等をきちんと把握する。
・熱性けいれんの既往がある児童生徒等は、保護者と連絡をとり、状況を把握しておく。
・緊急時の危機対応マニュアルを活用し、校内でのシミュレーション研修を行っておく。

クライシス・マネジメントの面から
・緊急時には複数の応援を呼ぶ。
・記録用紙を準備し、病院一覧も一緒に保管しておく。
・担任が家庭連絡をする際は状況を端的に説明する。
・状況がわかる教職員が救急車に同乗する。
・学級の他の児童の対応をきちんと行う。

危機管理アドバイス 👆
　日差しが強い時間帯の運動場での発症の場合、「熱中症」の確認も忘れないように気をつけましょう。
　熱中症は、独立行政法人日本スポーツ振興センターの災害給付の対象になります。
　てんかん発作はいくつかの種類があるため、病気に対する知識を身に付けておくことが必要です。

Dr. からの医学的アドバイス
　てんかん発作発症時には、救急車を呼びます。
　無理に開口しようとするとけがをします。嘔吐を伴うようであれば、頸を保持して横向きにします。

| 事例26 | 心疾患をもつ生徒の心肺停止 | 中学3年生・男子 |

脈拍が触れない

（1）事例の概要

事故発生時の状況

　どんよりとした寒い日、「○○君が倒れた」との連絡があった。心臓疾患「学校生活管理指導表　C－禁」の生徒だった。
　ＡＥＤが必要であると判断して、担架・毛布を持って現場へ駆けつけるとともに救急車を要請した。

救急車要請の有無

要請あり
心肺停止状態だったため。

経過

　倒れた当初は意識があったようだが、駆けつけたときには目は半開き、チアノーゼ、口元には泡が出ていて意識がなかった。喉元をさわってみたが、脈も呼吸もはっきり確認できなかった。
　ＡＥＤを装着し作動させたところ、体がビクンと反応した。ＡＥＤから胸骨圧迫をするように指示があった。一緒に駆けつけた教職員と二人で人工呼吸と胸骨圧迫を開始した。胸骨圧迫をするうち、苦しそうにうめきながら深呼吸のような呼吸を2～3回繰り返した。呼吸が戻ったと誰もが思ったが、ＡＥＤはずっと胸骨圧迫を指示したため、そのまま継続した。
　7分後に救急車が到着した。ドクターヘリを要請し、医療機関へ向かった。

「ひやり」「ハッと」したこと

・「脈拍が触れないこと」をはっきり確認することが難しかったこと。
・"あえぎ呼吸"について十分に理解できておらず、胸骨圧迫を継続してよかったのかと不安になったこと。

※あえぎ呼吸…呼吸中枢機能が失われたことによる、異常な呼吸パターン。

（2）再発防止対策～ヒヤリ・ハットを防ぐために～

リスク・マネジメントの面から
・全教職員に、健康上特別な配慮を必要とする児童生徒について周知を図っておく。
・日常的に教職員が"チームで行動"する体制を整備しておく（行動面だけでなく、支えられている安心感をもって養護教諭としての活動を行うことができる）。
・担任・部活動顧問は生徒の緊急連絡先を把握しておく（携帯電話に連絡先を登録しておく）。

クライシス・マネジメントの面から
・校内電話連絡や生徒からの直接連絡があると、保健室・職員室の連絡がスムーズに流れる。
・全教職員が心肺蘇生法を実践できるように研修を行う。

危機管理アドバイス 👆
　心肺停止状態を脈で確認するのは難しい場合があります。迷わずＡＥＤを使用しましょう。必要な指示を出してくれます。

Dr. からの医学的アドバイス
　あえぎ呼吸（死戦期呼吸）は正常な呼吸ではありません。反応がなければ心肺蘇生が必要です。
　あえぎ呼吸のときにＡＥＤが使用できなかったという、残念な事実がいくつか報告されています。
　心肺蘇生を開始した場合には、明確な動きが出現するまで蘇生を続けます。

6　特殊

事例 27	虐待の疑いによる頭部打撲	小学3年生・男子

どのように対応？
関係諸機関はどこ？

（1）事例の概要

事故発生時の状況	経過	「ひやり」「ハッと」したこと
「昨夜、父と母に何回も頭を殴られて、髪の毛をつかまれて引きずられた」と、頭の痛みを強く訴えて来室した。	2時間目の休み時間に担任と来室した。児童は以前、両親から虐待されているような言動をしており、担任が様子を観察していた。頭痛の訴えが強くあり、頭部ででこぼこと腫れていたので、担任から母親に連絡して受診を勧めた。 　来校した母親に本児の話をしたが、返事はなかった。養護教諭が医療機関に、担任が校長に連絡している隙に、母親は車で児童と学校を出た。 　担任と養護教諭が医療機関に向かい、診察に同席したところ、児童は車の中で口止めをされたのか、両親から殴られたことは認めず、原因はわからないと答えた。検査の結果は異常なしだった。	・児童の話が受診前と受診時で全く違っていたこと。 ・児童と母親が二人だけになる場があったので、そこでやりとりがあったのかもしれなかったこと。 ・以前から虐待を心配していた児童だが、そのことについて母親と話をする貴重な機会を生かせなかったこと。 ・母親に本人の話を伝えたが、うまく話を聞き出せなかったこと。

救急車要請の有無

要請なし
意識はあり、緊急搬送の必要がなかったため。

（2）再発防止対策～ヒヤリ・ハットを防ぐために～

リスク・マネジメントの面から
・虐待が疑われる児童についてはケース会議等を開き、対応を検討して体制を整える。
・心配な児童については、家庭連絡を密にして、保護者と情報交換ができるようにする。
・スクールカウンセラーや児童相談所職員と情報を共有し、対応を検討する。

クライシス・マネジメントの面から
・事故発生時の校内体制の整備・周知を図っておき、常に複数の教職員で対応できるようにする。
・虐待が疑われる場合は、医療機関への搬送方法についてあらかじめ検討しておく。
・学校医に連絡しておき、事情がある児童が速やかに受診できるようにする。

危機管理アドバイス 👉
　保護者は真実を隠そうとするので、保護者と児童を会わせるときは教職員が必ず付き添うことが必要です。再発防止に向け、担任を中心に日頃から児童の観察を行い、虐待の言動があったときには内容を記録して、迅速に対応できる校内体制が大切です。

Dr.からの医学的アドバイス
　私たちは、家庭で起こった小児の外傷は「虐待ではないか」といつも考えるようにしています。
　レントゲン室等の、保護者と離れたところでお話を聞けるようにしています。

事例28	登校しぶりから見つかったいじめ	中学1年生・男子

仲良し？
プロレス技をかける？

（1）事例の概要

事故発生時の状況	経過	「ひやり」「ハッと」したこと
一見仲良しに見える数人のグループ内で、くすぐられたり体を引っ張られたりとからかわれていた。その後プロレス技をかけられる等、行為はエスカレートしていた。本人からの訴えがなく、学校側も気づかなかった。その後、登校しぶりが始まり、いじめの事実が判明した。	「プロレス技をかけられた」と、本人と一緒に遊んでいた生徒二人が来室した。肩を打撲していたがけがの程度は軽く、湿布を貼り、落ちついた生活を送るように本人と生徒二人に話をした。 　付き添っていた生徒のニヤニヤしていた態度が気になったので、その様子を担任に伝え、指導を依頼した。 　来室から3週間後、「学校に行きたくない」と家庭から連絡があった。担任が家庭訪問をして本人と話をして、いじめが判明した。	・廊下で数人の生徒にからかわれている様子を見たが、軽く考えてしまい、見逃してしまったこと。 ・保健室来室の際、状況をしっかり聞き取れなかったこと。

救急車要請の有無
要請なし

（2）再発防止対策～ヒヤリ・ハットを防ぐために～

リスク・マネジメントの面から
・教職員は児童生徒等の観察を十分に行い、危機意識をもつ。
・いじめ対応マニュアルの整備と研修を行う。
・児童生徒等の実態を踏まえ、日頃からの情報交換を密にする。
・いじめについて考える道徳や学級活動の充実を図る。

クライシス・マネジメントの面から
・行為がエスカレートする前に早めの対応を心がける。
・いじめの事実をつかんだ場合、多くの教職員で情報を共有化して対応を協議する。
・加害者側、被害者側の心情を十分に把握した上で丁寧に対応する。

危機管理アドバイス 👆
　遊びの中にいじめの芽があるという認識を全教職員がもつことが大切です。
　あらゆる場面で児童生徒の状況を観察することを忘れないようにしましょう。その中で、いつもと違う様子に気づき、いじめの早期発見につながります。
　保健室に来室する児童生徒等のサインを見逃さないようにしましょう。

Dr. からの医学的アドバイス
　私たち医療者も、学校で起こった外傷患者では、いじめの可能性を考えて診療する必要を認識しました。

事例 29	墜落による腰椎破裂骨折及び脊髄損傷	中学2年生・男子

校舎4階から墜落！

（1）事例の概要

事故発生時の状況	経過	「ひやり」「ハッと」したこと
長期休業中、部活動があったため登校した。フリースの手袋をしたまま、4階の教室で窓から外を眺めていた。体を乗り出した瞬間、墜落した。	他の生徒からの連絡で、学年部教職員が現場に駆けつけた。119番通報を行い、養護教諭と体育科教員に連絡した。 　仰向け状態で、上半身を自分で起こし「痛い、痛い」と助けを求め、横になった。意識を確認し、毛布で保温した。その後、救急隊員が到着した。頭を打っている可能性があるので、首を固定した。右下腿からの出血が認められたので、ジャージをはさみで切り、けがの状態を確認した。 　救急車には校長と担任が同乗し、医療機関へ搬送された。診断の結果、腰椎破裂骨折・脊髄損傷を負っていた。	・4階からの墜落だったこと。 ・相手がいない、単独の事故だったこと。 ・滑りやすいフリースの手袋が事故につながったこと。

救急車要請の有無
要請あり 右下腿の変形及び出血があったため。

（2）再発防止対策～ヒヤリ・ハットを防ぐために～

リスク・マネジメントの面から
・墜落事故防止に向けた施設・設備の安全点検を実施する。
・長期休業中における緊急体制を整備する。

クライシス・マネジメントの面から
・目撃した生徒の心のケアを行う。
・予測される危険な行動について、教職員で共通理解し、学年に応じた指導を行う。
・「緊急時応急処置記録票」の記録をもとに「緊急時（けが）の記録」を作成する。
・高校進学時までけがが長引く場合には、配慮が必要なことを進学先の高校に連絡する。

危機管理アドバイス
　校内生活の決まりを見直し、必要な指導を施しましょう。
　墜落事故防止のための施設・設備の整備が必要です。
　墜落や、受傷部位がはっきりしない場合、患者の安静を保持することが重要です。

Dr. からの医学的アドバイス
　3階以上の高さからの墜落の場合は、明らかな痛みがなくても「高エネルギー外傷」と考えて、ただちに救急車を手配します。現場が安全であれば、救急車が来るまで無理に移動させないようにします。

| 事例 30 | 校舎の窓から飛び降りたことによる 自殺未遂 | 中学3年生・男子 |

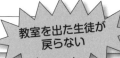
教室を出た生徒が戻らない

（1）事例の概要

事故発生時の状況
朝読書の時間に教室（4階）を出ていき、その後、階段の踊り場の窓から飛び降りた。

救急車要請の有無
要請あり

経過
職員室にいた教職員が音に気づき、植え込みの横に倒れている生徒を発見した。教職員が駆けつけて確認すると、意識はあるが全身に強い痛みがあり、動いたり会話をしたりすることができない状態だった。 管理職に報告し、救急車を要請した。養護教諭は生徒の状態を観察し、担任は家庭連絡をした。救急車には養護教諭が同乗した。保護者が病院に到着し、医師から話を聞いた。 頸骨、肋骨、下腿骨、上腕骨に骨折があり、3か月の入院治療となった。

「ひやり」「ハッと」したこと
・生徒がなかなか教室に戻ってこなかったこと。 ・飛び降りた理由が、はっきりわからなかったこと。

（2）再発防止対策～ヒヤリ・ハットを防ぐために～

リスク・マネジメントの面から
・日頃から児童生徒等の様子を観察し、理解に努める。
・事故発生時の危機対応マニュアルを作成し、教職員がシミュレーションしておく。
・臨時保護者会や緊急サポートチームの介入による心のケアについて、教職員の研修を行う。

クライシス・マネジメントの面から
・自殺未遂した生徒の心のケア、復帰に向けた準備に誠意をもって全教職員で取り組む。
・保護者への対応、保護者の苦しみに寄り添い、家庭との連携を図る。
・緊急サポートチームと連携を図り、他の生徒への影響を最小限にする。

危機管理アドバイス 👆
　事故の状況と今後の対応について全教職員へ周知を行い、全教職員で見守り、支援をしていくことが重要です。
　本人、家族、本人を取り巻く生徒などの心のケアが必要です。
　臨時保護者会やマスコミ対応を含めたシミュレーションをしておくと効果的でしょう。

Dr.からの医学的アドバイス
　自殺企図の傷病者の再企図の可能性の判断は難しく、精神科医と連携をとって診療に当たっています。

　ハインリッヒの法則によると、「一件の重大なトラブル・災害の裏には、29件の軽微な事故・災害があり、そして300件のヒヤリ・ハットがある」とされている。

　第2節では、学校現場と家庭で起こった5件の重篤事例をあげ、事故発生時からの対応を「学校全体の動き」「養護教諭の動き」に分けて時系列でまとめた。危機事例を共有し、危機発生時に適切な対応がとれるようにイメージトレーニングをしたり、事故につながっている潜在危険を探ったりしておくことが大切である。

〈学校〉
事例1　給食室での一酸化炭素中毒による事故
事例2　下校中の交通死亡事故
事例3　柔道中のけがによる死亡事故
〈家庭〉
事例4　家庭内のトラブルによる児童死亡事故
事例5　家庭内のトラブルによるきょうだい二人と
　　　　母親の死亡事故

学校

| 事例 1 | 給食室での一酸化炭素中毒による事故 | 小学校 |

（1）事例の概要

清掃時間中、給食室より「調理員が倒れた」と職員室に連絡が入った。養護教諭は出張のため不在だった。校長・教務主任が現場へ向かうと、二人の調理員が倒れていた。さらに、付き添っていた調理員一人が動けない状態になり、別室に待避していた調理員も体調が悪くなった。

（2）経過

すぐに教務主任が救急車を要請し、救急車2台とドクターヘリが出動することになった。
教職員を緊急招集し、事故の概略・救急車・ドクターヘリの出動、児童の教室待機・教職員の配置について伝達した。

時間帯	学校全体の動き	養護教諭の動き
13：40	事故発生。 教務主任が救急車を要請し、養護教諭へ連絡する。	
14：00	校長が教育委員会に報告する。	出張先から学校へ戻る。
14：10	学校医・警察が到着する。 救急車・ドクターヘリが到着する。 ドクターヘリで一人、消防ヘリで一人、救急車（2台）で近隣の病院へ三人搬送する。 教頭が学校薬剤師に連絡する。	救急車へ同乗する。 病院に到着する。
15：00	児童が集団下校する。 学校薬剤師が到着する。	
15：20	教職員臨時打ち合わせを行う（事故の概要）。 教頭が新聞社の対応をする。 調理員がヘリで搬送された病院へ教職員が向かう。	
15：50	警察が第一発見者に事情聴取を行う。	医師から説明を受ける。
16：00	教育委員会の担当者が到着する。 担当警察署員が到着する。	救急車で搬送された調理員の転院について連絡を入れる。
16：10	現場検証が行われる（教育委員会・校長・教頭・教務主任・近隣中学校長が立ち会う）。	
17：20	教育委員会がマスコミ対応を指示する。	帰校し病状を報告する。
18：20	翌日以降の給食中止を決定する。 ＰＴＡ会長が来校し対応する。 児童宅に電話連絡をする。	管理職に報告する。 これまでの経過をまとめる。
	〔内容〕 「給食室で調理員が事故に遭ったが快方に向かっている。原因が解明されるまで給食を中止する」	
翌日 朝	教職員臨時打ち合わせを行う（日程・対応を確認する）。 全校集会を行う（事故について説明する）。	総合病院に向かう。
9：15	業者、近隣中学校長、科学捜査研究所、警察が到着する。 ・現場検証が行われる（前日退院した調理員も立ち会う）。 ・科学捜査研究所によってＣＯ検出試験が実施される。	被災職員の状況を確認し、校長に報告する。
10：00	教育委員会が来校する。	転院について学校へ報告する。 転院先に付き添う。

13：30	現場検証が終了する。	
16：30	教育委員会が病院に到着する。 教頭が病院に到着する。	今後の治療計画について報告する。
17：40	労働基準監督署による現場検証が行われる。 ・被災職員に関する書類・事故現場を確認する。 ・第一発見者を交え、当日の状況聴取と現場状況の再現を行う。 ・業者が機械を修理する。	
翌々日	事故に関する保護者説明会を開催する。 ・事故の経緯、今後の対応について説明する。	

空気中の一酸化炭素濃度（CO（%））と吸引時間による中毒症状

CO%	吸引時間による中毒症状
0.04	1〜2時間で前頭痛や吐き気、2.5〜3.5時間で後頭痛がする。
0.16	20分で頭痛、めまい、吐き気。2時間で死亡。
0.32	5〜10分で頭痛、めまい。30分で死亡。
1.28	1〜3分で死亡。

（出典：日本ガス協会ホームページ）

〈今後の対応〉
・体調の異変を感じたときは、同じ作業場にいる職員に声をかける。
・学校職員の職員調書において、緊急連絡先（家族）を確実にしておく。
・COに関する知識をきちんと身に付けておく。

| 事例2 | 下校中の交通死亡事故 | 小学２年生・女子 |

（１）事例の概要

> 　下校時、一人で歩道を歩いていた。信号のない横断歩道を渡ろうとした際、右折してきた車に巻き込まれた。現場近くにいた地域の人がすぐに119番通報をした。
> 　救急隊の到着後、ランドセルに付いていた名前を見た地域の人から学校に連絡が入った。担任と学年主任が現場に駆けつけて児童を確認し、保護者に連絡をした。児童は救急搬送されたが、重篤な状態だった。担任・学年主任も病院に行き、教頭に児童の状態を随時連絡した。
> 　その後、懸命な処置が行われたが、児童は息を引き取った。

（２）経過

> 　児童の死亡連絡を受け、関係教職員（校長・教頭・主幹教諭・学年副主任・生徒指導主任・養護教諭）が緊急打ち合わせを行った。
> 　その後（夕方）、臨時職員会議を行った。
> 　教頭が事故の状況について教職員に報告した。発生状況や経過、明日の動き・マスコミ対応等について、周知徹底した。

時間帯	学校全体の動き	養護教諭の動き
翌日　朝	緊急支援委員会打ち合わせを行う。 （校長・教頭・主幹教諭・養護教諭・該当児童学年主任・生徒指導主任〈スクールカウンセラー担当、保健主事兼任〉・市教育委員会学校教育課指導主事） 〔内容〕 ・全校集会時の教職員の動きの確認 ・心のケアについて（健康観察カード・面談） ・該当学級の対応 ・保護者向け文書の作成 ・臨時職員会議について ・担任のカウンセリング	全学年で３日間、健康観察（カード使用）を実施する。
始業後 夕方	臨時全校集会を行う。 臨時職員会議（全教職員対象）を行う。 〔内容〕 ・各学年からの児童の状況報告（情報の共有と変化のある児童の把握） ・心理教育について（スクールカウンセラー担当） 　児童が緊急事態に遭遇したときに起こる反応について ・心のケア（養護教諭） 　健康観察カードの実施とスクールカウンセラーによる面談計画について 緊急支援委員会打ち合わせを行う。 〔内容〕 ・該当学年教職員とスクールカウンセラーとの面談報告（教職員のケアと情報共有）	臨時職員会議で提案する。 ・健康観察について（全学年３日間実施） 朝：健康観察カードの回収 ↓ 担任確認 ↓ 担任による個別面談（該当者） ↓ スクールカウンセラーによる面談（担任とともに）
２・３日目 ４日目　朝	週末のため休日。 緊急支援委員会打ち合わせを行う。	

	〔内容〕 ・健康観察の集計と把握（養護教諭・市教育委員会） 　気になる現れの出ている児童の個別面談実施 　　　　　　　　　↓ 　スクールカウンセラーに報告 　　　　　　　　　↓ 　スクールカウンセラーによる面談実施（児童→保護者）	
夕方	緊急支援委員会打ち合わせを行う。	心のケアを要する児童を集約する。
	〔内容〕 ・本日の様子の報告 ・明日の確認 　（スクールカウンセラーの面談予定） 　（該当学年へのサポートのあり方）	
5日目	心のケアを要する児童リストを確認する。	該当学年の健康観察の確認を行う。
夕方	緊急支援委員会打ち合わせを行う。	健康観察の継続についてスクールカウンセラーと検討 → 該当学年は5日間延長、全校児童は1か月後に実施する。 心のケアを要する来室者への対応を行う。
	〔内容〕 ・スクールカウンセラーからの保護者面談実施報告 ・健康観察の継続実施の協議	
6日目	スクールカウンセラーが児童・保護者の面談を実施し、調整を行う。	該当学年の健康観察の確認と記録を行う。
7日目	スクールカウンセラーと打ち合わせを行う。 市教育委員会に児童の経過報告を行う。	該当学年の健康観察の確認と記録を行う。
昼	緊急支援委員会打ち合わせを行う。	
	〔内容〕 ・スクールカウンセラーからの保護者面談実施報告 ・保護者面談の増加に伴い、不安な保護者へのカウンセリング講座の開催についての市教育委員会からの提案	
夕方	緊急支援委員会（校内）打ち合わせを行う。	
	〔内容〕 ・スクールカウンセラーによる保護者向けカウンセリング講座の開催について ・該当学年児童の報告	
8日目	臨時学年主任者会を行う。	該当学年の健康観察の確認と記録を行う。 スクールカウンセラーによるカウンセリング講座の資料を作成する。 独立行政法人日本スポーツ振興センターの手続きについて校長に報告する。
	〔内容〕 ・健康観察の経過報告 ・スクールカウンセラーによる保護者向けカウンセリング講座の実施 ・1か月後の健康観察の実施について	
9・10日目	週末のため休日。	
11日目	市教育委員会に心のケアを要する児童について報告する。 保護者向けカウンセリング講座は、希望者が少ないため実施方法を変更する（個別面談にする）。	該当学年の健康観察の確認と記録を行う。 心のケア（医療機関受診）を要する児童の保護者への対応を行う。

12日目　夕方	緊急支援委員会打ち合わせを行う。	心のケアを要する来室者への対応を行う。
	〔内容〕 ・スクールカウンセラーによる面談状況の報告 ・養護教諭による保護者面談の結果報告 ・今後の心のケアについて	
14日目		心のケアを要する来室者への対応を行う。その後担任に報告し、担任が保護者に連絡する。
16日目		心のケア（医療機関受診）を要する児童の保護者との面談を行う（家庭での様子等）。
1か月後	健康観察の実施に関する保護者文書と健康観察カードを配付する（全校児童対象）。 担任が健康観察を実施する。 反応の出ている児童の抽出→担任個別面談→スクールカウンセラーと面談 健康観察の結果及び児童の様子をスクールカウンセラーに報告する。 スクールカウンセラーによる面談を行う（児童・保護者）。	健康観察の集計と状況把握を行う。 心のケア（医療機関受診）を要する児童の保護者との面談を行う。

事例3	柔道中のけがによる死亡事故	中学１年生・男子

（１）事例の概要

休日に柔道部が活動していた。練習開始から１時間後、投げ込み練習の順番待ちをしているときに頭痛を訴え、突然倒れた。意識不明の状態だった。

（２）経過

生徒は７週間前、社会体育の柔道クラブで頭部を強打するけがを負い、１週間入院していた。４週間前に医師から部活動参加の許可が出たため、部活動顧問、保護者、学級担任で今後の活動内容等を決め、段階をおって練習に参加していた。

本人が初心者でもあり、頭部を強打するけがを負っていたため、学校では全員の共通理解のもと、マットを利用する等の最善の注意を払って練習に参加するようにしていた。

生徒が倒れ、すぐに顧問が意識・呼吸・心拍数の確認を行い、気道確保した。鼻から液体が出ていたため、体位を横にした。いびきをかき始めたため、脳内出血の可能性があると判断し、隣で活動していた剣道部の顧問が消防署に通報し、ＡＥＤを用意した。

その間、血液の混じった水を嘔吐した。通報から７分後に救急車が到着した。

時間帯	学校全体の動き	養護教諭の動き
２日目	校長・教頭が執刀医と面談する。 　８：30　教職員打ち合わせを行う。 　９：00　柔道部員集合→部員への聞き取りを行う。 〔流れ〕 聞き取りの趣旨を生徒に伝え、教職員が分担して個々に話を聞く。 再度、全体に指導する。	柔道部員への聞き取りに同席する（※１）。 柔道部員への心のケアを行う。
３日目	全校集会を行う。 柔道部員のカウンセリングを実施する。 保護者が来校し、治療費について確認する。全校生徒・保護者への報告会開催の了承を得る。	カウンセラーを手配する。 高額医療の限度、傷害保険について独立行政法人日本スポーツ振興センターに問い合わせ、保護者に説明する。
夜	１回目の緊急柔道部保護者会を開催する。	
７日目	二度目の手術が行われる（脳圧が上がったため）。 深夜に及ぶ手術だったが一命は取り留める。	
９日目	緊急で三度目の手術が行われる（「多臓器不全の症状が出てきて、非常に厳しい」との説明を受けた）。	
10日目	17：05　「脳死状態」の連絡が入る。 20：30　死亡確認。	
11日目	０：00　報道関係から取材が入り始める（教育委員会の参事が対応する）。 　１：50～２：50 　　　　　教育委員会で今後の対応について協議する。 　７：00　教職員が学校周辺の見回りをする。 　　　　　学校への取材はすべて教育委員会に回す。 全校集会を行う。 　・全員で黙祷する。生徒に大きな動揺は特になし。	
12日目	教育委員会で今後の対応について協議する。	
14日目	合同記者会見（教育委員会）を開く。	

16日目	通夜に教職員が参列する。生徒も1年生を中心に参列する。	独立行政法人日本スポーツ振興センターへ問い合わせる。
17日目	葬儀・告別式が行われる。	
18日目	2回目の緊急柔道部保護者会を開催する。	保護者に独立行政法人日本スポーツ振興センターの見解を説明する。→書類の提出を依頼する。
	〔内容〕 ・全員で冥福を祈る ・死因が脳挫傷であり、「学校管理下の事故」として報告を受けたことと、今後、校内での現場検証や生徒への事情聴取が行われることの報告	
36日目	独立行政法人日本スポーツ振興センターに書類を提出する。	
66日目	独立行政法人日本スポーツ振興センターの職員が来校し実地調査を行う（※2）。	4日後、資料を提出する（※3）。
117日目	災害給付金・死亡見舞金が給付される。	保護者の口座に災害給付金・死亡見舞金を振り込む。

※1　柔道部員への聞き取り時に配慮すること（心のケアについて）
事情を聞くときのおさえ
・正確な事実をつかむ
・犯人を捜すわけではないことを伝える
・子どもの心のケアに努める
話を聞くときのポイント
・昨日はしっかり眠れたか
・フラッシュバックはないか
・当該生徒とかかわった練習、そして、そのときの様子で気になったことはなかったか
・「頭が痛い」と聞いたのは誰か
・投げ込みのときの様子で何か異変を感じたか
・「当該生徒を強く投げてしまったかもしれない」という認識を他の生徒ももっているか

※2　独立行政法人日本スポーツ振興センターによる実地調査
独立行政法人日本スポーツ振興センターの給付課から2名が来校し、当日の部活動の内容及び災害発生状況等を調査した。学校側は校長・教頭・柔道部顧問・養護教諭が対応した。
〔実地調査の内容〕
・災害発生場所・場合の確認　・災害発生状況の確認
・災害発生時の学校の管理体制　・学校で行った措置状況
・災害発生後の改善事項及び生徒等への指導

※3　提出書類
・災害報告書
・休業日における部活動計画書
・柔道部の練習内容
・緊急事態発生時の対応について
・保護者会の内容
・柔道部員からの聞き取り調査結果

② 家庭

 事例 4　**家庭内のトラブルによる児童死亡事故**　｜ 小学3年生・女子

（1）事例の概要

　朝の健康観察において、A子が欠席していた。欠席連絡がなく、担任が電話連絡をしたがつながらないため、学年主任・教頭・校長に報告した。
　その後、教頭が家庭訪問し、事態に緊急性を感じたため校長に報告した。校長は教育委員会に一報を入れ、事実確認を待った。

（2）経過

事件発生当日
①校内体制の決定
　教頭が窓口になり、校長が対応する。
　市教育委員会より指導主事が来校する（対応のサポートのため）。
　市よりカウンセラーが来校する。

②関係者（市教育委員会・校長・教頭・生徒指導・学年主任・養護教諭）による緊急会議
〔協議内容〕
・翌日の1日の流れの確認
・全校集会の内容の確認
　事件について（校長）、心のケア・カウンセリングについて（生徒指導主任）
・学級活動の内容の確認（生徒指導主任が配付する「心のケア」を資料とする）
・死亡した児童の教室の座席について（保護者と相談の上、決定）
・マスコミ対応について（登校時は入れない）
・カウンセリングについて
　＊緊急時の心のケアについて（全教職員にカウンセリングの手引きを配付）
　＊カウンセリングの窓口〈1〉カウンセリング担当
　　　　　　　　　　　　〈2〉養護教諭
　　　　　　　　　　　　〈3〉生徒指導主任
　＊カウンセリングを受けた児童の様子は、養護教諭と生徒指導主任がカウンセラーから報告を受ける。
　＊気をつけて様子を見ていく児童…死亡したA子と仲がよかった児童、A子と同じ幼稚園だった児童

③協議の決定事項を全教職員に知らせ、それに従って対応していく。

時間帯	学校全体の動き	養護教諭の動き
2日目	7：00　教職員打ち合わせを行う。 〔内容〕 ・校長の話 ・1日の流れの確認 ・登下校の対応 ・全校集会後、学級での担任からの話について ・保護者向け文書について ・児童と教職員の心のケア・カウンセラーの配置について ・対応スタッフ（市教育委員会）の紹介 7：20〜児童が登校する。 　　　　級外教職員が登校指導を行う（携帯電話を持参する）。	保健室に来室した児童に対応する。 カウンセリングの窓口になる。

	・登校時はマスコミを入れない。 ・マスコミから児童を守る。 ・困ったら職員室（教頭）に連絡する。	カウンセリングが必要な児童を把握し、教頭に報告する。 カウンセリングの調整をする。 カウンセラーとの連絡調整をする。 情緒不安定のために全校集会に参加できない児童に対応する。

8：20　全校集会を行う。

〔内容〕
・校長講話
・生徒指導主任講話（心のケア）
・スクールカウンセラーの紹介

体育館にマスコミを入れない（マスコミには市教育委員会が対応する）。

8：45　1時間目は学級活動を行う。
・資料を配付し、担任が話をする。

不安な気持ちになったら、すぐに担任に知らせてほしいことも伝える。

・該当学年のクラスには、市教育委員会・カウンセラーが入り、児童の様子を観察する。
2時間目～通常授業を行う。
・カウンセリング希望児童は職員室へ行く。
・カウンセリングは2部屋で行う。
14：40　1～3年は下校する。
　　　　級外教職員が下校指導する(携帯電話を持参する)。

・下校時もマスコミを入れない。
・マスコミから児童を守る。
・困ったら職員室（教頭）に連絡する。

17：00　課外活動が終了する。下校指導をする。
17：15　教職員打ち合わせを行う。

〔内容〕
・児童の状況把握
・今後の対応
・校長指示事項

〔継続的に実施すること〕
・児童の心身の健康状態の把握
・欠席状況の確認と健康観察の実施
・保健室への来室状況の確認、児童や保護者の相談
・相談を要する児童・保護者・教職員の把握

・面談の記録と報告

3日目以降	教職員は、児童が安心感・安定感のある学校生活を送れるように配慮する。 ・安全管理の配慮 ・丁寧な朝の健康観察（顔色・表情） ・カウンセリングの実施 ・体育授業・部活動においてのけが予防（集中力の欠落） ・カウンセラーによる校内巡視 ・全教職員に児童の様子を報告（日報の活用）
2週間後	「児童のこころのケア保護者学習会」開催 対象…希望する保護者 開始時刻…16時 内容…児童の心身にストレス症状が現れたときの対応の方法について 講師…スクールカウンセラー

〈提供資料〉 CD
・児童向けたより
・児童（生徒）死亡事故発生時の対応とお願い（保護者宛文書）
・児童の心のケアについて（保護者宛文書）
・児童の心のケア保護者学習会資料 1
・児童の心のケア保護者学習会資料 2
・児童の心のケア保護者学習会のお知らせ

事例5 **家庭内のトラブルによるきょうだい二人と母親の死亡事故** 小学校

（1）事例の概要

> 朝の健康観察において、きょうだい二人が欠席していた。
> 欠席連絡がなく、担任が家庭連絡をするが電話がつながらないため、生徒指導主任が家庭訪問をした。
> 訪問時、保護者の勤務先の人に出会い、母親も出勤してないことがわかり、家の様子が尋常でないため警察に通報したところ、家の中で母親ときょうだい二人が死亡していた。

（2）経過

> 家庭訪問をした生徒指導主任が児童への今後の対応（心のケア）を考え、学校への情報提供を早急に警察へ依頼した。昼頃、警察から学校に連絡が入った。

時間帯	学校全体の動き	養護教諭の動き
当日朝	事故発覚 校内体制　校長が関係機関に連絡する。教頭は、外部からの連絡やマスコミに対応する（マスコミ対応は教頭のみ）。	
午前中	校長が現段階で把握していることのみを関係機関（教育委員会・近隣小中学校）に報告する。	
昼	教頭がマスコミ各社からの問い合わせに対応する。	
昼休み	教育委員会が来校し、対応を指示する。 教職員臨時打ち合わせを行う。 〔内容〕 ・事故の概要の説明 ・教職員の動きについて	
下校時 夕方	児童が集団下校する（教職員が引率する）。 教職員打ち合わせを行う（今後の対応・教職員の動きを確認する）。 市精神福祉センター医師とカウンセラーが来校する。 ＊翌日から、市精神福祉センター医師・カウンセラー・市教育委員会配属のカウンセラーの計3人が交代で1日1〜3時間程度来校し、カウンセリングを行うことになった。 　カウンセラーとの連絡は生徒指導主任と養護教諭が行う。	カウンセラーと打ち合わせを行い、連絡調整をする。
2日目	全校集会を行う。 〔内容〕 ・校長講話（事故の報告とつらいときの対応についての説明） ・該当学年の教室巡回について(校長から児童へ話をする)	情緒不安定のため集会に参加できない児童の対応をカウンセラーとともに行う。
	児童向けたよりを作成・配付する。 保護者向けたよりを作成・配付する（表面は教頭、裏面は養護教諭が作成する）。 〔内容〕 ・児童・保護者向けの心のケア ・相談窓口の紹介	保護者向けたよりの裏面を作成する。 資料（身近に起こった事件により起こる心身の変化とその対応） 〔毎日実施したこと〕 ・欠席状況・健康観察の集約 ・保健室来室者への対応 ・児童からの相談対応 ・保護者の情報・相談

6日目	「こころと身体のアンケート」調査を実施する（該当学年の保護者に依頼し、家庭で実施する）。	アンケート結果を集約する。 アンケート結果を報告する。
	〔内容〕 ・健康調査 ・市精神福祉センター医師・カウンセラー・市教育委員会配属のカウンセラーとの相談希望調査	
	担任外教職員がアンケートのパソコン入力を行う。	
	〔会議・打ち合わせで報告したアンケート結果〕 ・個人点数が高い→ショックが心身の健康状態に現れている。 ・保護者が不安に思っている。 ・多くの児童に何らかの心身症状が出ている。 　★ショックなことに関する話をしたり、聞いたりするのを嫌がる。 　★甘えたり、小さいころに戻ったような振る舞いをしたりする。 　★一人でいることを嫌がる。 　★よく眠れない（寝つきの悪さ・途中の目覚め）。 　★イライラして、怒りっぽくなる。 　★はしゃいだり、気分が高まったりする。	
	相談が必要な児童・保護者・教職員を把握する。	
	〔児童〕 ・学級担任から見て相談の必要性がある児童（仲がよかった児童・落ち込みが激しい児童） ・保護者から相談希望があった児童 ・自分から相談してきた児童 ・保健室で気になった児童 ・アンケート結果で、高得点だった児童 〔保護者〕 ・相談希望があった保護者 〔教職員〕 ・担任・今までの担任	
	面談結果を関係教職員で回覧する。	面談の調整をする。 児童の面談に立ち会う。 面談結果を記録する。 学級担任に記録を見せながら、口頭で報告する。
9日後	保護者向けたより2号を作成・配付する。	保護者向けたよりを作成する。
		〔内容〕 ・アンケート集計結果でわかった、児童に現れていた症状の紹介やケアのポイントの紹介
	教職員向け講習会を開催する（講師：カウンセラー）。	カウンセラーとの話し合いの中で、教職員の疲労度が増しているとの指摘を受け、管理職に報告する。
	〔内容〕 ・自分でできる対処法（呼吸法・サイコセラピスト）	
○○式	○○式で校長が話をする。	
	〔内容〕 ・命の大切さ　・冥福を祈ること ・家族や教師が見守っていること	

次年度	該当学年の児童を中心として健康観察を実施する。 スクールカウンセラーによる面談を行う。	

〔医師・カウンセラー・養護教諭と相談（面談）を行った人数（9日間）〕
　児童…15人（のべ19回）、保護者…9人、教職員…3人
　（校長や生徒指導主任も相談活動を行っていた）

〔対応する中で養護教諭として配慮したこと〕
●面談の調整
　市精神福祉センター医師・カウンセラー・市教育委員会配属のカウンセラーの計3人が交代で来校し、相談（面接）を行った。そのため、相談者の状況を見ながら「いつ」「どこで（どの部屋で）」「担当を誰にするか」について割り振りをした。

●児童の相談（面談）への立ち会い
　ショックを受けている児童が少しでも安心して面談を受けられるように、児童の面談には養護教諭が立ち会うことになった。初対面のカウンセラーに対して、自分からなかなか話せなかったため、心配なことや心身の様子を養護教諭が聞き出した。同時に、養護教諭自身の今の気持ちも伝え、気になることがあったらいつでも保健室に来るように話をした。
　一人ひとり現れの違う児童にどのように対応したらいいか悩みながらの面談だったが、カウンセラーにケアのポイントを教えてもらいながら、児童のショックを和らげ、安心感を与えるコツを少しずつ学びながら対応した。

●面談結果の共有
　教職員は事件の対応や学期末処理等で多忙だったため、情報交換の時間を十分にとることができなかった。そこで、面談での児童の様子や内容を細かく記録し、学級担任には記録を見せながら口頭で伝え、その他の関係教職員には記録を回覧して情報を共有した。

第**4**章

自然災害における危機管理

第1節　事前の取り組み事例

① 防災教育

② 避難訓練

③ 備蓄・備品の整備

第2節　発生時・事後の対応事例

① 自然災害による障がい・死亡等の事例

② 自然災害対応例

③ 避難所としての学校の対応

第**1**節　　事前の取り組み事例

　東日本大震災の経験は私たちの意識を大きく変えた。いかに備えをしておくかが明暗を分ける結果となったからだ。災害に対する正しい知識・技能を身につけ、臨機応変に判断し、主体的に行動できる力を育てるため、学校防災教育の一層の充実が求められている。施設・設備等の十分な備えとはどのようなものがあるのか、取り組んできた中学校の実践を紹介する。

① 防災教育

「防災の日」を設定した防災教育

　毎年１学期に「防災の日」を設定し、２時間授業を実施している。海岸沿いに立地していることから、地震に対する防災意識が高い。
　中学生が、自然災害に対して地域とどのようにかかわり、自分の命をどのように守っていくのかを学ぶために、市の消防局の協力を得ながら、さまざまな体験活動を中心に実施している。

【目的】
　・訓練のみにとどまらない、地震防災教育を実施する。
　・体験を通して地震から身を守る方法を身につける。
　・災害時に地域の人を助ける方法を学び、体得する。

【内容】
　３年間を通して学年に応じた内容を実施している。
　・防災ビデオの視聴
　・水難救助機材展示の見学
　・救助袋を使った避難体験
　・スモークハウスによる煙体験（火災時の避難）
　・応急手当とＡＥＤ実習
　・消火器を用いた消火訓練
　・放水訓練
　・起震車による地震体験　等々

救助袋を使った避難体験

スモークハウスによる煙体験

【実施計画】

		1　年		2　年		3　年	
朝読書	教室放送	「防災の日」説明	教室放送	「防災の日」説明	教室放送	「防災の日」説明	
3校時 10：30 〜 11：20	ホール 昇降口 正門付近	A　防災ビデオの視聴（ホール）20分 B　水難救助機材展示の見学（昇降口） 消防車両の見学（正門付近）20分	第1理科室	救助袋を使った避難体験 スモークハウスによる煙体験（ハンカチ用意）	格技場	A 心肺蘇生講座（AEDの使い方）	B 応急手当の仕方（ハンカチ用意）
4校時 11：30 〜 12：20	第1理科室	救助袋を使った避難体験 スモークハウスによる煙体験（ハンカチ用意）	テニスコート	A　初期消火訓練（水消火器を使った訓練） B　可搬消防ポンプの実演		A 応急手当の仕方（ハンカチ用意）	B 心肺蘇生講座（AEDの使い方）
帰りの会	教室	感想の記入と教師の説話	教室	感想の記入と教師の説話	教室	感想の記入と教師の説話	

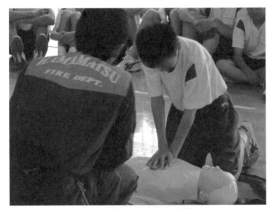

応急手当とAED実習

消火器を用いた消火訓練

放水訓練

起震車による地震体験

総合的な学習の時間を使った「生きてはたらく防災教育」

学校が海岸沿いに立地しており、今後、巨大地震が来て、津波の被害を受ける可能性が高いことから、東日本大震災の教訓を学び、津波から身を守る知恵をもった生徒を育てることを目ざす。

【目的】
・津波から身を守る知恵をもった生徒を育てる。
・被災したときに、防災ボランティアを受け入れる「地域の受援力」について理解を深める。

【内容】
〇講話
　実際にボランティアへ出かけた人や消防署の職員の話を聞く。

〇映像の視聴
　津波被害の実際の映像や地震のメカニズムなどを視聴することで、意欲づけや動機づけを行う。

〇ハザードマップ作り
　生徒自身が主体的となって話し合い、ハザードマップを作成することで、主体的に気づき、正しい判断・行動が取れるようになるための知識や実践力を育むために行う。

〇被災したときに備える指導
　・初年度の活動
　　防災教育講演会

「生きてはたらく防災教育」は、初年度は全学年に「防災教育講演会」を実施した。

防災教育講演会について

1　日時
　・6月25日（水）　1年生
　・6月26日（木）　2年生
　・7月3日（木）　3年生
　　13：55〜14：55（6校時：総合的な学習の時間にて）

2　前日までの準備
　・**各自、自分が何班に所属しているかを確認（当日は班ごとに整列）**
　・各地区で感想を言う生徒を選出（学級委員を中心に）

3　当日の流れ
　13：00〜
　　　区振興課の方（7名程度）来校、体育館準備へ
　13：55〜14：15（20分）
　　　体育館整列（班隊形にて）
　　　※**東側の入り口から入場**
　　　あいさつ（　　　　　）
　　　講話（過去の写真や動画など）
　14：15〜14：45（30分）
　　　図上訓練・グループ活動
　　　（全体説明＋各班に職員がついてくれます。
　　　　先生方も臨機応変に入ってください）
　　　・通学路に線を引く
　　　・危険個所を調べるなど
　14：45〜14：50（5分）
　　　各地区代表者は感想を発表
　14：50〜14：55（5分）
　　　整列（班隊形）
　　　まとめ
　　　あいさつ

4　持ち物　　体育館シューズのみで大丈夫です。

5　準備物　　スクリーン、暗幕、マイク

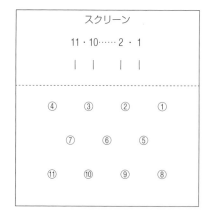

・学年ごとの活動
1年　自分の家について調べる（危険性や避難方法）
【内容】
＊被災したときに備えて、自分の身の回りのこと（家族・自分自身）について考える。
　・自分が学校以外にいるときの行動について考える（友だちと遊んでいるとき・家にいるとき）。
　・家の中に潜む危険とその対策について考える。
　・家族で何を話し合っておけばよいか、グループで話し合いをする。
　・「命のパスポート」（静岡県より配布）に記載されている防災グッズの必要性について考える。
　・防災グッズの実物を見る。
　・「命のパスポート」を使って「我が家の行動表」を家庭で記入する。
　・地域防災訓練の意義について説明をする。
　　＊命のパスポート（静岡県のホームページにPDFあり）

1年　自分の家について調べる（危険性や避難方法）

総合防災　PART2

被災したときに備えて、自分の身の回りのこと（家族・自分自身）について考えよう。

○　被災したときに備えて、家族と何を話し合っておくとよいのかを考える。
○　被災したときに何を備えておけばよいのか、防災グッズの実物をもとに考える。

資料：「命のパスポート」

学習活動	○教師の活動・生徒の活動	留意点
地震・津波における避難の仕方を確認する。	・地震は机の下にかくれる。 ・津波はとにかく高いところへ避難する。	○学校にいるとき、登下校中、在宅中のそれぞれについて確認する。
自分が学校以外にいるときの行動について考えよう。		
友だちと遊んでいるときの行動。	・自分たちの身を守る。 ・避難ビルに避難する。 ・避難地へ向かう。	☆家族がバラバラになっていることに気づかせていく。
家にいるときの行動。	・家族と避難する。 ・家族がいなければ、自分で行動する。	
☆家族と何を話し合っておけばよいのか話し合う。	・どこへ避難するかの取り決めをしておく。 ・学校にいるときは、学校にそのままいる。 ・家にいるときは…？ ・友だちと遊んでいるときは…？	
「命のパスポート」を配布する。	○避難の仕方について確認するとともに、「我が家の行動表」を家庭で記入するよう話す。	「命のパスポート」は静岡県のホームページにアップされている。
災害に備えて、何を準備しておけばよいだろう。		
「命のパスポート」に記載されているものについて、その必要性を考える。	・「水」…どのくらいの量？ ・「食料」…どのような物を、どのくらいの量？ ・「ラジオ」…情報を得るためには必要。 ・「ライト」…手回し発電のものがいい。 ・「常備薬」…必要な人は？ ・その他、必要な物は…？	
防災グッズの実物を見る。	○家庭でも準備しておくように指導する。 ○防災室に、水、食料の備蓄をしていることを知らせる。	
「命のパスポート」を持ち帰り、家庭で話し合う。	○「命のパスポート」は、後日担任が確認する。 ・担任が確認した後、生徒はナップサックへ入れておくようにする。 ○地域防災訓練の意義について話し、参加を促す。	「命のパスポート」は後日担任が確認し、ナップサックへ入れておくように指導する。

　2年　地域の危険箇所を調べる
　初年度は全学年で実施した。次年度から2年が実施している。
【内容】
＊防災マップの作成…区役所職員の協力のもと、災害図上訓練DIGを実施した。
　・講話（20分）
　　阪神淡路大震災や東日本大震災ではどのようなことが起きたのかを映像で確認し、自分の命、
　　家族の命を守るために、地域の危険個所や避難経路、避難場所を知っておくことの大切さを知
　　る。
　・災害図上訓練DIG（30分・グループ活動）
　　通学路を示した紙に線を引きながら、地域の危険個所について調べ、避難経路を確認する。
　・ふりかえり（5分）

災害図上訓練DIG

　3年　地域の人について知る
・災害ボランティア、地域の防災対策活動（植樹活動・防潮堤の建設等）、地域自治会、消防団の
　取り組みや活動状況について調べ学習を行う。
・発表会をすることで情報共有を行う。

・「命のパスポート」を使った指導
・救急法の実習
・地域自治会へのはたらきかけ
・避難所生活体験

○読書による防災学習
　朝読書の時間に『東日本大震災（釜石の奇跡）』を全員読む。
　東日本大震災での出来事（釜石の奇跡）を知ることで、地震・津波の際の防災意識を高める。40冊を
一括購入して、クラスごとに読書をさせ、順番にまわしていく。

静岡県教育委員会と静岡県警察本部の協働による津波防災教育

【目的】
　次世代を担う児童生徒等に対する防災教育を行い、津波から命を守るための危機意識を醸成するとともに、家庭を中心とした防災対策を推進し、ひいては地域の防災力の強化を図る。

【テーマ】
　津波からの避難～そのとき、あなたはどうする～

【講師】
　警察署のＡ警部、Ｂ警部補、Ｃ巡査長

【内容】
　○静岡県警察本部作成のビデオ視聴（約10分間）
　　東日本大震災の被災地映像等を織り交ぜて、
　　・地震発生後、自主的に避難を開始
　　・複数の避難経路・避難場所を把握
　　・徒歩で避難
　　・夜間における避難への備え
　　等、地震発生から津波避難ビルに避難するまでを、一般家庭の嫁姑二人を主人公にドラマ仕立てで啓発する内容となっている。

　○防災講話
　　『東日本大震災（釜石の奇跡）』に見られたように、児童生徒等の行動によって多くの命を救った事例から、平素の防災対策の重要性を啓発するとともに、東日本大震災の被災地の様子や、警察官の活動等について講話する。

　○生徒の感想より
　　・なぜ、高台に避難しなければいけないかがわかった。
　　・家に帰ったら、防災グッズを確認したい。
　　・一次避難について、家族で話し合いたい。

山間部の防災教育 「土砂災害から暮らしといのちを守る」

　６月の「土砂災害防止月間」にちなみ、小・中学校からの依頼により、静岡県交通基盤部河川砂防局砂防課が土砂災害講座を実施した。

【内容】
・実際の映像を交えながら、土砂災害の特徴を学ぶ。
・日ごろの備えについて知る。
・土砂災害のハザードマップを見ながら、自宅や学校、避難場所は安全なのか、避難場所を探し、山間部に暮らす自分たちの周りにどのような危険があるのかを確認する。
・質問
・ふりかえり

【生徒の感想】
・土砂災害という言葉は聞いたことがあるけれど、どういうことが土砂災害なのか、わかりませんでした。けれど、皆さんが映像を見せて説明をしてくれたので、どれぐらい危険なのか、どんな準備をすればいいのかがよくわかりました。
・初めて、崖崩れなどの映像を見て、崩れるスピードがとても早く、怖かったです。なので、事前に準備することがとても大切だと思いました。僕の家の近くには崖崩れを注意する看板があります。雨が降っても、今まで崩れたことはありません。しかし、いつ崩れるかわからないので、備えておきたいです。
・土砂災害の怖さをいろいろ教えてくださりありがとうございます。突然命を奪う土砂災害を今まで軽視していましたが、動画でその怖さがわかりました。突然やってくると言っても前触れがわかりました。これからは、前触れを見逃さず、対策をしていきたいです。

② 避難訓練

　東日本大震災の経験から、避難訓練の重要性が再認識されるとともに、どの学校でも既存の避難訓練から新しい避難訓練へと再考され、実施されている。その実施例を一部紹介する。

救命胴衣を使った、沿岸部の中学校での津波に備える避難訓練

【目的】
　・東海地震あるいは三連動地震（東海・東南海・南海地震）を想定した地震と津波の防災訓練を実施し、生徒の避難誘導及び意識の高揚を図る。
　・地震発生により津波が発生したことを想定し、各活動場所から屋上への速やかな避難を行う。また、救命胴衣の着用訓練も同時に行い、実践に近い状態で教職員や生徒の動きを確認する。

【想定】
　・マグニチュード8
　・震度6弱の地震及び5分後に14mの大津波

【訓練の流れ】

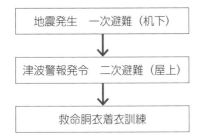

```
┌─────────────────────────┐
│ 地震発生　一次避難（机下）  │
└─────────────────────────┘
            ↓
┌─────────────────────────┐
│ 津波警報発令　二次避難（屋上）│
└─────────────────────────┘
            ↓
┌─────────────────────────┐
│ 救命胴衣着衣訓練           │
└─────────────────────────┘
```

　＊救命胴衣について
　・全額、保護者負担で購入
　・ＰＴＡ総会にて説明し、理解を求める　・保管場所…屋上の防災倉庫
　・価格　Ｍサイズ・Ｌサイズ…4500円、フリーサイズ…5000円

地震に備える避難訓練

　○　授業中、休み時間、清掃時間、移動教室中等、あらゆる時間帯で訓練を行う。
　○　告知型と非告知型で、教職員も生徒も臨機応変に対応できるように訓練を行う。
　○　従来は、避難訓練を年間2回程度実施する学校が多かったが、訓練の目的を変えて回数を増やす傾向にある。
　○　保護者への啓発も行う。登校中、下校中、在宅中はどこに避難するか、あらかじめ話し合って決めておく。
　○　地域と連携した避難訓練を行う。

火災に備える避難訓練（告知なしの例）

【方法と留意事項】
・実施の日時を生徒に伝えない。
・出火点は当然不明であるため、放送・目視等で確認した後に生徒に避難方法を指示する。
・教職員は、想定される役割をあらかじめ確認しておくが、事前に役割分担はしない。

【配置と役割】
　配置図にある教職員の場所は、あくまでも例なので臨機応変に対応する。

〈2F、3F〉

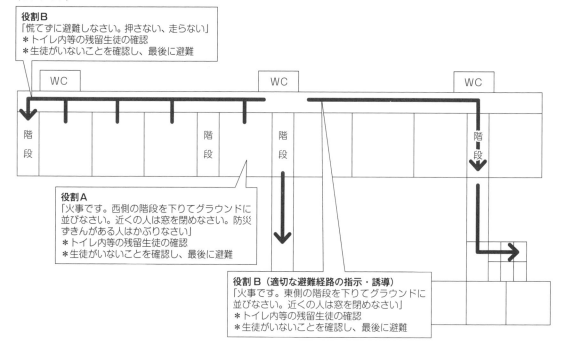

役割B
「慌てずに避難しなさい。押さない、走らない」
＊トイレ内等の残留生徒の確認
＊生徒がいないことを確認し、最後に避難

役割A
「火事です。西側の階段を下りてグラウンドに
並びなさい。近くの人は窓を閉めなさい。防災
ずきんがある人はかぶりなさい」
＊トイレ内等の残留生徒の確認
＊生徒がいないことを確認し、最後に避難

役割B（適切な避難経路の指示・誘導）
「火事です。東側の階段を下りてグラウンドに
並びなさい。近くの人は窓を閉めなさい」
＊トイレ内等の残留生徒の確認
＊生徒がいないことを確認し、最後に避難

〈1F〉

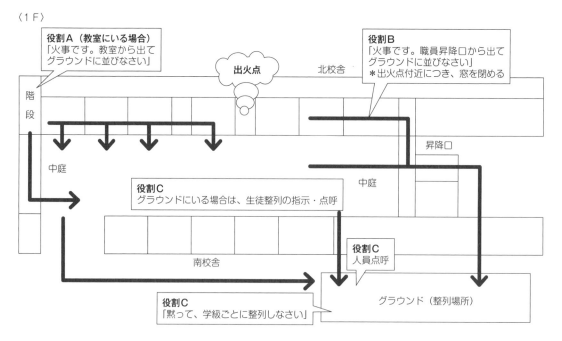

役割A（教室にいる場合）
「火事です。教室から出て
グラウンドに並びなさい」

役割B
「火事です。職員昇降口から出て
グラウンドに並びなさい」
＊出火点付近につき、窓を閉める

役割C
グラウンドにいる場合は、生徒整列の指示・点呼

役割C
人員点呼

役割C
「黙って、学級ごとに整列しなさい」

③ 備蓄・備品の整備

1 防災室の設置例

海までの距離が1km未満の学校のため、防災室を4階に設置し、災害に備えている。

防災室

毛布・トイレットペーパー

○災害時保健備品の中身

・トイレットペーパー　・ビニール袋　・生理用品　・三角巾　・包帯　・ガーゼ

・はさみ等救急器具　・体温計　・マスク　・タオル

・『養護教諭のための災害対策・支援ハンドブック』

○避難リュックの中身

・毛布　・エア枕　・貼るカイロ（10個）　・ウォータータンク　・ゴミ袋

・携帯トイレセット　・ウェットティッシュ　・アルコール　・からだふき

・ブルーシート　・レインコート　・手回し充電ラジオライト　・軍手

2 災害備品一覧

　津波や土砂災害、水害の被害が想定される地域では、災害備品の保管場所に注意したり、代用品となるものについて考えたりする必要がある。また、保管場所の把握や定期的な点検システムづくりも求められる。

ア　安全確保に役立つ物資等の例

頭部を保護するもの	□防災ずきん　　□ヘルメット
停電時に役立つもの	□ハンドマイク　□ホイッスル　□懐中電灯・電池式ランタン
援助・避難に役立つもの	□バール　　　　□ジャッキ

イ　二次対応時に役立つ物資等の例

情報収集に役立つもの	□携帯ラジオ　　□携帯テレビ（ワンセグ）　□乾電池　□携帯電話 □衛星携帯電話　□トランシーバー
避難行動時に役立つもの	□マスターキー　□手袋（軍手）　□雨具　□スリッパ　□ロープ

ウ　学校待機時に役立つ物資等の例

生活に役立つもの	□飲料水　　　　　□食料　　　□卓上コンロ（ガスボンベ） □毛布・寝袋　　　□テント　　□簡易トイレ　　　□バケツ □ビニールシート　□暖房器具　□使い捨てカイロ　□タオル □電子ライター　　□衛生用品　□紙コップや紙皿
救護に役立つもの	□ＡＥＤ　　　　□医薬品　　　□携帯用救急セット □懐中電灯　　　□ガーゼ・包帯　□使い捨てカイロ　□タオル □医療ニーズのある児童生徒等のための予備薬・器具等 □アルコール　□携帯用酸素　　□担架　□松葉杖　□車いす
その他	□発電機　　□ガソリン・灯油　　□段ボールや古新聞 □投光器　　□プール水　　　　□携帯電話充電器 □自転車→過去の災害で家庭訪問などに大活躍した □避難者名簿（校内・避難住民）　□処置記録簿

文部科学省『学校防災マニュアル（地震・津波災害）作成の手引き』2012

3 備品救急薬品（『養護教諭のための災害対策・支援ハンドブック』活用例）

緊急災害時用医薬材料等備蓄一覧及び点検表1

4　災害時保健室対応ファイル資料の整備

　☆マークが付いたものは、『養護教諭のための災害対策・支援ハンドブック』に収載・収録されている。

使用時間	資料	備考
発生直後	☆健康チェックリスト	気になる生徒についてチェック（30部）
	災害発生時チェックリスト	
	静岡県災害拠点病院一覧	
	災害用伝言ダイヤル操作方法	
	☆関係機関一覧表	
	防災対策・避難所一覧	
	☆避難生活を送る時の注意事項	
	☆簡易トイレの作り方	
	保健室利用記録用紙	20部
発生1週間	☆保健だより　生徒向け・保護者向け	各100部
	☆保健だより　教職員向け	20部
学校再開	心と体の健康観察	
	☆保健だより　保護者向け	
その他	『支援者のための災害後のこころのケアハンドブック』	
	生徒名簿	新年度入れ替え
	生徒指導名簿	新年度入れ替え
	フェルトペン	
	ボールペン、鉛筆	
	はさみ	

5 医療ニーズのある児童生徒等のための予備薬・器具

＊慢性疾患をもつ児童の保管グッズ例＊

ア 児童の病気

二分脊椎、水頭症（膀胱直腸障害、下肢機能障害）。自力での排尿排便が難しく、導尿が必要である。

イ 生活支援

歩行は補助具や歩行器を使い、可能である。導尿が必要なので、休み時間に1回と昼休みに母親が来校して行っている。水泳指導の際は、導尿と併せて母親が着替えも行っている。現在、自力導尿の訓練中である。

ウ グッズを保管することになった経緯

東日本大震災を受け、校内の危機管理マニュアルの検討を行った際に本児の避難方法等が課題としてあがった。保護者と相談する中で、毎日必要な導尿や服薬について話題になった。児童の入学当初から、校長が保護者に話してくれていることについて再度確認をした上で、保管をすることになった。

> ★導尿は医療行為なので、教職員は行えない。原則、家族が行うこと。災害時は、避難場所に医療関係者がいる場合はその方に依頼する。そのため、身体障害者手帳のコピーとグッズの一覧をラミネート加工して保管グッズに同封した。

エ 保管方法

・津波対策として、非常食等と一緒に導尿の材料や薬を校舎の4階で保管する。

・学校外へ避難する際に持ち出せるように、最小限のグッズをリュックサックに詰めて保健室で保管する。

（これらはすべて、保護者が用意してくれた。写真参照）

非常用電話、非常食（水、ビスケット、アレルギー対応用せんべい）、救急用品、毛布とともに本児の保管グッズを置いている。

＊プラケースの中身…カテーテル（2種）、洗浄綿、ゼリー、浣腸、毎日服用している薬（3種）、おむつ、身体障害者手帳のコピーと保管グッズの一覧表。

＊リュックサックの中身…プラケースの中身と同じもの（1日分）を詰めてある。

保管グッズを収納したプラケース

保健室に保管しているリュックサック内のもの

＊プラケース以外におむつを2箱保管した。地域から避難してきた乳幼児用に寄付してくれたもの。

① 自然災害による障がい・死亡等の事例

　以下の表には、過去の事例から災害が原因となる障がい・死亡等の事例を載せた。これらの事例から予想される発生時の危機管理、事後の危機管理をまとめた。

事例	発生時の危機管理	事後の危機管理
【熱中症】 　部活動で柔道の夏合宿中、熱中症で倒れ、翌日死亡した。 　当日の気温は37.3℃で、柔道場内はさらに気温が高く蒸し暑かったが、水分補給の指示はなかった。	・救急処置 ・救急車要請 ・参加者の健康観察	・高温下での練習は熱中症の危険を伴うことを再認識する。 ・部活動の最中は、水分補給の時間を必ず確保する。 ・気象情報の収集と活用方法の再確認をする。 ・心のケアを行う。
【光化学スモッグ】 　９月、A県内で光化学スモッグ注意報が発令された日の午後、B市とC市の中学校で生徒や教職員61人が喉の痛み等の健康被害を訴えた。うち、女子生徒２人が呼吸困難を訴え救急搬送されたが、点滴等を受けた後に帰宅した。 　また、他校でも体育祭の練習中や体育館で部活動中だった生徒が、喉の痛みや咳が止まらなくなる等の体調不良を訴え、病院で診察を受けた。	・救急処置 ・救急車要請 ・参加者の健康観察	・気象情報の収集と活用方法を再確認する。 ・体育祭の練習中は水分補給や休憩時間を必ず確保する。また、健康観察を行い、体調不良がみられるときは活動を中止する。 ・気象状況の悪化に伴う中止や中断のルールを協議し、共通理解を図る。
【台風】 　台風の突風で窓ガラスが割れて破損したガラスが教室中に飛び散り、顔面を負傷した。	・救急処置 ・ガラスの処理 ・安全な場所への避難	・校内校外の安全点検をする。 ・気象情報の収集と活用方法の再確認をする。 ・保護者引き渡しの判断をする。 ・心のケアを行う。

【竜巻】 　5月、D市で突風が発生し、家屋が約100棟以上損壊した。負傷者は35人に上り、自宅にいた中学生が倒壊した家屋で死亡した。	・救急処置 ・安全な場所への避難 ・安否確認、捜索活動 ・小学校へ避難所を設置 ・自衛隊によるがれき処理	・気象情報の収集と活用方法の再確認をする。 ・全校児童生徒の安否確認をする。 ・家屋の状態や家族の安否確認をする。 ・校内・校外の安全点検をする。 ・保護者引き渡しの判断をする。 ・心のケアを行う。
市民の話では、ひょうが降ってきて停電になり、屋外は1分程度灰色になって何も見えなかった。早朝から晴れ、昼前には25℃を超える夏日、地表面は6月初旬の気候。上空5500m付近は−20℃以下の寒気（4月上旬の気候）が流れ込んでおり、大きな上昇気流が発生した。強い南風が海上の湿気を吸い、結果的に上昇気流に大量のエネルギーを与えた。また、周囲の山の影響もあり、平面的に渦を発生させた。		
【落雷】 　体育祭の応援合戦中にスタンドで応援していた。近くで落雷があった瞬間、足から下半身にしびれが走り、下肢に障がいを負った。	・救急処置 ・救急車要請 ・安全な場所への避難 ・参加者の健康観察	・気象情報の収集と活用方法の再確認をする。 ・気象状況の悪化に伴う中止や中断のルールを協議し、共通理解を図る。 ・落雷から身を守るための安全指導をする。 ・保護者引き渡しの判断をする。 ・心のケアを行う。
【落雷】 　部活動のサッカーの試合中に落雷を受け、両目と下半身などに重い障がいを負った。 　試合中、雷鳴が聞こえていたが、試合は続行していた。		
【大雨】 　大雨警報が発令されたため、一斉下校をした。帰宅途中に側溝に足を入れたところ流されてしまい、数日後に発見されたが死亡した。	・安否確認、捜索活動 ・通学路の危険箇所確認	・全校児童生徒の安否確認をする。 ・通学路の安全確認をする。 ・下校時の安全指導をする。 ・保護者引き渡しの判断をする。 ・心のケアを行う。

② 自然災害対応例

　以下にあげる **1**～**8** の対応事例は、地域（地理的条件等）や学校の実態に合わせて活用してほしい。

1 高温注意情報発表時の対応（例） 🆎 4-2-1

> 最高気温が概ね35℃以上が予想されるときに発表される。
> ＊熱中症への注意を呼びかける。
> ＊高温注意情報については、気象庁ホームページで確認できる。

【共通理解事項】
・熱中症の予防に努め、水分補給や休養、児童生徒等の健康状態の変化に十分配慮する。
・ＷＢＧＴ（暑さ指数）を計測し、運動指針に基づき活動の判断をする。
・体育の授業や部活動等では、激しい運動を控える、十分な休養を適宜とる等、児童生徒等の健康状態に留意しながら、活動内容の配慮をする。
・環境省の「熱中症予防情報サイト」等により、暑さ指数予報の情報を参考にし、活動時間や活動内容に配慮して予防に努める。
・校舎内での生活でも熱中症は起こることから、運動時に限らず、水分補給や休養を心がけ、日常における**健康観察**に努め、児童生徒等の健康状態の変化に十分配慮する（疲労や睡眠不足による心身の状況）。

授業中・休み時間	放課後（部活動中）	校外活動中	下校時・家庭にいるとき
◆授業前、授業中、授業後の児童生徒等の**健康観察**に努める。 ◆体育の授業では、授業中の水分補給を適宜行う。 ◆休み時間には、水分補給をするように声をかける。 ＊児童生徒等の健康状態に変化がみられた場合には、できるだけ早く涼しい場所で休養できるようにする（保健室への連絡）。	◆部活動の顧問は、活動開始時、活動中、終了時の児童生徒等の**健康観察**に努める。 ◆調子が悪い児童生徒等には無理をさせない。下校時に体調が悪かったり、部活動を行わずに早めに帰宅させたりする場合には、保護者に必ず連絡する。	◆校外で活動している場合は、気温や湿度などの環境に留意し、活動内容に配慮する。 ＊児童生徒等の健康観察を行い、体調の変化に配慮する。 ◆引率の教職員は、児童生徒等の健康状態に異常がみられた場合は、状況により、保護者への連絡や活動先での医療機関受診等を判断し対応する。その場合は、学校へ連絡し状況を報告する。	◇速やかに帰宅し、水分補給や休養に努める。 ＊健康管理に努め、体調の変化に配慮する。

＊熱中症の対応については、30ページの第2章　事前の危機管理（リスク・マネジメント）　第1節　組織体制「②　危機発生時における組織対応例」の「**1**　熱中症」を参照。

❷　光化学オキシダント注意報発令時の対応（例）CD 4-2-2

> さまざまな気象条件、紫外線、大気中の物質などにより化学反応を起こし、光化学オキシダント濃度が高くなり、「**光化学スモッグ**」が発生する。
>
> ＊空に白くモヤがかかったようになる。
>
> ＊気温が高くて風が弱く、日差しの強い日に起こりやすい。

授業中・休み時間	放課後（部活動中）	校外活動中	下校時・家庭にいるとき
◆屋外で活動している場合は、速やかに活動を中止し、屋内に入るように指示を出す（校内放送）。 ◆屋外での激しい運動は避け、屋内で安静に休みをとるように指示を出す。 ◇屋内で活動している場合は、教室の窓やカーテンは閉める（風向きを考慮する）。 ◆**目を洗うこと、うがいを十分にすることを児童生徒等に指示し、健康観察を行う。**	◆屋外で活動している部活動の場合は、速やかに活動を中止して屋内に入るように指示を出す。屋外での運動は避ける。 ◇屋内で活動している部活動は、できるだけ窓やカーテンを閉める（風向きを考慮する）。 ◆**児童生徒等の健康観察を行い、体調の変化に配慮して活動を行う。**	◆屋外で活動している場合は、速やかに活動を中止して近くの屋内に入るように指示を出す。 ◆**児童生徒等の健康観察を行い、体調の変化に配慮する。** ◆引率の教職員は、速やかに学校へ連絡し、児童生徒等の状況や待機場所等を報告して今後の対応について指示を受ける。	◇屋外にいる場合は、速やかに帰宅して屋内で安静に過ごす。 ◇できるだけ、外出は控える。 ◇窓やカーテンはなるべく閉めて過ごす（風向きを考慮する）。 ◇安静に過ごし、体調の変化に気をつける。

> 臨時学年主任者会　→　**全教職員へ伝達**（必要に応じて臨時打ち合わせを行う）
>
> ・児童生徒等の健康状態について把握し、安全を確保する。
>
> ・授業や部活動の実施上の注意について確認する（児童生徒等の不安を増大させないように、教職員はその場からなるべく離れないこと）。
>
> ・避難や待機の方法や下校時刻等の検討等を確認する。
>
> ・帰宅後の体調管理について、児童生徒等への指導事項を確認する。
>
> ・翌日の朝の**健康観察**について確認する。
>
> ・管理職は教育委員会へ状況を連絡し、今後の対応を相談する。

★翌日の朝の**健康観察**で、帰宅後の様子や現在の健康状況について確認し、報告する

（学級担任　→　学年主任　→　養護教諭・教頭　→　校長）。

＊光化学オキシダント注意報発令時の対応

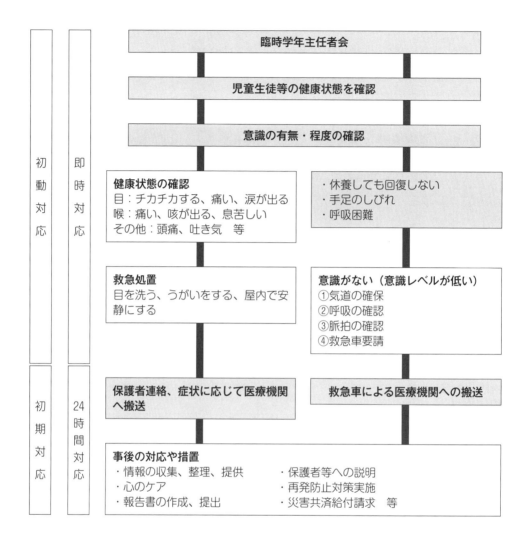

臨時学年主任者会

児童生徒等の健康状態を確認

意識の有無・程度の確認

初動対応 / 即時対応

健康状態の確認
目：チカチカする、痛い、涙が出る
喉：痛い、咳が出る、息苦しい
その他：頭痛、吐き気　等

・休養しても回復しない
・手足のしびれ
・呼吸困難

救急処置
目を洗う、うがいをする、屋内で安静にする

意識がない（意識レベルが低い）
①気道の確保
②呼吸の確認
③脈拍の確認
④救急車要請

初期対応 / 24時間対応

保護者連絡、症状に応じて医療機関へ搬送

救急車による医療機関への搬送

事後の対応や措置
・情報の収集、整理、提供　　　・保護者等への説明
・心のケア　　　　　　　　　　・再発防止対策実施
・報告書の作成、提出　　　　　・災害共済給付請求　等

3 竜巻注意情報発表時の対応（例）　CD 4-2-3

> 「竜巻注意情報」は、積乱雲の下で発生する竜巻、ダウンバースト等による激しい突風が発生しやすい気象状況になったと判断された場合に発表される。
> ＊半日～1日程度前：竜巻などの激しい突風のおそれ
> ＊数時間前：雷注意報
> ＊今まさに発生しやすい気象状況：竜巻注意情報

> ◎【竜巻注意情報】が発表されたら、周囲の状況に注意を払う。
> 　☆空が急に真っ暗になる、ヒヤッとした冷たい風が吹き出す。
> 　☆大粒の雨や「ひょう」が降り出す。
> 　☆雷が起こり、雷鳴が聞こえたり雷光が見えたりする。等
>
> **積乱雲が近づく兆候**
> ★頑丈な建物に避難し、身の安全を確保する。
>
> ◎【竜巻発生確度ナウキャスト】を確認する。
> 　☆発生確度2に入ったとき、防災行政無線が入る。
> 　☆学校の緊急連絡メール配信を整備しておく。
> 　☆通学路の状況や公共交通機関の運休等により通常の登校ができない場合は、欠席や遅刻にはならないことを周知し、安全第一な判断と行動がとれるようにしておく。

★常に最新の気象情報の確認に努め、児童生徒等の安全を最優先に考えた対応をする。★

登校前・在宅時	授業中・在校時	校外活動中	登下校時など
★**管理職等の緊急会議** メール配信等で、校長指示事項及び対応の情報を教職員間で共有する。 ◆教職員は、児童生徒等の登校前に通学路、校舎内外等の安全確認を行う。 ◆今後、天候が急変する可能性が高い等、児童生徒等の登校に危険が想定される場合は、休校又は自宅待機とし、緊急連絡網で家庭へ連絡する。 ◇保護者の判断で、児童生徒等の登校を見合わせることも可。安全が確認できたところで登校させる。	★災害発生の危険性が高まっている場合は、管理職が気象情報や交通状況を定期的に確認する。 ◆校舎内では、窓やカーテンを閉めてガラス窓から離れ、落ち着いた行動をとり、身の安全を確保する。 ◆屋外で活動している児童生徒等がいたら活動を即中止させ、速やかに校舎内に入らせ、身の安全を確保する。 ◆児童生徒等の安全な下校が困難と判断される場合は、学校待機とする。 ◆天候が急変する可能性が高い場合は、保護者に連絡し、迎えを依頼する（メール配信等）。	◆校外で活動している場合は速やかに活動を中止し、引率教職員の指示により、近くの頑丈な建物に避難する等、身の安全を確保する行動をとる。 ◆児童生徒等の安全を確認する。 ◆引率の教職員は速やかに学校へ連絡し、児童生徒等の状況や待機場所等を報告し、今後の対応について指示を受ける。 ◆公共交通機関の運行状況等の情報を確認する。	◇学校に近い場合は、安全に気をつけて速やかに登校する（戻る）。 ◇自宅に近い場合は、自宅に戻るか近くの頑丈な建物に避難する。 ◇自宅にも学校にも距離がある場合は、近くの頑丈な建物に避難し、身の安全を確保する。 ※**物置や車庫、プレハブの中は危険。** ※**電柱や太い樹木は倒壊することがあるため危険。** ◇あらかじめ、通学途中にある、緊急時に避難可能な建物を知っておく。
			※危険性がないと判断されるまで安全な場所で避難、待機し、児童生徒等の安全確保を最優先した判断と行動をとる。 ※雷雲が遠ざかってから20分以上経過するまで屋内で待機する。

＊竜巻発生時の対応

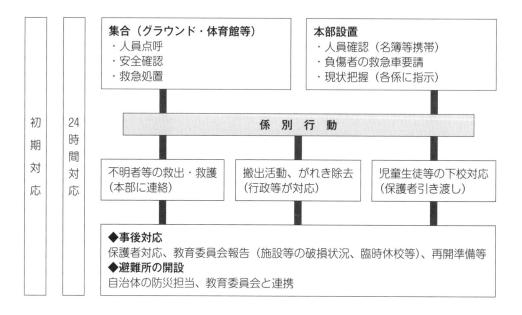

＊留意事項

項　目	留　意　事　項
児童生徒等の安全確保	的確に指示する（ガラスから離れる、室内へ移動する等、児童生徒等への対応）。 火災等の二次災害を防止する（暖房管理、ガス管理、薬品管理）。 負傷者を確認する。不明者がいたら捜索する。
情報収集	管理職は、状況を正確に把握し、負傷者の救護や避難の方法を決定する。 授業者は児童生徒等の動揺を抑え、負傷の有無や程度、避難時の安全を確認する。児童生徒等の不安を増大させないよう、原則としてその場を離れない。 授業者以外は分担して各教室等に急行し、授業者から状況等を聞き取る。天候回復後、避難経路や避難場所の安全性、校舎や通学路の被害状況等を確認して管理職に報告する。
避難	避難経路及び避難場所の安全確認ができた後、全校へ的確な避難指示を行う（頭部の保護、慌てない、騒がない等）。 役割分担に応じて行動する（避難誘導、負傷者運搬等）。 児童生徒等の名簿や緊急連絡網を携帯する。
避難後の安全確保	児童生徒等の安否確認及び的確な指示をする（勝手な行動をさせない）。 負傷者の救急処置を行い、警察、消防、医療機関へ連絡する。 児童生徒等の不安に対処する。
対策本部の設置情報収集	本部を設置し、役割分担に基づき行動する。 校舎の被害状況とテレビ・ラジオ等で地域における被害状況等を把握する。 翌日、家族や住居の被害状況等を児童生徒等から早期に確認する。
教育委員会への連絡等	管理職は教育委員会へ被害状況を連絡する。 今後の対応について相談する。
保護者への連絡・引き渡し	被害が大きい場合は、児童生徒等の校外避難後の対応を決定する。 緊急連絡網により、保護者へ連絡し、引き渡す。 天候が回復しない場合は、休校や自宅待機等の決定を速やかに連絡できるよう、緊急連絡網（メール配信等）を整備する。

4 雷注意報発表時や発生が予測されるときの対応（例） CD 4-2-4

〈雷が発生しやすい条件と注意点〉

・大気が不安定で、積乱雲がもくもくと発生する。

・「ゴロゴロ」と雷鳴がかすかにでも聞こえたら、そこに落雷の危険がある。

・雷の予報・注意報が出たり、雷が発生しやすい気象条件にあったりするときは、雷ナウ
キャスト（気象庁）を随時確認する。

・厚い雲で周りが暗くなったり、雷鳴が聞こえてきたりしたときには、屋外での活動はす
ぐに中止することが大切である。

人間は木よりも電気が通りやすく、「**人体は、落雷を誘引するものである**」。

身につけた金属を外したり、絶縁物（ゴム長靴、レインコート等）を身につけたりして
も、**落雷は防げない**ことを周知する。

まず、活動を中止し、以下の行動がとれるようにする。

授業中・休み時間	放課後（部活動中）・校外活動中	下校中・家庭にいるとき
★常に最新の気象情報の確認に努め、児童生徒等の安全を最優先に考えた対応をする。★		
◆屋外にいる場合は、速やかに校舎内に入るように指示を出す（校内放送）。 ◇窓に雷が落ちて室内の壁を伝って雷が入り込むことがあるので、壁には近づかないようにする。 ＊建物が近くにないときは、樹木から離れ、できるだけ低い姿勢をとる。	◆部活動で、屋外で活動している場合は、速やかに校舎内に入るように指示を出す（校内放送）。 ◇校外学習中で屋外にいる場合は、速やかに活動を中止し、近くの屋内に入る。 ◇建物がないところでは、高さ５ｍ以上の樹木や電柱から４ｍ以上離れ、姿勢を低くする。 ◇避雷針設備のない山小屋では、柱や壁から離れる。 ◇屋根が金属でできている自動車・バス・列車・飛行機の中にいる場合は、窓は閉め、車体・ハンドル・電装機器には手を触れない。 ◇テントやトタン屋根の仮小屋は危険である。 ◇山頂、尾根、河川敷、海岸、海上、プールは危険なので、その場から離れる。	◇屋外にいて自宅に近い場合は、速やかに帰宅する。 ◇外出していて自宅が遠い場合は、近くの建物に入る。 ◇建物がないところでは、高さ５ｍ以上の樹木や電柱から４ｍ以上離れ、姿勢を低くする。

＊落雷被害者の救急処置
〔１〕救急車を要請する。
〔２〕脈拍、呼吸、意識の有無を調べる。
〔３〕脈拍と呼吸停止の場合は、心肺蘇生を実施する。
〔４〕脈拍と呼吸はあるが意識がない場合は、気道の確保をして、救急車を待つ。
〔５〕意識がある場合は、被害者がパニックにならないように落ち着かせて救急車を待つ。

＊落雷発生時の対応

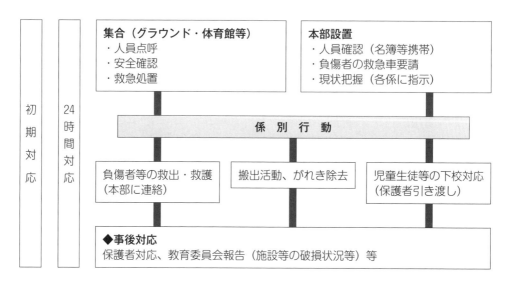

＊留意事項

項　　目	留　意　事　項
児童生徒等の安全確保	的確に指示する（屋外にいる場合は室内へ移動する等、児童生徒等への対応） 火災等の二次災害を防止する（暖房管理、ガス管理、薬品管理）。 負傷者を確認する。
情報収集	管理職は状況を正確に把握し、負傷者の救護や避難の方法を決定する。 授業者は児童生徒等の動揺を抑え、負傷の有無や程度、避難時の安全を確認する。児童生徒等の不安を増大させないよう、原則としてその場を離れない。 授業者以外は分担して避難経路や避難場所の安全性、校舎や通学路の被害状況等を確認して管理職に報告する。
避難	避難経路及び避難場所の安全確認ができた後、全校へ的確な避難指示を行う（慌てない、騒がない等）。 役割分担に応じて行動する（避難誘導、負傷者運搬等）。 児童生徒等の名簿や緊急連絡網を携帯する。
避難後の安全確保	児童生徒等の安否確認及び的確な指示をする（勝手な行動をさせない）。 負傷者の救急処置を行い、警察、消防、医療機関へ連絡する。 児童生徒等の不安に対処する。
対策本部の設置情報収集	本部を設置し、役割分担に基づき行動する。 校舎の被害状況とテレビ・ラジオ等で地域における被害状況等を把握する。 翌日、家族や住居の被害状況等を児童生徒等から早期に確認する。
教育委員会への連絡等	管理職は教育委員会へ被害状況を連絡する。 今後の対応について相談する。
保護者への連絡・引き渡し	被害が大きい場合は、児童生徒等の校舎外避難後の対応を決定する。緊急連絡網により、保護者へ連絡し、引き渡す。

◆校外活動における緊急発生時の対応組織◆

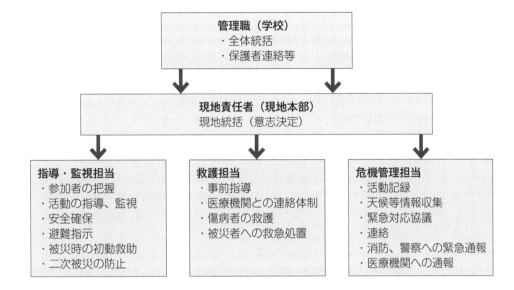

◆落雷発生時　対応ガイドライン

　過去の落雷による事故事例は、屋外での活動中に雷鳴が聞こえても活動を中止しなかったために発生している。

　学校関係者は、児童生徒等が屋外で活動中、落雷の予測があった場合は、速やかに活動を中止し、危険性がないと判断されるまで安全な場所に避難し、児童生徒等の安全確保を最優先事項として行動する**「安全配慮義務」**がある。

事前	関係者は、児童生徒等の安全を最優先することを十分に共通理解する。 当日の活動のスケジュールは、余裕をもって組む。 活動中止決定の手順、避難場所、避難方法、誘導手順を明確にしておく。 前日に、当日の気象予報（天気予報、気象警報・注意報、気圧配置、前線の有無、竜巻情報等）を確認し、対応の想定を行う。
当日	朝、気象予報を確認するとともに、落雷・突風等が想定される場合は定期的に気象情報を入手し、関係者に情報を提供する。 絶えず雷鳴や空模様に注意する。雷注意報発表の有無にかかわらず、雷鳴が聞こえたり、雷雲が近づく様子があったりする場合は、ただちに活動を中止する。雷鳴が遠くかすかに聞こえるときも、落雷する危険信号と考えてただちに活動を中止する。 避難の際は近くの建物、自動車、バスの中等、安全な空間に入る。周囲に建物等がない場合は、足を閉じてしゃがみ、身を低くする。 雷雲が遠ざかって、20分以上が経過してから屋外へ出る。

5 南海トラフ地震臨時情報・南海トラフ地震関連解説情報発表時の対応（例） 4-2-5

> **＊南海トラフ地震臨時情報**
> ・南海トラフ沿いで異常な現象が観測され、その現象が南海トラフ沿いの大規模な地震と関連するかどうか調査を開始した場合、または調査を継続している場合に気象庁より発表される。
> ・観測された異常な現象の調査結果を発表する場合に気象庁より発表される。
> **＊南海トラフ地震関連解説情報**
> ・観測された異常な現象の調査結果を発表した後の状況の推移等を発表する場合に気象庁より発表される。
> ・「南海トラフ沿いの地震に関する評価検討会」の定例会合における調査結果を発表する場合に気象庁より発表される（ただし南海トラフ地震臨時情報を発表する場合を除く）。
> ※すでに必要な防災対応がとられている際は、調査を開始した旨や調査結果を南海トラフ地震関連解説情報で発表する場合がある。

在校中	登下校中	放課後・部活動	校外活動
◆教職員 **児童生徒等の近くにいる場合** ・一次避難(机の下に潜る)。 ・揺れが収まったら児童生徒等と周囲の安全確認をする。 ・校内放送、テレビ等で情報を入手する。 ・児童生徒等を避難場所へ誘導する。 ・避難後の人員を確認する。 **職員室にいる場合** ・一次避難(机の下に潜る)。 ・揺れが収まったら地震に関する情報を収集する。 **＊火災発生の確認。** **＊津波発生の確認。** ・校内放送で避難指示を出す。 ・昇降口、玄関等を開放し避難経路を確保する。 ・非常持ち出し袋、防災無線を搬出する。 ◇児童生徒 **屋内にいた場合** ・一次避難(机の下に潜る)。 ・避難場所へ避難する。 **屋外にいた場合** ・避難場所へ避難する。 ・車道に出ない。建物、ブロック塀、窓ガラスから離れる。	◆教職員 ・放送で避難誘導を行う。 ・昇降口、玄関等を開放し、避難経路を確保する。 ・非常持ち出し袋、防災無線を搬出する。 ・避難後の人員を確認する。 ・不在児童生徒等の安否を確認する。 ◇児童生徒 **学校付近にいた場合** ・避難場所へ避難する。 ・車道に出ない。建物、ブロック塀、窓ガラスから離れる。 **学校付近にいなかった場合** ・転倒しそうなものがない場所（広い公園や空き地、畑等）へ避難する。 **＊通学路途上の避難場所を普段から確認しておく。** ・車道に出ない。建物、ブロック塀、窓ガラスから離れる。 ・周囲の大人に保護者又は、学校へ連絡を依頼する。	◆教職員 ・放送で避難誘導を行う。 ・昇降口、玄関等を開放し、避難経路を確保する。 ・非常持ち出し袋、防災無線を搬出する。 ・避難後の人員を確認する。 ・児童生徒等の安否を確認する。 ◇児童生徒 **屋内にいた場合** ・一次避難（机の下に潜る）。 ・避難場所へ避難する。 **屋外にいた場合** ・避難場所へ避難する。 ・車道に出ない。建物、ブロック塀、窓ガラスから離れる。	◆教職員 ＊活動計画の段階で最寄りの避難場所を確認する。 ・安全な場所に避難する。 ・海岸にあっては高所に避難する。山中での崖崩れ、落石に注意する。 ・列車やバス等に乗車中は、係員の指示に従う。 ・人員を確認する。児童生徒等の不安へ対処する。 ・学校へ連絡し、指示を受けて対応する。 ◇児童生徒 教職員の指示に従い、迅速に行動する。
		★休日に発生した場合の教職員の動き	
		◆震度5強 ○校長・教頭等、緊急避難配備計画に則り、ただちに出勤し配備につく。 ◆震度6弱以上 ○全教職員はただちに出勤し配備につく。 ○出勤が困難な者は最寄りの学校に出勤し、そこの校長の指示に従う。	

＊避難行動＊　揺れが収まったら、落ち着いて行動

＊地震発生時の対応

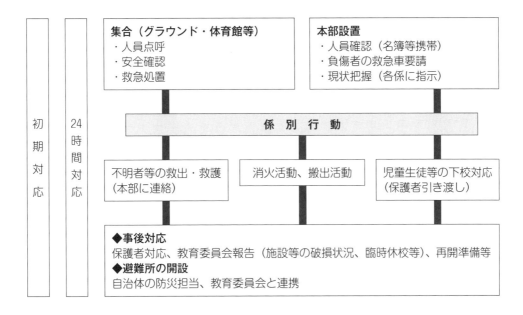

＊留意事項

項　目	留意事項
児童生徒等の安全確保	的確に指示する（頭部の保護、机の下への避難など児童生徒等への対応）。 火災等の二次災害を防止する（暖房管理、ガス管理、薬品管理）。 負傷者を確認する。
情報収集	管理職は、状況を正確に把握し、負傷者の救護や避難の方法の決定等をする。 授業者は児童生徒等の動揺を抑え、負傷の有無や程度、避難時の安全を確認する。児童生徒等の不安を増大させないよう、原則としてその場を離れない。 授業者以外は分担して校舎の被害状況、避難経路や避難場所の安全性等を確認して管理職に報告する。
避難	避難経路及び避難場所の安全確認ができた後、全校へ的確な避難指示を行う（頭部の保護、慌てない、騒がない等）。 役割分担に応じて行動する（避難誘導、負傷者運搬等）。 児童生徒等の名簿や緊急連絡網を携帯する。
避難後の安全確保	児童生徒等の安否確認及び的確な指示をする（勝手な行動をさせない）。 負傷者の救急処置を行い、警察、消防、医療機関へ連絡する。 児童生徒等の不安に対処する。
対策本部の設置 情報収集	本部を設置し、役割分担に基づき行動する。 校舎の被害状況、テレビ・ラジオ等で地域における被害状況等を把握する。
教育委員会への連絡等	管理職は教育委員会へ状況を連絡する。 今後の対応について相談する。
保護者への連絡・引き渡し	児童生徒等の校舎外避難後の対応を決定する。 緊急連絡網により、保護者へ連絡し、引き渡す。

★避難訓練の合い言葉★
「お」押さない。
「は」走らない。
「し」しゃべらない。
「も」現場に戻らない。

6 学校で火災が起きたときの対応（例） CD 4-2-6

在校中	登下校中	放課後・部活動
◆教職員 **火災を発見した場合** ・職員室へ通報、付近の教職員へ知らせる。 ・児童生徒等の安全を確保し、駆けつけた教職員に児童生徒等の誘導を依頼する。 ・安全に配慮しながら、できる限り初期消火に努める。 **児童生徒等の近くにいる場合** ・火元を避けながら、避難誘導する（可能なら戸締りをする）。 ・学年主任は児童生徒等の誘導を他の教職員に任せ、取り残された児童生徒等がいないか、トイレ等を確認する。 ・学年主任は各学年の非常持ち出し袋や名簿等を搬出する。 ・運動場で人員と負傷者を確認する。救急処置をする。 **職員室にいる場合** ・通報を受け、119番通報とともに火災発生、避難指示を放送する。 ・昇降口、職員玄関、非常階段を開放する。 ・職員室非常持ち出し袋、防災無線を搬出する。 ・消火器を持ち、現場へ急行する。 ◇児童生徒 **屋内にいた場合** ○避難経路に合わせて運動場へ避難する。 **屋外にいた場合** ○運動場にいる教職員の指示に従い避難する。	◆教職員 ・放送で避難誘導を行う。 ・昇降口、玄関等を開放し、避難経路を確保する。 ・非常持ち出し袋、防災無線を搬出する。 ・避難後の人員を確認する。 ・不在児童生徒等の安否を確認する。 ◇児童生徒 **学校付近にいた場合** ○運動場へ集合し、教職員の指示に従い避難する。 **学校付近にいなかった場合** ・付近の空き地へ避難する。 ＊通学路途上の避難場所を普段から確認しておく。 ・周囲の大人に、保護者又は学校への連絡を依頼する。	◆教職員 ・放送で避難誘導を行う。 ・昇降口、玄関等を開放し、避難経路を確保する。 ・非常持ち出し袋、防災無線を搬出する。 ・避難後の人員を確認する。 ＊児童生徒等の安否を確認する。 ◇児童生徒 **屋内にいた場合** ○避難経路に合わせて運動場へ避難する。 **屋外にいた場合** ○運動場にいる教職員の指示に従い避難する。

★休日に発生した場合の教職員の動き
◆**学校付近で火災発生** 　○校長・教頭等が緊急避難配備計画に則り、ただちに出勤し配備につく。 ◆**学校で火災発生** 　○全教職員がただちに出勤し配備につく。

＊火災発生時の対応

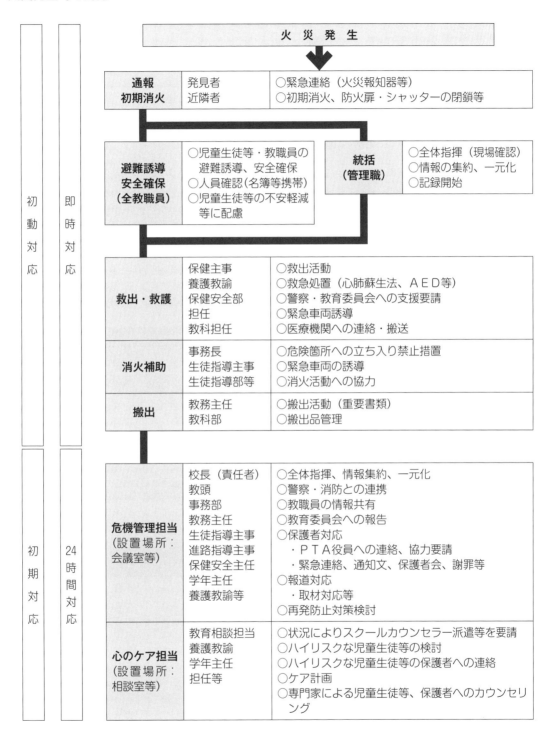

		火 災 発 生		
初動対応	即時対応	**通報 初期消火**	発見者 近隣者	○緊急連絡（火災報知器等） ○初期消火、防火扉・シャッターの閉鎖等
		避難誘導 安全確保 （全教職員）	○児童生徒等・教職員の 避難誘導、安全確保 ○人員確認(名簿等携帯) ○児童生徒等の不安軽減 等に配慮	**統括 （管理職）**　○全体指揮（現場確認） ○情報の集約、一元化 ○記録開始
		救出・救護	保健主事 養護教諭 保健安全部 担任 教科担任	○救出活動 ○救急処置（心肺蘇生法、ＡＥＤ等） ○警察・教育委員会への支援要請 ○緊急車両誘導 ○医療機関への連絡・搬送
		消火補助	事務長 生徒指導主事 生徒指導部等	○危険箇所への立ち入り禁止措置 ○緊急車両の誘導 ○消火活動への協力
		搬出	教務主任 教科部	○搬出活動（重要書類） ○搬出品管理
初期対応	24時間対応	**危機管理担当** （設置場所： 会議室等）	校長（責任者） 教頭 事務部 教務主任 生徒指導主事 進路指導主事 保健安全主任 学年主任 養護教諭等	○全体指揮、情報集約、一元化 ○警察・消防との連携 ○教職員の情報共有 ○教育委員会への報告 ○保護者対応 ・ＰＴＡ役員への連絡、協力要請 ・緊急連絡、通知文、保護者会、謝罪等 ○報道対応 ・取材対応等 ○再発防止対策検討
		心のケア担当 （設置場所： 相談室等）	教育相談担当 養護教諭 学年主任 担任等	○状況によりスクールカウンセラー派遣等を要請 ○ハイリスクな児童生徒等の検討 ○ハイリスクな児童生徒等の保護者への連絡 ○ケア計画 ○専門家による児童生徒等、保護者へのカウンセリング

＊留意事項

項　目	留　意　事　項
児童生徒等の安全確保	的確に指示する（児童生徒等への対応）。 取り残された児童生徒等がいないか、トイレ等を確認する。 人員と負傷者を確認する。
避難	避難経路及び避難場所の安全確認ができた後、全校への的確な避難指示を行う（慌てない、騒がない等）。 役割分担に応じて行動する（避難誘導、負傷者運搬等）。 児童生徒等の名簿や緊急連絡網を携帯する。
保護者への連絡・引き渡し	緊急連絡網により、状況を保護者へ連絡し、被害が大きい場合は引き渡す。
教育委員会への連絡等	管理職は、教育委員会へ第一報を入れる。 必要に応じて、職員の派遣を教育委員会へ要請するとともに、今後の対応について相談する。
報道機関への対応	窓口を一本化し対応する（管理職）。
対策本部の設置、情報収集、火災の概要についての把握・整理	本部を設置し、役割分担に基づき行動する。火災に至った経緯、状況を警察、消防と連携しながら可能な限り情報収集し、整理する。 管理職、生徒指導主事、保健主事、学年主任、ＰＴＡ役員等で今後の対応について話し合う。
状況の説明（保護者会、報道機関等）	ＰＴＡ役員等と連携を図り、必要に応じて緊急保護者会を開催し保護者への説明を行う。その際、児童生徒等のプライバシーの保護には十分配慮する。
教育再開準備及び事故の再発防止対策の実施	役割分担に基づき教育再開準備、再発防止のための指導を行う。
報告書の作成	事故報告書を作成し、教育委員会へ提出する。

7　大津波警報・津波警報・津波注意報発表時の対応（例）　CD 4-2-7

> ＊**津波情報**…地震による津波発生が予想される場合には、気象庁より**大津波警報・津波警報**又は**津波注意報**が発表される。

在校中	登下校中	放課後・部活動	校外活動
◆教職員 **児童生徒等の近くにいる場合** ・一次避難(机の下に潜る)。 ・揺れが収まったら、児童生徒等と周囲の安全確認と人員点呼を行う。 ・校内放送、テレビ等で情報を入手する。 ・児童生徒等を最上階避難場所（一次避難場所）へ誘導する。 ＊**大津波の場合は二次避難場所へ誘導する。** ・避難後の人員を確認する。 **職員室にいる場合** ・一次避難(机の下に潜る)。 ・揺れが収まったら地震に関する情報を収集する。 ・校内放送で避難指示（一次避難場所もしくは二次避難場所へ）を行う。 ・昇降口、玄関等を開放し、避難経路を確保する。 ・職員非常持ち出し袋、防災無線を搬出する。 ◇児童生徒 **屋内にいた場合** ・一次避難(机の下に潜る)。 ・最上階避難場所（一次避難場所）へ避難する。 **屋外にいた場合** ・運動場の中心に避難する。 ・校舎最上階避難場所（一次避難場所）へ避難する。 ＊**大津波の場合は二次避難場所へ避難する。**	◆教職員 ・放送で避難誘導を行う。 ・昇降口、玄関等を開放し、避難経路を確保する。 ・非常持ち出し袋、防災無線を搬出する。 ・避難後の人員を確認する。 ・不在児童生徒等の安否を確認する。 ◇児童生徒 **学校付近にいた場合** ・運動場へ集合する。 ・校舎最上階避難場所（一次避難場所）へ避難する。 ＊**大津波の場合は二次避難場所へ誘導する。** **学校付近にいなかった場合** ・転倒しそうな物がない安全な場所（広い公園や空き地、畑等）へ避難する。 ・揺れが収まったら、あらかじめ決めておいた津波避難ビル（3階以上又はそれに相当する高地）のうち、最短距離にある場所へ避難する。 ＊**通学路途上の避難場所を普段から確認しておく。** ・周囲の大人に、保護者又は学校への連絡を依頼する。 ＊**児童生徒の安全を確認した保護者は、学校へ報告する。**	◆教職員 ・放送で避難誘導を行う。 ・運動場へ集合する。 ・校舎最上階避難場所（一次避難場所）へ避難する。 ＊**大津波の場合は二次避難場所へ誘導する。** ・昇降口、玄関等を開放し、避難経路を確保する。 ・非常持ち出し袋、防災無線を搬出する。 ・避難後の人員を確認する。 ・児童生徒等の安否を確認する。 ◇児童生徒 **屋内にいた場合** ・一次避難（机の下に潜る）。 ・最上階避難場所（一次避難場所）へ避難する。 **屋外にいた場合** ・運動場の中心に避難する。 ・校舎最上階避難場所（一次避難場所）へ避難する。 ＊**大津波の場合は二次避難場所へ避難する。**	◆教職員 ＊**活動計画の段階で最寄りの避難場所を確認する。** ・安全な場所に避難する。 ・海岸の場合は高所に避難する。 ・人員を確認する。 ・学校へ連絡する。 ◇児童生徒 教職員の指示に従い、迅速に行動する。

★休日に発生した場合の教職員の動き

◆**震度5強**
　○校長・教頭等、緊急避難配備計画に則り、ただちに出勤し配備につく。
◆**震度6弱以上**
　○全教職員はただちに出勤し配備につく。
　○出勤が困難な者は最寄りの学校に出勤し、そこの校長の指示に従う。

津波警報・注意報の分類と、とるべき行動

	予想される津波の高さ		とるべき行動	想定される被害
	数値での発表（発表基準）	巨大地震の場合の表現		
大津波警報	**10m超** （10m<高さ）	巨大	沿岸部や川沿いにいる人は、ただちに高台や避難ビルなど安全な場所へ避難してください。津波は繰り返し襲ってくるので、津波警報が解除されるまで安全な場所から離れないでください。 ここなら安心と思わず、より高い場所を目指して避難しましょう！ 津波防災啓発ビデオ「津波からにげる」（気象庁）の1シーン	木造家屋が全壊・流失し、人は津波による流れに巻き込まれる。 （10mを超える津波により木造家屋が流失）
	10m （5m<高さ≦10m）			
	5m （3m<高さ≦5m）			
津波警報	**3m** （1m<高さ≦3m）	高い		標高の低いところでは津波が襲い、浸水被害が発生する。人は津波による流れに巻き込まれる。 豊頃町提供（2003年）
津波注意報	**1m** （20cm≦高さ≦1m）	（表記しない）	海の中にいる人は、ただちに海から上がって、海岸から離れてください。津波注意報が解除されるまで海に入ったり海岸に近付いたりしないでください。	海の中では人は速い流れに巻き込まれる。養殖いかだが流失し小型船舶が転覆する。

・震源が陸地に近いと津波警報が津波の襲来に間に合わないことがあります。「揺れたら避難」を徹底しましょう。
・津波は沿岸の地形などの影響により局所的に予想より高くなる場合があります。より高い場所を目指して避難しましょう。
・地震発生後、予想される津波の高さが20cm未満で被害の心配がない場合、または津波注意報の解除後も海面変動が継続する場合には、「津波予報（若干の海面変動）」を発表します。

気象庁　リーフレット「平成25年３月　津波警報が変わりました」より引用

＊安否確認の内容

〈安否確認の内容〉

　休日や下校後等の在宅時や登下校時に災害が発生した場合は、児童生徒等の安否確認が必要である。

　　□　児童生徒等及び家族の安否・けがの有無
　　□　被災状況（児童生徒等の様子、居住の被害、困っていることや不足している物資）
　　□　居場所（避難先）
　　□　今後の連絡先、連絡方法

＊児童引き取り票（例）

令和　　年度　　緊急・災害時　　　　　　　　　　　　　　　　○○市立Ａ小学校

児童引き取り票

（　　）年（　　）組　児童氏名（　　　　　　　　　　　　）

引き取り者氏名

児童との関係（　　　　　　）

【お願い】・いつでも出せるように、見やすいところに貼っておいてください。

　　　　　・緊急時には、このカードをお持ちいただき、担任に渡して、お子様をお引き取りください。

8 大雨、洪水、大雪、暴風警報等発表時の対応（例） 🔘 4-2-8

> ＊気象庁によると、**1時間に20mm以上**の強い雨が降ると、小さな川や側溝が溢れ、小規模の崖崩れが始まる可能性があるとしている。この場合、十分な注意が必要である。災害発生の危険性が高まっている場合には、最新の気象情報に基づき、対応を決定する。
>
> ＊風雨が小康状態になっても、土砂災害等の**二次被害の危険**があり、慎重に対応する（増水、冠水、危険箇所等）。

登校前	登校中	登校後	下校中
○午前7時の時点で大雨、洪水、大雪、暴風警報が出ている場合は**自宅待機とする。** ◆教職員は、最新気象情報で情報収集する。 ◆被害が大きい場合は、児童生徒等の安否確認を行う。 ◆警報が解除されそうな場合は、児童生徒等の登校前に通学路など地域の状況を把握する。 　　　↓ ○午前10時の時点で警報が解除されているとき、**登校する。**	基本的には、**そのまま登校する。** ◆児童生徒等の出席状況を確認し、保護者に引き渡す。 ◆留守家庭の児童生徒等は、学校で待機し、保護者の迎えを待って引き渡す。	【午前】 ○警報解除まで学校に留め置く。 ＊台風の動き等状況によっては、早めに下校させることもある。 【午後】 ○午後3時を過ぎても警報が解除されていないとき、**保護者と帰宅する。** ◆学校で待機し、保護者の迎えを待って引き渡す。 ◆留守家庭の児童生徒等は、学校で待機し、保護者の迎えを待って引き渡す。	基本的には、**そのまま下校する。** ○下校中の者は、そのまま帰宅する。 ○学校にいる者は、教室に集合する。 ◆学校で待機し、保護者の迎えを待って引き渡す。
〈家庭への連絡事項〉 ◇午前10時前に警報が解除されていても、自宅で待機し、午前10時になってから登校する。 ◇給食がないので、**お弁当**を持参する。 ◇登校する際には、通学路の安全に注意して登校する。			
◆住居等の被害状況を確認する。 ●午前10時の時点で警報が解除されていないとき、**休校とする。** ＊一斉メール、学級連絡網を用いて連絡を取る。		◎土砂災害警戒情報、記録的短時間大雨（大雪）情報が発表された場合は必ず学校待機とする。状況により、安全な階に避難する。 ◎市町村防災局から避難指示等があった際は、指定された避難所へ避難する。	

警報・注意報に関する情報

警報とは、重大な災害が起こるおそれのあるときに警戒を呼びかけて行う予報。

また、注意報は、災害が起こるおそれのあるときに注意を呼びかけて行う予報。

警報や注意報は、気象要素（雨量、風速、波の高さ等）が基準に達すると予想した区域に対して発表される。ただし、大地震で地盤がゆるんだり火山の噴火で火山灰が積もったりして災害発生にかかわる条件が変化した場合、通常とは異なる基準（暫定基準）で発表することがある。

災害の発生状況によっては、この基準にとらわれず運用することもある。

〈気象庁ホームページより〉

★台風情報　　　　　　　　★雷ナウキャスト

★暴風警報・強風注意報　　★竜巻発生確度ナウキャスト

★指定河川洪水予報　　　　★降水短時間予報と降水ナウキャスト等

★土砂災害警戒情報　　　　★津波警報（2013年4月～）

★記録的短時間大雨（大雪）情報

＊留意事項

項　目	留　意　事　項
情報収集	・テレビやラジオ、インターネット等で気象情報を収集する。 ・教育委員会や防災担当課から災害発生箇所及びその可能性のある箇所について情報を収集する。 ・土砂崩れ等の被害情報があれば、被害状況がわかる保護者、ＰＴＡ役員、地域住民から情報を収集する。 ・必要に応じて近隣校と情報交換を行う。 ・必要に応じて公共交通機関の運行状況を確認する。
安全対策	・休校、自宅待機、引き渡し等の決定を速やかに連絡できるよう、メールによる緊急通報システムや学校ＷＥＢページの緊急通信欄等を整備しておく。 ・公共交通機関の運休等により登校ができない場合、欠席にならないことを周知し、安全第一に行動するように指導しておく。 ・被害防止のため、強風による転倒や移動の可能性があるものの固定、ドアの開閉や窓ガラスの飛散防止等に取り組む。
下校・待機の判断	【下校させる場合】 ・緊急連絡網により保護者に連絡する。 ・通学路の変更、教職員の引率、集団下校、保護者の出迎え等、安全な方法で下校させる。 ・家族が不在の家庭において、家屋の立地状況等で危険が予想される児童生徒等については保護者に連絡を取り、学校に待機させる等の適切な措置を講じる。 【学校で待機させる場合】 ・安全な待機場所を指定する。 ・児童生徒等を地区ごとに集め、安心させるように対応する。 ・災害状況や保護者からの連絡を児童生徒等に伝える。 ・下校が可能になった児童生徒等から保護者に引き渡す。
事後の対応と措置	・管理職は学校の状況を教育委員会に報告し、必要があれば支援要請を行う。

③ 避難所としての学校の対応

1 事前計画

　東日本大震災では、被災した地域が極めて広範囲にわたったため、避難所となった学校も多く、長期にわたり教職員が避難所運営の中心的な役割を担うことになった例が多く見られた。しかし、学校と地域が日頃から連携していた学校では、地域の自治による避難所運営に円滑に移行でき、教職員が児童生徒等の安否確認や授業再開に向けた業務に専念することができたという事例もある。

　児童生徒等の安全確保・安否確認、教育活動の早期正常化を実現するために、事前に体制整備を図り、できる限り地域住民等が主体的に開設・運営ができる状況をつくっておき、教職員が協力できる内容をあらかじめ調整しておくことが必要である。

○A中学校　応急教育計画（例）

〔1〕目的
　　予知され、又は予知されない地震発生後における応急の教育について必要な措置をとることを目的とする。
〔2〕災害発生時の措置
　　◆被害状況調査時の措置
　　　ア　生徒及び教職員調査（死亡、負傷、家族の被災、家屋の損傷、焼失、浸水等）
　　　イ　校舎被災状況調査、体育館、部室等施設・設備被災状況調査
　　　ウ　校舎3階の開放と管理
　　　エ　上下水道、トイレの管理
　　　オ　防災倉庫の点検・保全、場合によっては機器の搬出
　　　カ　通学路状況調査
　　　キ　教科書等滅失状況調査
　　　ク　その他の必要な調査
　　◆教職員による施設・設備の応急復旧作業
　　　必要に応じてPTA等の協力を求める。
　　◆生徒の登校
　　　市教委、PTA・自治会等と連絡を取りつつ、安全を確認の上、校長の指示により登校させる。
〔3〕災害復旧時の措置
　　生徒を登校させ授業を行う。できるだけ速やかに年度当初計画の教育課程実施を軌道に乗せるよう努力する。

〈1次避難地としての学校〉
〔1〕対象自治会
〔2〕学校の対応　防災委員会：○○、○○、○○
〔3〕被災直後の学校開放計画
　　◆学校の役割
　　　ア　避難地（所）　地震発生直後から4自治会の住民が避難してくる予定である。
　　　イ　物流拠点　　　体育館を使用し、生徒のボランティア等で荷物整理等を行う。
　　　ウ　情報拠点　　　生徒の安否情報は学級担任、住民の安否情報は級外から自治会役員に連絡する。
　　　エ　医療拠点　　　保健室は救護所とする。
　　　オ　後方支援拠点　体育館及びグラウンド。

＊保健室の開放について＊
　学校は授業再開に向けて復旧作業を行うため、保健室がいつまで救護所となるのか、開放区域にするのか、非開放区域にするのかをあらかじめ検討しておく必要がある。

◆学校が避難所となることについて
　ア　避難所の本部長　連合自治会長（不在の場合は副会長）
　　○　連合自治会長をトップとし、各自治会長が責任をもって統制ある避難生活が送れるようにする。できるだけ早く、地域住民による自主防災組織を機能させる。
　　○　Ａ中学校に避難する自治会。
　イ　避難所となるまでの手続き
　　○　住民は避難地としてグラウンドに避難する。
　　○　地域担当の一級建築士が建物の安全性を診断する。
　　○　診断の結果、安全性が確認されたら避難所とする。
　ウ　冬の夜や雨天等、判断を待っている余裕がないとき
　　○　原則は、避難所長（連合自治会長）が責任をもつ。
　　○　目視する…柱の縦ひびは危険であり、立ち入ってはならない。
　　　＊軽度の横ひびの場合、「余震発生時は外に逃げる」ことを条件に体育館に入れる。
◆トイレの確保について（電気・水道が復旧するまでの措置）
　ア　北校舎1・2階及び体育館のトイレを使用する。
　イ　体育館西側に仮設トイレを設置する。
　　○　防災倉庫に2台の仮設トイレがある。
　ウ　トイレの水の確保（浄化槽方式の場合）
　　○　小学校のプール水等を確保する。
◆飲料水の制限について（電気・水道が復旧するまでの措置）
　　○　校舎西側に設置された受水槽からバケツ等で汲み出す。
◆避難住民の分散
　　○　Ｂ小学校、Ｃ高等学校との連携を図る。
◆学校の開放場所

	避難場所・対策本部	教室名とその他の施設
1	立ち入り禁止区域 ・学校管理区域 ・授業再開確保区域 ・学校災害対策本部	1F　保健室（救護）、美術準備室、教材室 2F　校長室、事務室、職員室、給湯室、休憩室 2F　普通教室（1年）（校内災害対策本部） 2F　放送室、印刷室、購買室、応接室 3F　普通教室（3年）、生徒相談室、小会議室 4F　普通教室（2年）、図書室、パソコン室、生徒会室 2・3・4F　新特別教室棟
2	第1優先避難区域	体育館（中トイレ・外トイレ使用）
3	第2優先避難区域	1F　第1理科室、会議室、美術室（1Fトイレ使用）
4	緊急避難区域（津波）	校舎4F
5	避難所運営本部	体育館会議室
6	救援物資保管場所	1F　新特別教室棟（技術室・準備室）、外体育器具庫
7	仮設テント設営場所	グラウンド
8	ごみ集積場所	クリーンテント
9	仮設トイレ	学校敷地内テニスコート

〈開放区域　校内図　略〉

② 台風発生時の対応事例

令和〇年〇月〇日（〇）　A町は台風9号に伴う豪雨により、橋が落ち、道路が決壊する等の被害を受け、特に被害が大きかった地域では男女約150人がその地域の小学校へ避難した。

◆災害発生時の養護教諭の動き

〔1〕緊急の教職員打ち合わせで児童の下校について、学校で保護者に引き渡しをすることが指示され、保護者への引き渡しの補助と迎えに時間がかかる児童の対応にあたる。
〔2〕町から小学校へ約20世帯が避難するとの連絡があり、避難所に必要とされる備品の準備を行う。
〔3〕1階の教室を開放するため、教室を整備。その後、避難者が50世帯になり避難場所を体育館へ変更。必要物品の追加を町から指示され、避難所（体育館）へ搬入。
〔4〕避難所での食事の補助（飲料水や食料の配布）。

【保健室から持ち出した物品】

□災害用救急用品セット…1セット
　（トランクケースほどの大きさの中に備品がセットされたもの）
□保健室内にある救急用品
　（湿布、冷却ジェルシート、消毒液、絆創膏、ガーゼ、包帯、副木、テープ等買い置きのものすべて）
□トイレットペーパー、ティッシュペーパー
□布団、毛布、タオル（大小）、ひざかけ（普段使用していないものすべて）
□ぞうきん　□生理用品

【学校が避難所となり用意した備品】

	品名・内容	目的・用途		品名・内容	目的・用途
1	ブルーシート	荷物・避難者用	21	ハンドマイク	館内連絡用
2	パイプ椅子	本部・高齢者用	22	災害時非常用電話	事務室に設置
3	長机	本部・各区役員・荷物	23	電気湯沸かしポット	湯・茶配給用
4	避難者名簿	10人用×20枚	24	ポータブルクーラー	7.5リットル水・お茶用
5	ボールペン・筆記用具	名簿記入用	25	扇風機3台	高温時用
6	バインダー	名簿記入用	26	暖房器具・灯油等	低温時用
7	ホワイトボード	連絡掲示・記録提示	27	個室（体育器具室）	体調不良者等
8	水性マーカー	ホワイトボード用	28	体育用マット	敷き布団の代替
9	画用紙類	連絡掲示記録	29	足拭きマット6枚	
10	セロハンテープ・画鋲	連絡掲示記録	30	車椅子	高齢者用
11	ホチキス	記録用紙綴	31	ヘルメット・名札	教職員見分け用
12	ガムテープ		32	ごみ袋	ごみ分別用
13	はさみ		33	トイレットペーパー・ティッシュペーパー	6箱
14	段ボール・空き箱	仕切り、衝立用・分別用	34	救急用品セット	
15	町広報無線機	情報収集用	35	毛布	保温用
16	テレビ	情報収集用	36	タオル	雨で濡れたときに利用
17	ラジオ	情報収集用	37	タオルケット・夏掛け	保温用
18	懐中電灯	夜間用	38	冷却ジェルシート	熱のある避難者用
19	乾電池	停電用	39	生理用品	女性用
20	放送設備	館内連絡用	40	ぞうきん300枚	

◆災害発生後
〔1〕校内での対応について
・翌日は出勤後、教職員で分担して清掃等を行う。
・児童の身体的な変化に注意する。
・災害から8日後、○月○日（○）まで通学班で登下校。川が決壊し、道路へ冠水した地域もあり、児童の安全確保のため、朝の交通指導、下校時の引率を行う。
・校内巡視の際に児童の様子をいつも以上に観察し、気になる児童への声かけをする。
・担任へ健康観察の強化を依頼する。
・健康観察カードにて体調不良を訴える児童を把握し、担任や本人へ声かけをする。
・物品の回収、必要物品の注文と購入手続きをする。
・来室者には、被害状況やそのときの思いを無理に尋ねないように心がける。
・教職員のケアもする（コミュニケーションをとる、休養をとるように声をかける等）。

〔2〕教育委員会主催の研修会への参加
　　災害時のこころのケア研修会　　○月○日（○）
　　講　　　　師：B大学教育学部　准教授　C講師来校
　　参　加　者：小・中学校区の養護教諭、幼・保園長、教育委員会
　　内　　　　容：『学校現場・養護教諭のための災害後のこころのケアハンドブック』（静岡大学のホームページから無料でダウンロードが可能）を使い、災害後の子どもの心理状態や症状、対処法等のお話を伺い、実際に呼吸法やリラックス法を伝授していただいた。
　　研修を受けて：教職員での打ち合わせの際に、『学校現場・養護教諭のための災害後のこころのケアハンドブック』を紹介し、研修内容を報告した。また、災害後の子どもたちへの対応の仕方について伝えた。

＊A町では毎年、カウンセリング講座の講師としてC講師にお越しいただいている。災害直後にC講師から教育委員会の担当者に連絡があり、C講師のご厚意により校区ごとの研修会が開催された。

◆災害を振り返って
〔1〕備えること―災害用救急用品セットの確認
　日常で使用する救急用品の補充分の予算しかなく、災害用救急用品まで十分に備えておくことができなかった。今回の災害で保健室にあるもののすべてを提供したが、普段からしっかり備えておくことが必要である。

〔2〕周知を図ること―避難所の必要品は、全教職員がわかる場所に保管
　タオル（大小）、ぞうきん、生理用品、救急用品（備蓄用）等の保管場所は、養護教諭しか知らないことが多い。年度初めの職員会議等で全教職員に周知を図ることが必要である。

〔3〕確かな情報を共有し、全教職員で児童の心のケアにあたること
　被害状況等を確認し、教職員間で共有する。被害の大小にかかわらず、児童の日常生活において特別な変化がないかをよく観察する等、災害後の児童の心の状態について教職員間で注意深く見守ることが大切である。

〔4〕学校を避難所として開設した場合の養護教諭の役割
　町の災害本部から、学校が避難所になるとの連絡があったと同時に避難住民が来校。最初に高齢者や病人、障がい者が来たため、町の職員が派遣されるまでの間、養護教諭が対応する必要があった（実際、不安を抱えた高齢者から、薬やからだのことを相談された）。そのため、地域住民への対応や救護活動も担うことを心得ておく必要がある。

第5章

関連資料

① 児童生徒等のからだの危機管理

② 虐待発見チェックリスト

③ けが発生時チェックリスト

④ B中学校　安心安全のための危機対応マニュアル

⑤ 東海地震に備える浜松市医療救護訓練

⑥ 災害医療について

① 児童生徒等のからだの危機管理

聖マリアンナ医科大学　小児科　特任教授

吉村　博

〈静岡県養護教諭研究会夏季研修会（2013年8月9日）の吉村博先生の講演資料より〉

本セッションでみなさんと共有したいこと

・児童生徒等を見た瞬間に2～3秒で重症度を見極める。

・バイタルサインを必ず測定し、異常を早期から認知する。

・ポイントをしぼった病歴をとることで、一見落ち着いて見える重症者を見逃さない。

この3点をいつも意識し、体の危機を早期発見し、急変を避けよう‼

ポイント1：Pediatric Assessment Triangle（ＰＡＴ：第一印象）[1]

　○いつも保健室に入ってくるときから、全体的な活気と受け答え、呼吸が速い・遅いを含めた呼吸努力、循環の状態の確認をする。

　○日頃から元気な児童生徒等にも確認するようにし、習慣化する。

児童生徒等が保健室に入ってきたら 2～3秒で以下を観察

外観・見かけ
・ぐったりと力が入らなくはないか
・周りに無関心でないか
・立てるか、歩けるか
・開眼しているか、視線は合うか
・会話はできるか

呼吸努力の有無
・体位…起座呼吸、におい嗅ぎ呼吸
・胸と腹の動き…シーソー呼吸、陥没呼吸、片側の膨隆
・呼吸が速いか、遅いか
・胸骨の上がへこむか
・聴こえる呼吸雑音…吸気性喘鳴、呼気性喘鳴、呻吟（うなり）、いびき、うがい様音

循環・皮膚色
・顔面・四肢の蒼白
・チアノーゼ
・四肢のまだら模様
・出血、皮疹、紫斑、変形

ここでの判断とアクション

○トライアングルの3つともすべて安定→よい
　⇒ゆっくり話を聴く。

○トライアングルの3つのうち1つでも不安定
　　　　　　　　　　　　　　　→わるい

　⇒自分以外の人にも判断を求める。

　⇒救急車を要請するか、15分以内で医療機関（救急室）へ。

○反応がない、胸の動きがないか、あえぎ、体動がない→蘇生必要
　⇒人を集め、救急車要請・ＡＥＤの用意、心肺蘇生の開始。

ポイント2：ＡＢＣＤＥ診察（フィジカルアセスメント）[1]

ＡＢＣＤＥ診察のＡＢＣＤＥとは、下記の通りである。

A…Airway：気道評価　B…Breathing：呼吸評価　C…Circulation：循環評価

D…Dysfunction of Central Nervous System：生命を脅かす中枢神経障害の評価

E…Exposure & Environmental control: 脱衣と体温管理

○バイタルサインをいつもきちんと測定して記載する習慣をつける。

○正常値、絶対の異常値を書いて、見えるところに貼っておく。

○ストップウォッチ又はキッチンタイマーで、呼吸5回分の時間を計る。そして、かかった秒数で300を割る。脈拍数はよく触れるかを確認しながら、手首で測る。脈拍10回を数えるのにかかった秒数で600を割る。

○手の甲で手足に触れて冷感を確認する。

○頭痛がみられるときは歩行状態、腹痛がみられるときは、嫌がっても説得して下着をとり、鼠径部を確認する。

バイタルサインの測定、皮膚の状態チェック

・30秒～1分以内に行う。

・呼吸音（ちゃんと腋下で両側とも聴こえるか）を確認しながら呼吸数、脈を手首で触れながら脈拍数、血圧測定、体温測定を行う。できれば心音も聴く。

・皮膚の循環を確認する（温かいかどうか、まだら模様の有無）。その他出血、皮疹、紫斑、外傷や変形を確認する。

呼吸数、脈拍数

・**呼吸数**
○300÷ストップウォッチで測定した呼吸5回分の秒数
○正常範囲
学童　18～30回／分
思春期・青年期　12～16回／分
30回／分以上、10回／分以下は明らかに異常。

・**脈拍数**
○600÷脈拍10回を数えるのにかかった秒数
○正常値
学童（6～12歳）　70～120回／分
思春期（13～18歳）60～100回／分
※150／分以上、60／分以下は明らかに異常。

血　圧

・収縮期血圧の正常下限値
6～10歳　　70＋2×年齢 mmHg
10歳以上　　90mmHg

※これ以下なら低血圧性ショックといい、すぐにアクションをとる。
仰臥位にし、両側の下肢を枕や毛布で挙上する。

※血圧が上記の基準値でも「脈の触れ方が弱い」「脈拍150回<」「皮膚の循環が悪い」の3つがあれば、十分な酸素が組織に行っていないと考える。

体　温

・38.3℃以上、35.9℃以下はどちらも注意‼
敗血症・中毒・低酸素脳症・熱中症などを考え、低体温なら保温、高体温なら鼠径部・腋下を冷却。

ポイント3：ＳＡＭＰＬＥ病歴（要点をしぼった病歴）[1]

○ＳＡＭＰＬＥの順に尋ねると、もれなく情報がとれるので尋ね方を練習する。

○ＰＡＴ、ＡＢＣＤＥ診察ではよくても、ＳＡＭＰＬＥ病歴で「危ない」ということがある。いつからあるのか、持続しているのか、強度はどうか・程度は弱くてもだんだん進行しているのか、低身長・やせにも注意する。

○中学生や高校生は、保護者でもなく担任でもなく、医療機関でもなく養護教諭にしかカミングアウトしないことがある。カミングアウトしやすい雰囲気づくりが大切だが、カミングアウトしそうなときにそれを捉えて離さない「聴く姿勢」が危機を救う。

病歴…ＳＡＭＰＬＥと覚える

・Signs and Symptoms　主訴と徴候

　症状は？　いつから？　続くのか出たり消えたりか？　外傷は？

・Allergy　アレルギー

　食べ物、薬、煙・ほこり・花粉、製品（革、ラテックスゴム）

・Medication　常用薬／市販薬

　薬剤名、量、服薬時間、投与経路（内服、経皮、吸入）、回数

・Past medical history　既往歴

　定期外来、入院歴、慢性重症疾患（心臓、腎臓、悪性腫瘍、内分泌）

　手術、予防接種歴（インフルエンザ、日本脳炎、ＭＲ・ＤＰＴ追加）

・Last meal　食事・水分の摂取状況

　最後の経口摂取はいつか？　飲んだり食べたりは可能か（朝食・昼食）？

・Events　きっかけ

　きっかけ、症状が起こってから保健室に来るまでの時間

●引用・参考文献

・1）American Heart Association『ＰＡＬＳプロバイダーマニュアル　ＡＨＡガイドライン2010準拠』シナジー　2013

② 虐待発見チェックリスト 🆑 5-1

① 子どもの状態

- ☐ 不自然な外傷（打撲、火傷、熱傷など）が見られる
- ☐ 傷に対する説明が不自然である、説明を嫌がる
- ☐ 季節にそぐわない服装をしていたり、衣服がいつも汚れている（特に他の兄妹と差が見られる）
- ☐ 顔、髪の毛、手足、口腔内が不潔である
- ☐ 保護者がいると顔色をうかがう反面、保護者がいないと全く保護者に関心を示さない
- ☐ 表情が乏しく、受け答えが少ない
- ☐ 過度に緊張し、視線が合わせられない
- ☐ 連絡もなく登校してこない。訪問すると保護者が不在だったり、まだ寝ていたり、食事を与えられていなかったりすることがある
- ☐ 理由がはっきりしないのに欠席や遅刻が多い
- ☐ 特別な病気がないのに体重や身長の伸びが悪い
- ☐ 他児とうまく関われない
- ☐ かんしゃくが激しい
- ☐ 基本的な生活習慣が身に付いていない
- ☐ 過食、がつがつした食べ方をしたり、人に隠して食べるなどの行動が見られる
- ☐ 衣服を脱ぐことに異常な不安を見せる
- ☐ 年齢不相応な性的な言葉や性的行動が見られる
- ☐ 極端な性への関心や、拒否感が見られる（特に女子の性的逸脱行動）
- ☐ 他者との身体接触を異常に怖がる
- ☐ 落ち着きがない
- ☐ 虚言が多い
- ☐ 授業に集中できない
- ☐ 放課後になっても、家に帰りたがらない
- ☐ 家出を繰り返す
- ☐ 万引きなどの非行が見られる

② 保護者の特徴

- ☐ 教師との会話を避ける。又は面談や家庭訪問を拒む
- ☐ 孤立している
- ☐ 被害者意識が強い
- ☐ 苛立ちが非常に強い
- ☐ 夫婦仲が悪い
- ☐ 酒や覚せい剤、麻薬の乱用がある
- ☐ 子どもの扱いが乱暴あるいは冷たい
- ☐ 保護者も暴力を受けた傷等がある

＊母親（父親）に暴力を振るう父親（母親）は、子どもにも虐待をしている可能性があります。
＊家庭内で日常的に暴力にさらされている子どもは、直接的な暴力をふるわれていなくても、心理的虐待を受けている可能性があります。

静岡県『静岡県児童虐待対応の手引き』より引用

③ けが発生時チェックリスト

CD 5-2

けが発生時チェックリスト（頭部打撲）
（　　　　　　）学校

組 名前	年　組 名前	男・女
来室日時	年　月　日（　）　時　分	

意識検査	意識は清明か（ 清明 ・ 異常あり ）	
問診	いつ・どこで（けが発生時）	月　日　時　分頃　受傷場所
	誰と・何をして	けが発生から遅れて来室した場合の理由（　　　　　　　　　）
	どこの部分を	◇強く打った部分　◇その他打ったところ 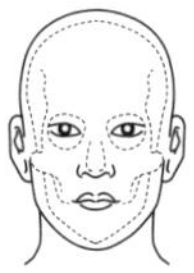
	どのような痛み	◇どのような痛み（　　　）◇打ったとき気が遠くなったり、クラクラしたりしたか（ した ・ しなかった ）
	どのようになって	◇受傷原因（　　　）養護教諭が気づいたこと（　　　）
	その他	◇（ めまいがある ・ 嘔気がある ・ 嘔吐がある ・ 頭痛がある ・ 手足が動きにくい ）
視診	◇出血創の有無 … なし あり　◇血腫の有無 … なし あり　◇ショック症状 … なし あり	
触診	◇打撲部位からの圧痛線の有無（ ない ・ ある ）	
検査	◇瞳孔検査 … 左右不同の有無（ ない ・ ある ）対光反射の消失の有無（ 消失なし ・ 消失あり ）	

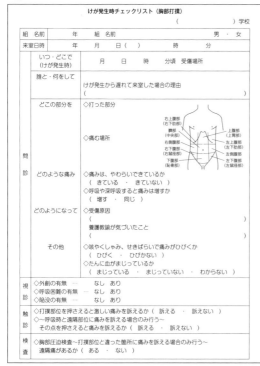

CD 5-3

けが発生時チェックリスト（関節捻挫）
（　　　　　　）学校

組 名前	年　組 名前	男・女
来室日時	年　月　日（　）　時　分	

問診	いつ・どこで（けが発生時）	月　日　時　分頃　受傷場所
	誰と・何をして	けが発生から遅れて来室した場合の理由（　　　　　）
	どこの部分を	◇痛みの激しい部分　◇どのような痛み（　　　）◇歩行できるか（ できる ・ 困難 ・ 不能 ）
	どのような痛み	痛みは、少しはやわらいできているか（ きている ・ きていない ）◇受傷のときに気づいたこと
	どのようになって	◇受傷原因（　　　）養護教諭が気づいたこと（　　　）
視診	◇腫脹の有無 … なし あり 部位：　◇皮下出血	
触診	◇圧痛検査 靱帯に沿って押さえると痛い箇所があるか（ ない ある ）骨に痛みが線状に延びているか（ いない ある ）	
打診	◇介達痛検査 痛みは（ ない ある ）	
運動検査	◇自動運動検査…どの運動が困難か（ 屈曲−伸展 外転−内転 外反−内反 ）◇他動運動検査…どの方向の運動で痛みを感じるか（　　　）その痛みはどこが最高か（　　　）	

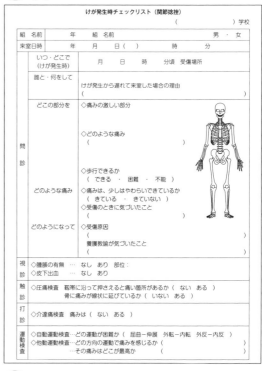

CD 5-4

けが発生時チェックリスト（胸部打撲）
（　　　　　　）学校

組 名前	年　組 名前	男・女
来室日時	年　月　日（　）　時　分	

問診	いつ・どこで（けが発生時）	月　日　時　分頃　受傷場所
	誰と・何をして	けが発生から遅れて来室した場合の理由（　　　　　）
	どこの部分を	◇打った部分　◇痛む場所
	どのような痛み	◇痛みは、やわらいできているか（ きている ・ きていない ）◇呼吸や深呼吸すると痛みは増すか（ 増す ・ 同じ ）
	どのようになって	◇受傷原因（　　　）養護教諭が気づいたこと（　　　）
	その他	◇咳やくしゃみ、せきばらいで痛みがひびくか（ ひびく ・ ひびかない ）◇たんに血がまじっているか（ まじっている ・ まじっていない ・ わからない ）
視診	◇外創の有無 … なし あり　◇呼吸困難の有無 … なし あり　◇陥没の有無 … なし あり	
触診	◇打撲部位を押さえると激しい痛みを訴えるか（ 訴える ・ 訴えない ）〜呼吸時と遠隔部位に痛みを訴える場合のみ行う〜その点を押さえると痛みを訴えるか（ 訴える ・ 訴えない ）	
検査	◇胸部圧迫検査〜打撲部位と違った箇所に痛みを訴える場合のみ行う〜遠隔痛があるか（ ある ・ ない ）	

胸部の痛む場所の図（右上腹部（右下肋部）、腹部（中央部）、右側腹部、右下腹部（右鼠径部）、下腹部（恥骨部）、上腹部（上胃部）、左上腹部（左下肋部）、左側腹部、左下腹部（左鼠径部））

CD 5-5

けが発生時チェックリスト（突き指）
（　　　　　　）学校

組 名前	年　組 名前	男・女
来室日時	年　月　日（　）　時　分	

問診	いつ・どこで（けが発生時）	月　日　時　分頃　受傷場所
	誰と・何をして	けが発生から遅れて来室した場合の理由（　　　　　）
	どこの部分を	◇痛みの激しい部分
	どのような痛み	◇どのような痛み（　　　）◇痛みは、少しずつやわらいできているか（ きている ・ きていない ）◇ショック症状はあるか（ ある ・ ない ）◇屈曲・伸展すると痛みはあるか（ ある ・ ない ）◇押さえたときに激しく痛みがあるか（ ある ・ ない ）
	どのようになって	◇受傷原因（　　　）養護教諭が気づいたこと（　　　）
視診	◇変形の有無 … なし あり 部位：　◇腫脹の有無 … なし あり 部位：　◇ショック症状の有無 … なし あり（ 顔色不良 あくび 冷汗 虚脱感 ）	
触診	◇圧痛検査 痛みの方向（ 一方向 全方向 ）痛みの範囲（ 関節部分 指骨全部 ）	
打診	◇介達痛検査 痛みの種類（ 軽い 激痛 ）痛みの範囲（ 関節部分 離れた部位 ）	
運動検査	◇自動運動検査（ 制限なくできる 制限はあるができる 全く動かせない ）◇他動運動検査（ 支障なし 屈曲 伸展したとき 激痛を訴える 痛みのためにできない ）	

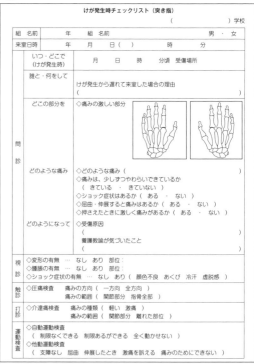

CD 5-6

けが発生時チェックリスト（眼部打撲）

（　　　　　　　　）学校

組　名前	年　　　組　名前	男・女
来室日時	年　　月　　日（　）　　　時　　　分	

問診	いつ・どこで （けが発生時）	月　　日　　時　　分頃　受傷場所
	誰と・何をして	けが発生から遅れて来室した場合の理由 （　　　　　　　　　　　　　　　　　　　　　）
	どこの部分を	◇最も痛む部分
	どのような痛み	◇痛みの種類 （　　　　　　　　　　　　　　　　　　　　　　） ◇眼がかすむことは（　ない　・　ある　） ◇二重に見えることは（　ない　・　ある　）
	どのようになって	◇眼に食い込む物体か （種類：　　　　　　　　　　　　　　　）

視診	◇眼瞼の外傷の有無　…　なし　あり ◇眼瞼の腫脹の有無　…　なし　あり ◇眼瞼の損傷の有無　…　なし　あり 　　　要継続観察

触診	◇眼窩骨上縁に痛みがあるか（　ない　・　ある　） ◇眼窩骨下縁に痛みがあるか（　ない　・　ある　） ◇皮膚の下にブツブツした手ざわりがあるか（　ない　・　ある　）

検査	◇眼球運動検査…打撲した眼球が上転するか（　しない　・　する　） ◇視力検査…打撲直後の視力低下は（　ない　・　ある　） 　　　　　　　指が何本か？（指数弁）（　　　　本） 　　　　　　　手を振るのがわかるか？（手動弁）（　わかる　・　わからない　） 　　　　　　　明るさを感じるか？（光覚弁）（　感じる　・　感じない　） 　　　　　　　1時間後の視力低下は？（　ない　・　ある　）

CD 5-7

けが発生時チェックリスト（腹部打撲）

（　　　　　　　　）学校

組　名前	年　　　組　名前	男・女
来室日時	年　　月　　日（　）　　　時　　　分	

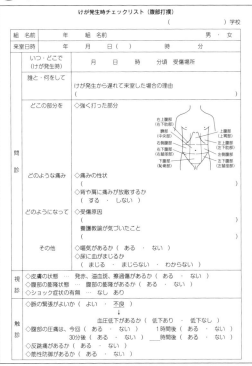

問診	いつ・どこで （けが発生時）	月　　日　　時　　分頃　受傷場所
	誰と・何をして	けが発生から遅れて来室した場合の理由 （　　　　　　　　　　　　　　　　　　　　　）
	どこの部分を	◇強く打った部分
	どのような痛み	◇痛みの性状 （　　　　　　　　　　　　　　　　　） ◇背や肩に痛みが放散するか （　する　・　しない　）
	どのようになって	◇受傷原因 （　　　　　　　　　　　　　　　　　） 養護教諭が気づいたこと （　　　　　　　　　　　　　　　　　）
	その他	◇嘔気があるか（　ある　・　ない　） ◇尿に血がまじるか （　まじる　・　まじらない　・　わからない　）

視診	◇皮膚の状態　…　発赤、溢血斑、擦過傷があるか（　ある　・　ない　） ◇腹部の膨隆状態　…　腹部の膨隆があるか（　ある　・　ない　） ◇ショック症状の有無　…　なし　あり

触診	◇脈の緊張がよいか（　よい　・　不良　） 　　　　　　　血圧低下があるか（　低下あり　・　低下なし　） ◇指圧の圧痛は、今回（　ある　・　ない　）　1時間後（　ある　・　ない　） 　　　　　　　30分後（　ある　・　ない　）　　時間後（　ある　・　ない　） ◇反跳痛があるか（　ある　・　ない　） ◇筋性防御があるか（　ある　・　ない　）

CD 5-8

けが発生時チェックリスト（四肢打撲・骨折）

（　　　　　　　　）学校

組　名前	年　　　組　名前	男・女
来室日時	年　　月　　日（　）　　　時　　　分	

初期観察	上肢…患側の肩を下げ健側で支えているか（　いない　・　いる　） 下肢…自力で歩行できるか（　できない　・　できる　）

問診	いつ・どこで （けが発生時）	月　　日　　時　　分頃　受傷場所
	誰と・何をして	けが発生から遅れて来室した場合の理由 （　　　　　　　　　　　　　　　　　　　　　）
	どこの部分を	◇打った部分 ◇最も痛みが激しい部分 ◇その他打ったところ
	どのような痛み	◇痛みは、少しはやわらいできているか （　きていない　・　きている　） ◇受傷のときの痛みの種類 （　　　　　　　　　　　） ◇受傷のときに気づいたこと （　　　　　　　　　　　）
	どのようになって	◇受傷原因 （　　　　　　　　　　　） 養護教諭が気づいたこと （　　　　　　　　　　　）

視診	◇外傷の状態　…　開放性か（　開放性　・　開放性でない　） ◇変形の有無　…　なし　あり ◇腫脹の有無　…　なし　あり ◇ショックの有無…　なし　あり （　顔色不良　冷汗　溜息　虚脱　あくび　視線うつろ　頻脈　）

触診	◇圧痛検査　激しい痛みがあるか（　ない　・　ある　） 　　　　　　　痛みが線状に延びているか（　ない　・　ある　）

打診	◇介達痛検査　離れた骨部、圧痛部位に痛みを感じるか（　感じない　・　感じる　）

運動検査	◇自動運動検査（　障害なくできる　・　障害があるができる　・　全く動かせない　） ◇他動運動検査 （　支障なし　・　ある方向にのみ痛みあり　・　痛みのためできない　）

④ B中学校　安心安全のための危機対応マニュアル 5-9

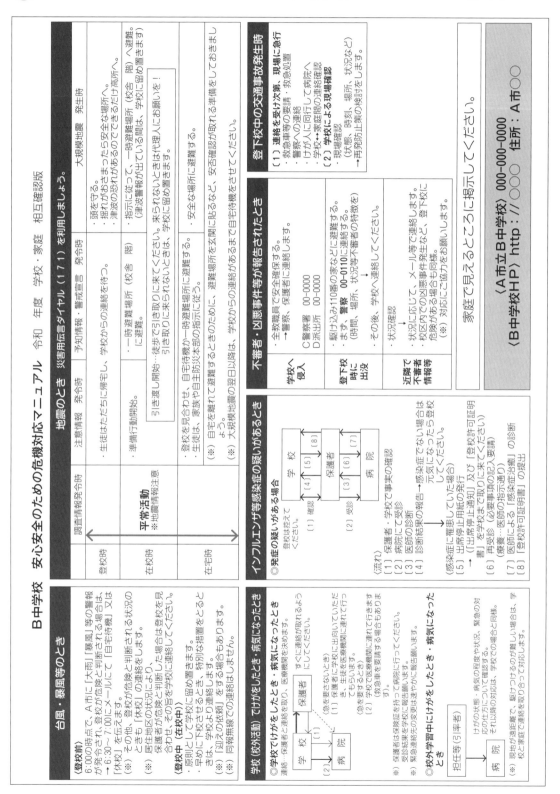

⑤ 東海地震に備える浜松市医療救護訓練

★医療救護訓練とは

　東海地震が発生した場合、浜松市内でもごく短い時間に多くの負傷者が発生し、その一方で医療の物的・人的資源は非常に制限されることになる。医師会等の医療関係団体の協力を得て、学校のグラウンドに応急救護所を設置し、実際を想定した医療救護訓練を行った。

★医療救護訓練内容

　①応急処置訓練…災害現場における応急処置の実践（自主防災隊等）

　②患者搬送訓練…搬送技術の習得と応急救護所への搬送の実践（自主防災隊等）

　③トリアージ訓練…応急救護所でのトリアージの実践

　　　　　　　　　　（医療関係者で構成するトリアージチーム）

　④模範操法…中学校生徒によるＡＥＤ実践訓練

★参加団体

　浜松医師会、磐周医師会、浜名医師会、浜北医師会、引佐郡医師会

　浜松市歯科医師会、浜松市薬剤師会、救護病院、静岡県看護協会西部地区支部

　地元自治会連合会及び自主防災隊等、浜松市消防局、浜松市

★会場図と訓練の流れ

自治会（リーダー・副リーダー）
自主防（処置）３人１チーム
自主防（搬送）６人１チーム
　　　　　（中学生を含む）

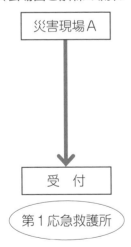

災害現場A → 受付

第1応急救護所

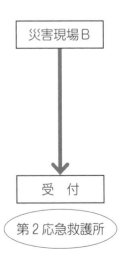

災害現場B → 受付

第2応急救護所

地域住民が中心となり災害現場から、第1応急救護所へ搬送する。

患者の情報やけがの状況を
書いたカードを渡す。

一次トリアージゾーン

意識はあるか・呼吸しているか・出血しているか・歩けるか、クラッシュ症候群の可能
性等の症状から救助者を赤・黄・緑・黒に分け、それぞれのテントに搬送する。

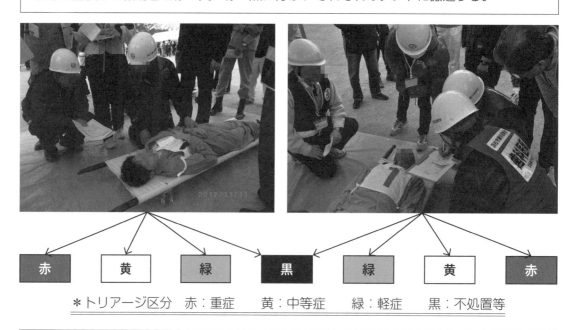

| 赤 | 黄 | 緑 | 黒 | 緑 | 黄 | 赤 |

＊トリアージ区分　赤：重症　　黄：中等症　　緑：軽症　　黒：不処置等

二次トリアージゾーン

医療従事者により、更なるトリアージを行う。

トリアージゾーンに収容され
た患者の負傷内容、バイタル、
搬送順位等をホワイトボード
に記入していく。病院へ搬送
された場合、搬送先がわかる
ように情報をまとめて一覧に
している。

資料提供：
浜松市健康福祉部健康医療課

⑥ 災害医療について

〈資料提供：浜松医科大学医学部救急災害医学講座　吉野篤人教授〉

　阪神淡路大震災でも東日本大震災でも災害規模があまりにも大きく、家庭や近隣住民による助け合い（自助、共助）が初期の救護活動の中心となった。そして多くの学校が避難所となった。

　ＣＳＣＡＴＴＴは災害医療で大切なことの頭文字を並べたものである。これは大震災でも鉄道事故でも、熱中症の同時発生のときでも用いる基本コンセプトになっている。

```
C：Command and Control　指揮と統制（連携）　　　S：Safety　安全確保
C：Communication　情報伝達　　　A：Assessment　評価
T：Triage　トリアージ　　　T：Treatment　処置　　　T：Transport　搬送
```

〈CSCATTT〉

C：Command and Control　指揮と統制（連携）

　各人、各組織がそれぞれ活動するよりも、指揮者のもとで組織的に行うことにより、より有効な活動が可能になる。上下の指揮命令系統だけでなく、横の連携も重要である。

S：Safety　安全確保

　水難事故や火災で救助者が命を落とすことがある。災害時でも救助者の安全、現場の安全、そして傷病者の安全を守るように行動すべきである。

C：Communication　情報伝達

　災害医療での失敗の最大の要因は、この情報伝達の不備によるとされている。他の機関との連絡手段の確保が重要。通信手段としては、携帯電話、無線等があるが、伝令という原始的手段も使われる。また、チーム内の情報共有も重要である。

A：Assessment　評価

　常に自分たちの活動、傷病者の状況、災害全体の状況、医療機関や公的機関の状況を評価し活動内容を変化させていくことが必要である。

T：Triage　トリアージ

　傷病者が多数発生したときに、処置や搬送の優先順位を決めることをトリアージという。

　トリアージの方法はいくつかあり、ＳＴＡＲＴ法は簡便で少しの訓練で学ぶことができる。震災の場合はこのＳＴＡＲＴ法に加えてクラッシュ症候群の可能性を検討する必要がある。ク

ラッシュ症候群は、からだの一部が長時間挟まれた場合に発生し、救出後に症状が悪化する。

さらに詳しく傷病者を観察して判断するのがＰＡＴ法である。ＰＡＴ法では傷病者をグループ分けするだけではなく、傷病者の問題点を生理学的、解剖学的に判断していく。

Ｔ：Treatment　処置

（1）優先順位は生命＞機能＞美容

（2）気道確保：息の通り道が確保できていないときには気道確保を行う。

（3）止血：止血は直接圧迫法が標準である。伸縮包帯を使うと、四肢等であれば比較的容易に圧拍止血が可能となる。

（4）固定：骨折部は疼痛の緩和のために固定する。これは搬送前に行い、移動時の創の悪化を防ぐことを目的とする。災害時には、身の回りにある雑誌や板、傘や物干し竿等で固定することができる。

（5）創傷の洗浄と保護：創傷を消毒する必要はなく、水道水で洗って、きれいな布や食品用ラップフィルムで患部を覆う。

Ｔ：Transport　搬送

巨大災害では救急車は災害現場に来ないと考えて、最寄りの救護所まで地域住民の力で運ぶことになる。トラックなどで運ばれた事例もある。毛布等を使って運ぶ搬送方法は簡単である。

〈予防〉

災害医療でも予防は重要である。大震災時の Preventable Death（防ぎえた死）を最も減らせるのは、家の耐震化や家具の固定である。

〈災害スイッチを入れる〉

災害が起こったことを認識し、早期に通報、注意を喚起する。初動体制の遅れは、その後の活動に大きく影響する。

〈トリアージカテゴリー〉

カテゴリー	傷病者の状態	例（状況により変わる）
Ⅰ　赤 最優先治療群 （重症群）	生命にかかわる重篤な状態で、ただちに処置、治療を行えば救命可能な負傷者。	気道閉塞、外傷による呼吸不全、出血性ショック、意識障害を伴う頭部外傷、救命可能な重症熱傷など。
Ⅱ　黄 待機的治療群 （中等症群）	処置治療の時間が多少遅れても生命には危険がない負傷者。基本的にバイタルサインが安定している負傷者。	四肢骨折、脊髄損傷（胸髄以下）、気道熱傷がない熱傷など。
Ⅲ　緑 保留群 （軽症群）	簡単な処置で対応可能又は処置不要のもの。	外来治療可能な骨折・小範囲の切創、挫創、軽度熱傷。
0　黒 死亡群 （不処置群）	すでに死亡しているか、治療しても救命の可能性がないもの。	死亡していない者を紫（expectant群）とする方法もある。

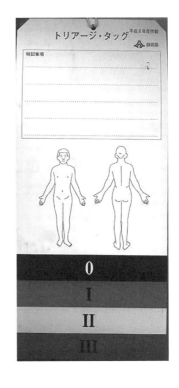

＊ＳＴＡＲＴ法式トリアージ

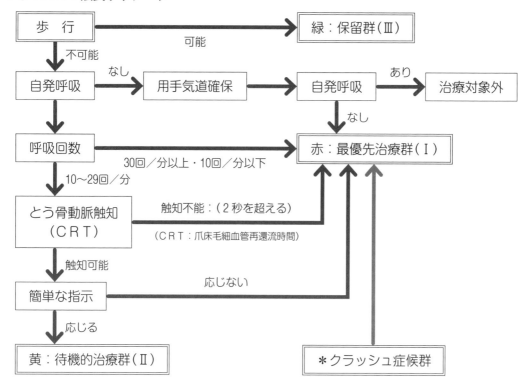

◆クラッシュ症候群とは

　倒壊した柱や壁等にからだを長い時間挟まれ、無事救出された矢先に容態が急変し、死に至ることもある症候群のことをいう。挫滅症候群とも呼ぶ。数時間の圧迫により、その部分の筋肉が壊死したために筋肉内のカリウムやミオグロビンが細胞外に出て、血液中に大量に漏出し全身に流れることで、脱水や高カリウム血症、急性腎不全を起こし、死に至る場合がある。

◆発症の兆候

　何時間挟まれていたのかが重要である。成人なら４時間を超える場合は危険である（子どもや老人はもっと短時間でも危険である）。圧迫されていたであろう時間を、からだの目立つところにボールペンで記入する。発症の兆候症状には、意識の混濁やチアノーゼ、失禁等があるので兆候を見逃さないようにする。

◆対処方法

　２時間以上挟まれていた場合、からだを圧迫しているものを急に取り除くと容態が急変する可能性があるので、救助を待つのが基本である。腹部のけがが軽く、本人が希望すれば水分摂取させる。

　治療は、透析療法が必要となる場合は、対応できる医療機関に搬送する必要がある。それまでは、点滴により血液濃度の希釈を行うことが必要である。水分摂取できる状態なら水分補給を行う。

参考文献一覧

- 静岡県養護教諭研究会編著、林典子監修『養護教諭実践事例集10　総合編（事例集・改訂版）』静岡教育出版社　2007
- 静岡県養護教諭研究会編著、林典子監修『養護教諭の活動の実際　第2版』東山書房　2003
- 静岡県養護教諭研究会編著、林典子監修『養護教諭の活動の実際　第3版』東山書房　2019
- 小林朋子編著、静岡県養護教諭研究会編『養護教諭のための災害対策・支援ハンドブック　事前準備から災害後の心のケアまで』東山書房　2011
- 静岡県教育委員会健康体育課「学校給食における食中毒及び事故発生時の対応について」
- 静岡県健康福祉部こども未来局こども家庭課『静岡県児童虐待対応の手引き』
- 飯尾愛子著『わくわく保健委員会　2　みんなでつくる、実験する実践報告44例』ぱすてる書房　2000
- 石原昌江編著、橋本淑子・小山和栄著『いまやっていることに自信がつく　生活・行動についての保健指導―養護活動における保健指導①―』東山書房　1998
- 院長の独り言「2012年3月22日　顕在化してきた健康被害（気になる症例 Part.2）」http://onodekita.sblo.jp/article/54582364.html
- 大塚製薬ホームページ「熱中症からカラダを守ろう」https://www.otsuka.co.jp/health-and-illness/heat-disorders/
- 岡山県総合教育センター『危機管理意識を高める研修を実施するために　「いざ」というとき、あなたは』2010
- 学校事故・災害の裁判ホームページ「訴訟事例　3　学校事故・災害の裁判」http://www.jca.apc.org/praca/takeda/sosyojirei3.htm
- 環境省『熱中症環境保健マニュアル2018』2018
- 環境省　熱中症予防情報サイトホームページ　https://www.wbgt.env.go.jp/
- 気象庁ホームページ　http://www.jma.go.jp/jma/index.html
- 気象庁ホームページ「雷ナウキャスト」https://www.jma.go.jp/jma/kishou/know/toppuu/thunder2-1.html
- 気象庁『竜巻などの激しい突風に関する気象情報の利活用について』2010
- 公益財団法人全日本柔道連盟『～事故をこうして防ごう～柔道の安全指導』2015
- 公益財団法人日本学校保健会『保健主事の手引〈改訂版〉』2000
- 公益財団法人日本スポーツ協会ホームページ「熱中症予防のための運動指針」https://www.japan-sports.or.jp/medicine/heatstroke/tabid922.html
- 「子どもと健康」編集委員会編『子どもと健康　No.94　2012年秋・冬号　東日本大震災に学ぶ　保健室からの防災　今いのちを守るためにできること』労働教育センター　2012
- 駒崎亜里著『コマザキ先生のほけんだより』東山書房　2003

・埼玉県教育委員会ホームページ『学校安全の手引き』 https://www.pref.saitama.lg.jp/ f2211/annzenntennkennnotebiki.html
・杉浦守邦著『健康教室』６月臨時増刊号「養護教諭のための診断学　外科編」1989
・スズキ教育ソフト『保健指導用提示ソフト　まかせて！健康教育』シリーズ
・全国子ども会連合会編『こうしてすすめよう！子ども会ＫＹＴ２　みつけたキケンくん』全国子ども会連合会　1995
・中央労働災害防止協会編集『子供たちの安全と安心のために　危険予知トレーニング（ＫＹＴ）の進め方とモデルシート集』2008
・独立行政法人日本スポーツ振興センターホームページ「学校事故事例検索データベース」 https://www.jpnsport.go.jp/anzen/anzen_school/anzen_school/tabid/822/Default.aspx
・新潟県養護教員研究協議会『緊急報告　新潟県中越大震災に学ぶ〜養護教諭としての取組を振り返って〜』2005
・文部科学省『学校安全資料「生きる力」をはぐくむ学校での安全教育』2010
・文部科学省『学校における転落事故防止のために』2008
・文部科学省『学校防災マニュアル（地震・津波被害）作成の手引き』2012
・文部科学省『子どもの心のケアのために—災害や事件・事故発生時を中心に—』2010
・文部科学省『小学校保健教育参考資料「生きる力」を育む小学校保健教育の手引』2013
・毎日新聞ホームページ「2012年５月７日付　竜巻死亡事故」
・山形県教育委員会ホームページ『学校における危機管理の手引き』 https://www.pref.yamagata.jp/bunkyo/kyoiku/chu/7700021kikikanrinotebiki.html
・読売新聞ホームページ「教養講座　多摩地区で発生した忘れられた竜巻被害」 https://yab.yomiuri.co.jp/adv/chuo/research/20120524.html

本書付録の CD-ROM について

　付録の CD-ROM には、本書に掲載した資料の一部や未掲載の資料などが、「第 2 章」「第 3 章」「第 4 章」「第 5 章」のフォルダに収録されています（「第 1 章」は収録データがないため、フォルダはありません）。

　資料は、Word、一太郎、Excel、PDF などのファイルで収録されています。

〔**動作環境・使用方法**〕

　本 CD-ROM は、Microsoft Windows8.1、Windows10を搭載したパソコンで動作確認済みです。

　各ファイルをご覧いただくためには、一太郎、Word などファイルに対応したアプリケーションソフトがお使いのパソコンにインストールされていることが必要です。

　なお、PDF ファイルをご覧いただくために必要な Adobe Acrobat Reader／Adobe Acrobat は、アドビシステムズ社のホームページ（https://www.adobe.com/jp）より無償でダウンロードできます。

〔**ファイルの説明**〕

　本書では、CD-ROM に収録されている資料に、ロゴマーク 〈CD〉 を付記しています。
※一太郎、Word のデータについては、紙面に掲載されている体裁とは異なります。

〔**ご使用にあたって**〕

　本 CD-ROM は、非営利の場合のみ使用できます。但し、下記の〔禁止事項〕に該当する行為は、営利、非営利を問わず禁じます。なお、本 CD-ROM に収録するデータのすべての著作権、また使用を許諾する権利は、本書著者・株式会社東山書房が有するものとします。

〔**禁止事項**〕

・本製品中に含まれるデータを本製品から分離・複製して、独立の取引対象として頒布（販売、賃貸、無償配布、貸与など）したり、インターネットのホームページなどを利用して頒布したりすること
・本製品の販売の妨げになるような使用
・公序良俗に反する目的での使用や名誉毀損、その他の法律に反する使用

　以上のいずれかに違反された場合、弊社はいつでも使用を差し止めることができるものとします。

〔**免責**〕

・弊社は、本製品に関して如何なる保証も行いません。本製品の製造上の物理的な欠陥については、良品との交換以外の要求には応じられません。
・本製品の使用により発生した如何なる障害および事故などについて、弊社は一切責任を負わないものとさせていただきます。
・CD-ROM が入った袋を開封した場合は、上記内容などを承諾したものと判断させていただきます。

静岡県養護教諭研究会『養護教諭実践事例集13』編集委員

委 員 長　中田佳奈江（元・浜松市立北浜北小学校）

副委員長　飯塚麗子（裾野市立西小学校）

池谷知里（御殿場市立御殿場小学校）　鈴木真理（富士宮市立富士根南中学校）

髙橋裕美（菊川市立菊川東中学校）　中島路子（藤枝市立青島北小学校）

名倉宏美（浜松市立丸塚中学校）　野寄友子（浜松市立入野中学校）

堀　直美（静岡市立清水駒越小学校）　増田真澄（磐田市立城山中学校）

水野智香子（袋井市立周南中学校）　山田みどり（伊東市立南小学校）

学校組織で取り組む「危機管理」

2020年7月15日　初版第1刷発行

編著　　静岡県養護教諭研究会
監修　　田嶋八千代

イラスト　岡林 玲

発 行 者　山本成一郎

発 行 所　株式会社 東山書房
　　　　　〒604-8454　京都市中京区西ノ京小堀池町8-2
　　　　　TEL.075-841-9278　IP電話050-3486-0489　FAX.075-822-0826
　　　　　〒102-0073　東京都千代田区九段北4-3-32　一口坂 TS ビル 7F
　　　　　TEL.03-5212-2260　IP電話050-3486-0494　FAX.03-5212-2261
　　　　　https://www.higashiyama.co.jp
　　　　　e-mail:kenko@higashiyama.co.jp

印　　刷　創栄図書印刷株式会社

© 静岡県養護教諭研究会

Printed in Japan　ISBN978-4-8278-1549-8